环球网校
移动学习 职达未来 hqwx.com

严格按照全新考试大纲编写

全国二级建造师执业资格考试 同步章节习题集

建筑工程管理与实务

环球网校建造师考试研究院 组编

中国石化出版社
HTTP://WWW.SINOPEC-PRESS.COM
教·育·出·版·中·心

图书在版编目（CIP）数据

建筑工程管理与实务／环球网校建造师考试研究院组编．—北京：中国石化出版社，2021.3（2022.1重印）
（全国二级建造师执业资格考试同步章节习题集）
ISBN 978-7-5114-6204-6

Ⅰ.①建… Ⅱ.①环… Ⅲ.①建筑工程—施工管理—资格考试—习题集 Ⅳ.①TU71-44

中国版本图书馆CIP数据核字（2021）第050542号

中国石化出版社出版发行
地址：北京市东城区安定门外大街58号
邮编：100011　电话：（010）57512500
发行部电话：（010）57512575
http：//www.sinopec-press.com
E-mail：press@sinopec.com
三河市中晟雅豪印务有限公司印刷
全国各地新华书店经销
*
787×1092毫米 16开本 12.5印张 308千字
2021年3月第1版　2022年1月第2次印刷
定价：39.00元

环球君带你学建筑

二级建造师执业资格考试实行全国统一大纲，各省、自治区、直辖市命题并组织的考试制度，分为综合科目和专业科目。综合考试涉及的主要内容是二级建造师在建设工程各专业施工管理实践中的通用知识，它在各个专业工程施工管理实践中具有一定普遍性，包括《建设工程施工管理》《建设工程法规及相关知识》2个科目，这2个科目为各专业考生统考科目。专业考试涉及的主要内容是二级建造师在专业工程施工管理实际工程中应该掌握和了解的专业知识，有较强的专业性，包括建筑工程、市政公用工程、机电工程、公路工程、水利水电工程等专业。

二级建造师《建筑工程管理与实务》考试时间为180分钟，满分120分。试卷共有三道大题：单项选择题、多项选择题、实务操作和案例分析题。其中，单项选择题共20题，每题1分，每题的备选项中，只有1个最符合题意。多项选择题共10题，每题2分，每题的备选项中，有2个或2个以上符合题意，至少有1个错项。错选，本题不得分；少选，所选的每个选项得0.5分。实务操作和案例分析题共4题，每题20分。

做题对于高效复习、顺利通过考试极为重要。为帮助考生巩固知识、理顺思路，提高应试能力，环球网校建造师考试研究院依据二级建造师执业资格考试最新考试大纲，精心选择并剖析常考知识点，深入研究历年真题，倾心打造了这本同步章节习题集。环球网校建造师考试研究院建议您按照如下方法使用本书。

◇学练结合，夯实基础

环球网校建造师考试研究院依据最新考试大纲，按照知识点精心选编同步章节习题，并对习题进行了分类——标注“必会”的知识点及题目，需要考生重点掌握；标注“重要”的知识点及题目，需要考生会做并能运用；标注“了解”的知识点及题目，考生了解即可，不作为考试重点。此外，每章还配有章节导学课，由环球网校建造师考试研究院的一线名师为大家讲解如何学习。建议考生制订适合自己的学习计划，学练结合，扎实备考。

◇学思结合，融会贯通

本书中的每道题目均是环球网校建造师考试研究院根据考试频率和知识点的考查方向精挑细选出来的。在复习备考过程中，建议考生勤于思考、善于总结，灵活运用所学知识，提升抽丝剥茧、融会贯通的能力。此外，建议考生对错题进行整理和分析，从每一道具体的错题入手，分析错误的知识原因、能力原因、解题习惯原因等，从而完善知识体系，达到高效备考的目的。

◇**系统学习，高效备考**

在学习过程中，一方面要抓住关键知识点，提高做题正确率；另一方面要关注知识体系的构建。在掌握全书知识脉络后，一定要做套试卷进行模拟考试。本书在章节习题集后精心选编了两套全真模拟试卷，旨在让考生进行系统的模拟练习，检测自己的复习情况，进而胸有成竹地参加考试。考生还可以扫描封面二维码，进入二级建造师课程+题库 App，随时随地移动学习海量课程和习题，全方位提升应试水平。

在此，特别感谢环球网校建造师考试研究院的王丽雪、蔡恒、张君、李莹、安国庆、吴然、潘晓宇、刘秋颖、池亚红、刘亚静、张灿、张亚东、王维雪、赵金凤、刘敬、商莉莉、卢颖等老师的倾力付出。本套辅导用书在编写过程中，虽几经斟酌和校阅，仍难免有不足之处，恳请广大读者和考生予以批评指正。

相信本书可以帮助广大考生在短时间内熟悉出题“套路”、学会解题“思路”、找到破题“出路”。在二级建造师执业资格考试之路上，环球网校与您相伴，助您一次通关！

请大胆写出你的得分目标__________

环球网校建造师考试研究院

目　录

PART1　2A310000　建筑工程施工技术

PART2　2A320000　建筑工程项目施工管理

PART3　2A330000　建筑工程项目施工相关法规与标准

PART4　案例专题模块

PART5 全真模拟试卷

参考答案与解析

PART 1

2A310000

建筑工程施工技术

学习计划：

2A311000　建筑工程技术要求

2A311010　建筑构造要求

扫码即听
本章导学

知识脉络

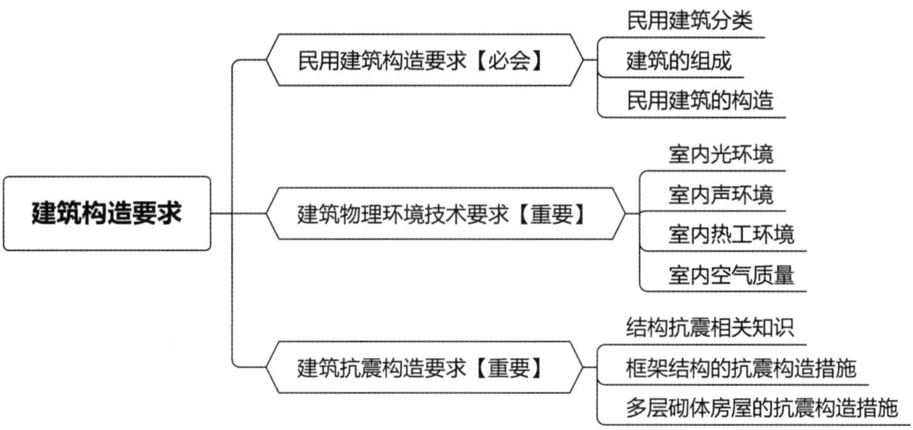

考点 1　民用建筑构造要求【必会】

1. 【单选】非实行建筑高度控制区内的某栋住宅楼，其室外地面标高为－0.3m，坡屋顶屋檐标高为24.0m，屋顶标高为26.0m，则该工程的建筑高度为（　　）m。

A. 24.3　　B. 25.3
C. 26.0　　D. 26.3

2. 【单选】下列选项中，不属于单层或多层民用建筑的是（　　）。

A. 建筑高度不大于27m的住宅建筑
B. 建筑高度等于24m的公共建筑
C. 建筑高度大于24m的单层公共建筑
D. 建筑高度不大于27m的公共建筑

3. 【单选】民用建筑按使用功能可分为居住建筑和公共建筑两大类，居住建筑包括（　　）。

A. 工业建筑，农业建筑　　B. 居住建筑，非居住建筑
C. 超高层建筑，非超高层建筑　　D. 住宅建筑，宿舍建筑

4. 【单选】下列建筑中，不属于公共建筑的是（　　）。

A. 图书馆　　B. 办公楼
C. 宿舍　　D. 医院

5. 【单选】某非单层宾馆，高度为25m，则该建筑为（　　）民用建筑。

A. 低层　　B. 多层
C. 中高层　　D. 高层

6. 【单选】下列关于建筑物的组成，说法正确的是（　　）。

A. 围护体系由屋顶、内墙、门、窗等组成
B. 结构体系仅包括墙、柱、梁、基础

C. 设备体系包括防盗报警、灾害探测、自动灭火等智能系统
D. 建筑物由结构体系、围护体系、设备体系和智能系统组成

7. 【单选】下列选项中，属于建筑物围护体系的是（　　）。
A. 屋顶　　B. 内墙
C. 屋面　　D. 墙

8. 【单选】下列选项中，不属于建筑物结构体系的是（　　）。
A. 内墙　　B. 屋面
C. 柱　　D. 屋顶

9. 【多选】建筑构造的影响因素主要有（　　）。
A. 环境因素　　B. 荷载因素
C. 技术因素　　D. 历史因素
E. 建筑标准

10. 【多选】下列属于影响建筑构造技术因素的有（　　）。
A. 建筑结构　　B. 施工方法
C. 建筑材料　　D. 造价标准
E. 结构自重

11. 【多选】建筑构造设计的原则有（　　）。
A. 设备齐全　　B. 经济合理
C. 技术先进　　D. 坚固实用
E. 美观大方

12. 【单选】下列关于民用建筑主要构造要求的说法，正确的是（　　）。
A. 局部突出屋面的楼梯间占屋顶平面面积不小于1/4者，不计入建筑高度内
B. 地下室、局部夹层、走道等有人员正常活动的最低处的净高不应小于2m
C. 楼梯梯段标高不应小于2m
D. 居住建筑的居室在任何情况下严禁设置在半地下室

13. 【单选】下列关于建筑高度计算的说法，错误的是（　　）。
A. 烟道或通风道应伸出屋面，平屋面伸出高度不得小于0.60m
B. 非实行建筑高度控制区内，无女儿墙的建筑物应按建筑物主入口场地室外设计地面计算至屋面檐口
C. 梯段改变方向时，扶手转向端的平台最小宽度不应小于梯段净宽度，并不得小于1.20m
D. 非实行建筑高度控制区内，同一座建筑物有多种屋面形式时，分别计算后取最小值

14. 【单选】下列关于民用建筑主要构造要求的说法，错误的是（　　）。
A. 结构挡土墙、地下室、地下室底板及其基础、化粪池不允许突出道路和用地红线
B. 室内净高应按楼地面完成面至吊顶、楼板或梁底面之间的垂直距离计算
C. 歌舞、娱乐、放映、游艺场所不应设置在地下二层及以下
D. 临空高度大于24m，栏杆高度不应小于1.05m

15. 【单选】下列关于民用建筑主要构造要求的说法，错误的是（　　）。
A. 除地下室、窗井、建筑入口的台阶、坡道、雨棚外，建（构）筑物主体不得突出建筑控制线
B. 上人屋面和交通、商业、旅馆、学校、医院等建筑临开敞中庭的栏杆高度不应低

于 1.2m

C. 并列小便器的中心距离不应小于 0.7m

D. 在人行道上空，2.50m 以上允许突出的凸窗、窗扇、窗罩，突出深度不应大于 0.50m

16. 【多选】下列关于民用建筑构造的表述，正确的有（　　）。

A. 烟道或通风道应伸出屋面，平屋面伸出高度不得小于 0.60m

B. 公共建筑室内外台阶踏步高度不宜小于 0.15m

C. 砌体墙应在室外地面以上，位于室内地面垫层处设置连续的水平防潮层

D. 室内楼梯扶手高度自踏步前缘线量起不宜小于 0.90m

E. 建筑高度大于 100m 的民用建筑，应设置避难层（间）

17. 【单选】下列关于建筑卫生设备间距的说法，错误的是（　　）。

A. 并列小便器的中心距离不应小于 0.65m

B. 浴盆长边至对面墙面的净距不应小于 0.65m

C. 居住建筑洗脸盆外沿与侧墙面净距不应小于 0.35m

D. 居住建筑洗脸盆外沿至对面墙的净距不应小于 0.60m

18. 【多选】下列关于临空处应设置防护栏杆的做法，错误的有（　　）。

A. 上人屋面和交通、商业、旅馆、学校、医院等建筑临空敞开中庭的栏杆高度不应低于 1.0m

B. 临空高度 25m，栏杆高度为 1.05m

C. 临空高度在 24m 以下时，栏杆高度不应低于 0.90m

D. 栏杆应以坚固、耐久的材料制作，并能承受荷载规范规定的水平荷载

E. 住宅、托儿所、幼儿园等场所的栏杆，当采用垂直杆件做栏杆时，其杆间的净距为 0.12mm

考点 2 建筑物理环境技术要求【重要】

1. 【多选】关于室内光环境的说法，错误的有（　　）。

A. 当一套住宅中居住空间总数超过 4 个时，其中应有 2 个及以上满足采光系数标准要求

B. 每套住宅至少应有 1 个居住空间满足采光系数标准要求

C. 老年人居住建筑和幼儿园的主要功能房间应有不小于 70％的面积满足采光系数标准要求

D. 公共建筑外窗可开启面积不小于外窗总面积的 30％

E. 屋顶透明部分的面积大于屋顶总面积的 20％

2. 【多选】关于光源的选择，说法正确的有（　　）。

A. 开关频繁、要求瞬时启动和连续调光等场所，宜选用气体光源

B. 热辐射光源用在居住建筑、开关频繁、不允许有频闪现象的场所

C. 有高速运转物体的场所，宜采用混合光源

D. 气体放电光源有频闪现象、镇流噪声

E. 备用照明的照度不宜低于一般照度的 5％

3. 【多选】关于围护结构保温层设置的说法，正确的有（　　）。

A. 内保温可降低墙或屋顶温度应力的起伏

B. 内保温在内外墙连接以及外墙与楼板连接等处产生热桥

C. 间歇空调的房间宜采用内保温

D. 连续空调的房间宜采用外保温

E. 体形系数越大，耗热量比值越小

4. 【单选】下列关于建筑材料的吸声种类，说法错误的是（　　）。

A. 麻棉毛毡、玻璃棉、岩棉、矿棉材料属于多孔吸声材料

B. 矿棉属于薄板吸声材料

C. 皮革、人造革属于薄膜吸声结构

D. 多孔吸声材料主要吸中高频声能

5. 【单选】建筑物的高度相同，其平面形式为（　　）时体形系数最小。

A. 正方形　　B. 长方形

C. 圆形　　D. 其他组合形式

6. 【单选】下列关于建筑物体形系数的说法，错误的是（　　）。

A. 严寒、寒冷地区的公共建筑的体形系数应小于等于0.40

B. 建筑物的高度相同，其平面形式为圆形时体形系数最小

C. 体形系数越大，耗热量比值越小

D. 建筑物的高度相同，平面形式为正方形时的体形系数小于平面形式为长方形时的体形系数

7. 【单选】下列关于围护结构外保温的描述，错误的是（　　）。

A. 在内外墙连接以及外墙与楼板连接等处产生热桥

B. 对防止或减少保温层内部产生水蒸气凝结有利

C. 连续空调的房间宜采用外保温

D. 可降低墙或屋顶温度应力的起伏

8. 【多选】围护结构外墙隔热的方法有（　　）。

A. 外表面采用浅色处理　　B. 增设墙面遮阳

C. 设置通风间层　　D. 增大窗墙面积比

E. 内设铝箔隔热层

考点 3　建筑抗震构造要求【重要】

1. 【多选】我国规范抗震设防的目标，说法正确的有（　　）。

A. 小震不坏　　B. 大震可修

C. 中震不倒　　D. 特大震不倒

E. 中震可修

2. 【多选】“三个水准”的抗震设防目标是指（　　）。

A. 当遭受低于本地区抗震设防烈度的多遇地震影响时，主体结构不受损坏或不需修理仍可继续使用

B. 当遭受低于本地区抗震设防烈度的多遇地震影响时，可能损坏，经一般性修理仍可继续使用

C. 当遭受相当于本地区抗震设防烈度的地震影响时，可能损坏，经一般性修理仍可继续使用

D. 当遭受高于本地区抗震设防烈度的罕遇地震影响时，不致倒塌或发生危及生命的严重破坏

E. 当遭受低于本地区抗震设防烈度的多遇地震影响时，不致倒塌或发生危及生命的严重破坏

3. 【多选】下列关于抗震构造要求中矩形柱箍筋加密范围的说法，错误的有（　　）。

A. 底层柱的下端不小于柱净高的1/3

B. 柱端加密范围取截面高度、柱净高的 1/6 和 500mm 三者的最大值
C. 刚性地面上下各 300mm
D. 底层柱的下端不大于柱净高的 1/3
E. 刚性地面上下各 500mm

4. **【多选】**下列关于框架结构震害的说法，正确的有（　　）。
A. 一般是柱的震害重于梁
B. 柱底的震害重于柱顶
C. 框架结构震害的严重部位多发生在框架梁柱节点和填充墙处
D. 内柱的震害重于角柱
E. 短柱的震害重于一般柱

5. **【多选】**下列关于梁的抗震构造要求，说法错误的有（　　）。
A. 截面宽度不宜小于 200mm
B. 截面高宽比不宜小于 4
C. 净跨与截面高度之比不宜大于 4
D. 抗震等级一级，梁端箍筋加密区的长度采用 $2h_b$ 和 500mm 的最大值（h_b 为梁的截面高度）
E. 抗震等级一级，梁端箍筋加密区箍筋最小直径为 10mm

6. **【多选】**框架结构中，抗震墙竖向和横向分布钢筋的配筋和配置，符合规定的有（　　）。
A. 抗震墙的竖向分布钢筋的间距不宜大于 200mm
B. 抗震墙厚度大于 140mm 时，其竖向和横向分布钢筋应双排布置
C. 一、二、三级抗震墙的竖向和横向分布钢筋最小配筋率均不应小于 0.25%
D. 四级抗震墙分布钢筋最小配筋率不应小于 0.25%
E. 部分框支抗震墙结构的落地抗震墙底部加强部位，竖向和横向分布钢筋配筋率均不应小于 0.3%

7. **【多选】**构造柱与墙体的连接处应砌成马牙槎，其表述错误的有（　　）。
A. 构造柱最小截面可采用 180mm×240mm（墙厚 190mm 时 180mm×190mm）
B. 构造柱必须单独设置基础
C. 马牙槎先进后退
D. 构造柱的纵筋应在圈梁纵筋内侧穿过
E. 沿墙高每隔 500mm 设拉结网片或钢筋网片，每边伸入墙内不宜小于 500mm

8. **【多选】**下列关于多层砖砌体房屋现浇混凝土圈梁的构造要求，表述错误的有（　　）。
A. 圈梁应闭合，遇有洞口圈梁应上下搭接
B. 所有圈梁的截面高度均不应小于 120mm
C. 按规范要求增设的基础圈梁，配筋不应少于 4ϕ10
D. 圈梁宜与预制板设在同一标高处或紧靠板底
E. 构造柱与圈梁连接处，构造柱的纵筋应在圈梁纵筋外侧穿过

9. **【多选】**下列关于多层砖砌体房屋楼梯间构造要求，说法正确的有（　　）。
A. 装配式楼梯段应与平台板的梁可靠连接
B. 8、9 度地震设防时，不应采用装配式楼梯段
C. 8、9 度地震设防时，不应采用墙中悬挑式踏步楼梯
D. 8、9 度地震设防时，可采用无筋砖砌栏板

E. 突出屋顶的楼梯间、电梯间，构造柱应伸到顶部，并与顶部圈梁连接

10. 【多选】下列关于多层砌体结构抗震构造措施的说法，正确的有（　　）。

A. 构造柱与墙连接处应砌成马牙槎，必须单独设置基础

B. 基础圈梁应闭合，截面高度不应小于 180mm

C. 8、9 度时不应采用装配式楼梯段

D. 芯柱宜在墙体内均匀布置，最大净距不宜小于 2.0m

E. 构造柱沿墙高每隔 500mm 设拉结网片或点焊钢筋网片

2A311020　建筑结构技术要求

知识脉络

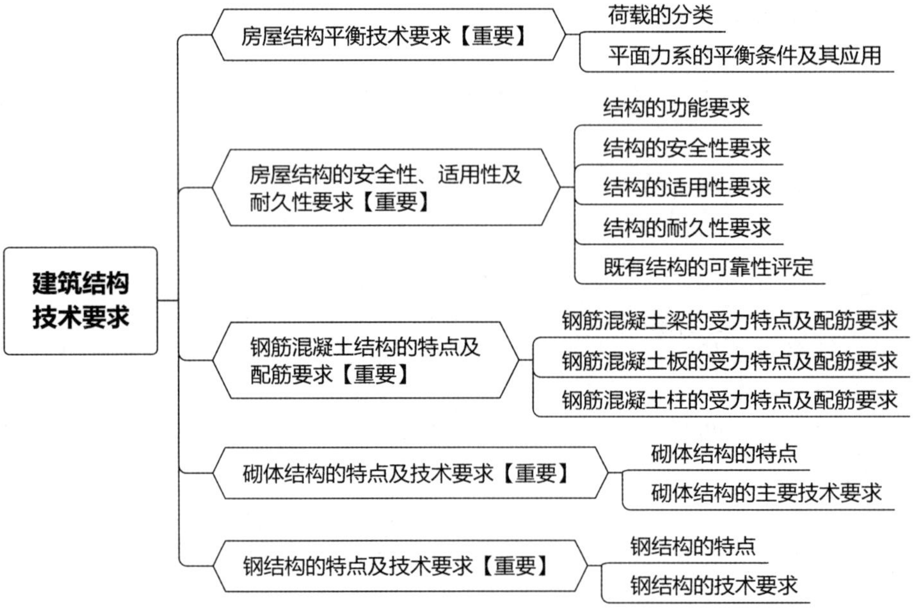

考点 1　房屋结构平衡技术要求【重要】

1. 【单选】下列荷载中，属于永久荷载的是（　　）。

A. 积灰荷载　　B. 水位变化的水压力

C. 爆炸　　D. 固定隔墙的自重

2. 【单选】下列荷载中，属于偶然荷载的是（　　）。

A. 吊车荷载　　B. 龙卷风

C. 地基变形　　D. 安装荷载

3. 【单选】下列关于荷载分类的说法，错误的是（　　）。

A. 固定隔墙的自重属于永久荷载

B. 固定隔墙的自重属于静态作用

C. 住宅与办公楼的楼面活荷载属于动态作用

D. 水位变化的水压力属于可变荷载

4. 【单选】下列装饰构造中，通常按面荷载考虑的是（　　）。

A. 分区隔墙　　B. 地砖饰面

C. 在室内增加石柱　　D. 种植盆景

5. 【单选】下列荷载中，属于动力荷载的是（　　）。

A. 住宅与办公楼的楼面活荷载　　B. 固定隔墙自重

C. 雪荷载　　D. 吊车设备振动

6. 【单选】下列荷载中，属于水平荷载的是（　　）。

A. 风荷载　　B. 结构自重

C. 雪荷载　　D. 积灰荷载

7. 【单选】某杆件受力形式示意图见下图，该杆件的基本受力形式是（　　）。

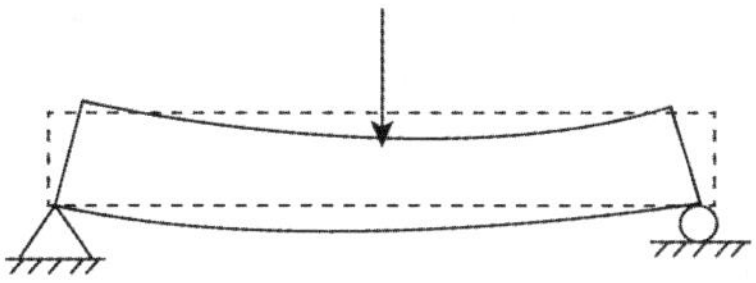

A. 压缩　　B. 弯曲

C. 剪切　　D. 扭转

8. 【单选】结构杆件的基本受力形式不包括（　　）。

A. 拉伸　　B. 压缩

C. 撞击　　D. 扭转

9. 【单选】下列选项中，不属于二力的平衡条件的是（　　）。

A. 两个力大小相等　　B. 方向相反

C. 力矩平衡　　D. 作用线相重合

10. 【单选】结构的计算简图中，细长杆件的内力只与杆件的（　　）有关。

A. 截面形式　　B. 长度

C. 截面宽度　　D. 截面高度

11. 【单选】只能约束竖向运动的支座是（　　）。

A. 固定铰支座　　B. 固定支座

C. 可动铰支座　　D. 自由支座

12. 【单选】把屋架放在柱顶上，并与柱顶的预埋件连接，这样的支座就可简化成（　　）。

A. 固定铰支座　　B. 固定支座

C. 可动铰支座　　D. 自由支座

13. 【单选】柱子与基础完全现浇在一起，且柱子的钢筋插入基础一定距离，那么柱子的支座可简化成（　　）。

A. 固定铰支座　　B. 固定支座

C. 可动铰支座　　D. 自由支座

14. 【单选】在工程结构中，受压杆件如果比较细长，受力达到一定的数值时，杆件突然发生弯曲，以致引起整个结构的破坏，这种现象称为（　　）。

A. 失衡　　B. 扭曲

C. 裂变　　D. 失稳

考点 2 房屋结构的安全性、适用性及耐久性要求【重要】

1. 【单选】某厂房在经历强烈地震后，其结构仍能保持必要的整体性而不发生倒塌的功能属于结构的（　　）。

A. 安全性　　B. 适用性

C. 耐久性　　D. 稳定性

2. 【单选】下列事件中，满足结构适用性功能要求的是（　　）。

A. 某厂房结构遇到爆炸，有局部的损伤，但结构整体稳定并不发生倒塌

B. 某水下构筑物在正常维护条件下，钢筋受到严重锈蚀，但满足使用年限

C. 某厂房在正常使用时，吊车梁出现变形，但在规范规定之内，吊车正常运行

D. 某建筑物遇到强烈地震，虽有局部损伤，但结构整体稳定

3. 【单选】结构的（　　）是指结构在规定的工作环境中，在预期的使用年限内，在正常维护条件下不需进行大修就能完成预定功能的能力。

A. 安全性　　B. 耐久性　　C. 稳定性　　D. 适用性

4. 【单选】下列关于结构耐久性要求的说法，正确的是（　　）。

A. 一般环境的腐蚀机理是氯盐引起钢筋锈蚀

B. 易于替换的结构构件设计使用年限为 5 年

C. 预应力混凝土构件的混凝土最低强度等级不应低于 C40

D. 直接接触土体浇筑的构件，其混凝土保护层厚度不应小于 40mm

5. 【单选】通常条件下，对梁变形影响最大的因素是（　　）。

A. 材料性能　　B. 构件跨度

C. 构件截面　　D. 荷载

6. 【单选】某受均布荷载的简支梁，影响其跨中最大位移因素的说法正确的是（　　）。

A. 与材料的弹性模量 E 成反比，与截面的惯性矩 I 成正比

B. 与材料的弹性模量 E 成正比，与截面的惯性矩 I 成反比

C. 与材料的弹性模量 E 成正比，与截面的惯性矩 I 成正比

D. 与材料的弹性模量 E 成反比，与截面的惯性矩 I 成反比

7. 【单选】根据《混凝土结构耐久性设计标准》（GB/T 50476—2019）规定，结构所处环境类别为Ⅲ级时，是处在（　　）环境。

A. 冻融　　B. 海洋氯化物

C. 化学腐蚀　　D. 除冰盐等其他氯化物

8. 【单选】环境作用类别“Ⅲ—F”表示：海洋氯化物环境对配筋混凝土结构的作用达到（　　）程度。

A. 轻微　　B. 严重

C. 非常严重　　D. 极端严重

9. 【单选】既有结构出现（　　）情况时，不需要对其进行可靠性评定。

A. 结构的使用时间超过规定的年限

B. 结构存在轻微质量缺陷

C. 出现材料性能劣化、构件损伤或其他不利状态

D. 结构的用途发生改变

考点 3　钢筋混凝土结构的特点及配筋要求【重要】

1. 【单选】下列关于现浇钢筋混凝土板的说法，不正确的是（　　）。

A. 单向受力屋面板最小厚度为 60mm

B. 工业建筑单向楼板最小厚度为 70mm

C. 双向板最小厚度为 70mm

D. 民用建筑楼板最小厚度为 60mm

2. 【单选】简支板或连续板下部纵向受力钢筋伸入支座的锚固长度不应小于钢筋直径的(　　)倍，且宜伸过支座中心线。

A. 3　　B. 4

C. 5　　D. 6

3. 【单选】在温度、收缩应力较大的现浇板区域配置的防裂构造钢筋，间距不宜大于（　　）mm。

A. 150　　B. 200

C. 250　　D. 300

4. 【单选】在室内干燥环境，设计使用年限 50 年条件下，当混凝土强度等级大于 C25 时，板的钢筋保护层厚度应为（　　）mm；且不小于受力钢筋直径 d。

A. 10　　B. 15

C. 20　　D. 25

5. 【单选】柱中箍筋直径不应小于（　　）倍纵向钢筋的最大直径，且不应小于 6mm。

A. 1/2　　B. 1/3

C. 1/4　　D. 1/5

6. 【单选】钢筋混凝土柱中，全部纵向钢筋的配筋率不宜（　　）。

A. 小于 5%　　B. 大于 5%

C. 小于 8%　　D. 大于 8%

7. 【单选】柱中全部纵向受力钢筋的配筋率大于 3%时，箍筋直径不应小于（　　）mm，间距不应大于 $10d$，且不应大于 200mm。

A. 6　　B. 8

C. 10　　D. 12

8. 【单选】下列不属于影响梁正截面破坏形式的因素是（　　）。

A. 配筋率　　B. 配箍率

C. 混凝土强度等级　　D. 截面形式

考点 4　砌体结构的特点及技术要求【重要】

1. 【单选】砌体结构具有的特点不包括（　　）。

A. 较好的耐久性

B. 节能效果好

C. 砌筑工程量繁重

D. 抗弯能力好

2. 【单选】砌体结构中，预制钢筋混凝土板在混凝土圈梁上的支承长度（　　）。

A. 不应小于 50mm

B. 不应小于 60mm

C. 不应小于 70mm

D. 不应小于 80mm

3. 【单选】砌体结构主要应用于以承受（　　）为主的墙体等构件。

A. 竖向荷载

B. 水平荷载

C. 弯矩

D. 剪力

4. 【多选】砌体结构包括（　　）。
A. 砖砌体结构
B. 框架剪力墙结构
C. 砌块砌体结构
D. 石砌体结构
E. 剪力墙结构
5. 【单选】砌体结构施工质量控制等级分为（　　）级。
A. 一
B. 二
C. 三
D. 四

考点 5　钢结构的特点及技术要求【重要】

1. 【单选】钢结构的耐火性差，当温度达到（　　）℃的时候，钢结构的材质将会发生较大变化；当温度达到（　　）℃的时候，结构会瞬间崩溃，完全丧失承载能力。
A. 200，350　　B. 300，350
C. 250，500　　D. 350，500
2. 【多选】钢结构具有的主要优点包括（　　）。
A. 材料强度高
B. 自重轻
C. 塑性和韧性差
D. 施工工期长
E. 可再生
3. 【多选】钢结构的缺点有（　　）。
A. 抗震性能好　　B. 维护费用较低
C. 易腐蚀　　D. 耐火性差
E. 自重轻
4. 【多选】建筑型钢通常指热轧成型的（　　）。
A. 槽钢　　B. 工字钢
C. H 型钢　　D. 钢板
E. 角钢
5. 【多选】承重结构采用的钢材应具有（　　）性能合格证明。
A. 屈服强度　　B. 伸长率
C. 抗压强度　　D. 硫、磷含量
E. 抗拉强度
6. 【多选】钢结构施工阶段应进行的验算包括（　　）。
A. 强度
B. 材料选用
C. 稳定性
D. 刚度
E. 专门性能设计

2A311030 建筑材料

知识脉络

- 建筑材料
  - 常用建筑金属材料的品种、性能和应用【必会】
    - 常用的建筑钢材
    - 建筑钢材的力学性能
  - 水泥的性能和应用【重要】
  - 混凝土（含外加剂）的技术性能和应用【重要】
    - 混凝土的技术性能
    - 混凝土外加剂、掺合料的种类与应用
  - 砂浆、砌块的技术性能和应用【重要】
    - 砂浆
    - 砌块
  - 饰面石材、陶瓷的特性和应用【重要】
    - 饰面石材
    - 建筑卫生陶瓷
  - 木材、木制品的特性和应用【重要】
    - 木材的含水率与湿胀干缩变形
    - 木制品的特性与应用
  - 玻璃的特性和应用【重要】
    - 净片玻璃
    - 装饰玻璃
    - 安全玻璃
    - 节能装饰型玻璃
  - 防水材料的特性和应用【重要】
    - 防水卷材
    - 建筑防水涂料
    - 刚性防水材料
    - 建筑密封材料
  - 保温与防火材料的特性和应用【重要】
    - 建筑保温材料
    - 建筑防火材料

考点 1 常用建筑金属材料的品种、性能和应用【必会】

1. **【单选】**下列关于钢板材的说法，错误的是（　　）。

   A. 规格表示方法为“宽度×厚度×长度”（单位为 mm）

   B. 厚板厚度大于等于 4mm

   C. 薄板厚度小于等于 4mm

   D. 薄板主要用于屋面板、楼板和墙板等

2. **【单选】**（　　）是建筑工程中用量最大的钢材品种之一，主要用于钢筋混凝土结构和预应力钢筋混凝土结构的配筋。

   A. 热轧钢筋　　B. 钢绞丝

   C. 预应力钢丝　　D. 钢绞线

3. 【单选】下列关于不锈钢的说法，正确的是（　　）。
A. 含铬量在12%以上的铁基合金钢
B. 铬含量高低与其抗腐蚀性无关联
C. 含铬量在12%以下的铁基合金钢
D. 铬含量高，抗腐蚀性差

4. 【多选】牌号为HRB400E的钢筋需满足的要求有（　　）。
A. 钢筋实测抗拉强度与实测屈服强度之比不大于1.25
B. 钢筋实测抗拉强度与实测屈服强度之比不小于1.25
C. 钢筋实测屈服强度与规定的屈服强度标准值之比不小于1.30
D. 钢筋实测屈服强度与规定的屈服强度标准值之比不大于1.30
E. 钢筋的最大力总伸长率不小于9%

5. 【多选】建筑钢材拉伸性能的指标包括（　　）。
A. 屈服强度　　B. 抗拉强度
C. 强屈比　　D. 伸长率
E. 冲击性能

6. 【单选】在工程应用中，钢材的塑性指标通常用（　　）表示。
A. 疲劳性能　　B. 冷弯性能
C. 伸长率　　D. 极限抗拉强度

7. 【单选】建筑钢材伸长率越大，说明钢材的（　　）。
A. 强度越高　　B. 塑性越大
C. 耐疲劳性越好　　D. 可焊性越好

8. 【多选】下列关于钢材主要性能的描述，错误的有（　　）。
A. 钢材的力学性能包括拉伸性能、冲击性能和疲劳性能
B. 屈服强度是结构设计中钢材强度的取值依据
C. 伸长率越大，说明钢材的塑性越小
D. 脆性临界温度的数值愈高，钢材的低温冲击性能愈好
E. 在工程应用中，钢材的塑性指标通常用伸长率表示

9. 【多选】下列建筑钢材性能指标中，不属于工艺性能的有（　　）。
A. 屈服强度　　B. 焊接性能
C. 疲劳强度　　D. 伸长率
E. 弯曲性能

考点 2　水泥的性能和应用【重要】

1. 【多选】普通水泥的主要特性有（　　）。
A. 早期强度较高　　B. 水化热较大
C. 抗冻性较差　　D. 耐热性较好
E. 干缩性较小

2. 【多选】硅酸盐水泥的主要特性有（　　）。
A. 水化热大　　B. 干缩性较大
C. 耐蚀性较差　　D. 抗冻性较差
E. 早期强度高

3. 【多选】矿渣水泥的主要特性有（　　）。

A. 水化热较大　　B. 干缩性较大

C. 耐蚀性较好　　D. 抗冻性差

E. 早期强度高

4. 【多选】火山灰水泥的主要特性有（　　）。

A. 耐热性好　　B. 耐蚀性较好

C. 抗渗性较好　　D. 抗冻性差

E. 早期强度低

5. 【单选】下列水泥中，水化热最大的是（　　）。

A. 普通水泥　　B. 粉煤灰水泥

C. 硅酸盐水泥　　D. 火山灰水泥

6. 【多选】下列属于火山灰水泥和粉煤灰水泥共同点的有（　　）。

A. 凝结硬化慢、早期强度低　　B. 水化热较大

C. 抗冻性较好　　D. 耐热性较差

E. 耐蚀性较差

7. 【单选】下列水泥品种中，配制 C60 高强混凝土宜优先选用（　　）。

A. 火山灰水泥　　B. 粉煤灰水泥

C. 复合水泥　　D. 硅酸盐水泥

8. 【单选】硅酸盐水泥的终凝时间不得长于（　　）。

A. 45min　　B. 5h

C. 6.5h　　D. 10h

9. 【单选】矿渣水泥的终凝时间不得长于（　　）。

A. 45min　　B. 5h　　C. 6.5h　　D. 10h

10. 【单选】常用水泥的初凝时间均不得早于（　　）min。

A. 30　　B. 45　　C. 60　　D. 90

11. 【单选】下列关于常用水泥凝结时间的说法，正确的是（　　）。

A. 初凝时间不宜过长，终凝时间不宜过短

B. 初凝时间是从水泥加水拌合起至水泥浆开始失去可塑性所需的时间

C. 水泥的终凝时间是从水泥加水拌合至水泥浆开始失去可塑性所需的时间

D. 常用水泥的初凝时间均不得长于 45min，硅酸盐水泥的终凝时间不得短于 6.5h

12. 【单选】下列关于建筑工程中常用水泥性能与技术要求的说法，正确的是（　　）。

A. 水泥的终凝时间是从水泥加水拌合至水泥浆开始失去可塑性所需的时间

B. 六大常用水泥的初凝时间均不得长于 45min

C. 水泥中的碱含量太低更容易产生碱骨料反应

D. 水泥的体积安定性不良，会使混凝土构件产生膨胀性裂缝

13. 【多选】下列指标中，不属于常用水泥技术指标的有（　　）。

A. 和易性　　B. 可泵性

C. 体积安定性　　D. 保水性

E. 标准稠度用水量

考点 3　混凝土（含外加剂）的技术性能和应用【重要】

1. 【单选】混凝土强度等级是按立方体抗压标准强度来划分的，采用符号 C 与立方体抗压强度

标准值（单位为 MPa）表示。C30 即表示混凝土立方体抗压强度标准值（　　）。

A. $20MPa \leqslant f_{cu,k} < 25MPa$

B. $25MPa \leqslant f_{cu,k} < 30MPa$

C. $30MPa \leqslant f_{cu,k} < 35MPa$

D. $35MPa \leqslant f_{cu,k} < 40MPa$

2. **【单选】**影响混凝土强度的原材料方面的因素不包括（　　）。

A. 水泥强度与水胶比

B. 骨料的种类、质量和数量

C. 龄期

D. 外加剂和掺合料

3. **【多选】**影响混凝土强度的生产工艺方面的因素包括（　　）。

A. 水泥强度与水胶比

B. 骨料的种类、质量和数量

C. 龄期

D. 外加剂和掺合料

E. 养护的温度和湿度

4. **【多选】**混凝土的技术性能包括（　　）。

A. 凝结时间

B. 耐久性

C. 黏聚性

D. 和易性

E. 强度

5. **【多选】**下列不属于混凝土耐久性指标的有（　　）。

A. 保水性

B. 抗冻性

C. 碱骨料反应

D. 黏聚性

E. 抗渗性

6. **【多选】**混凝土拌合物的和易性不包括（　　）。

A. 保水性

B. 耐久性

C. 黏聚性

D. 流动性

E. 抗冻性

7. **【单选】**下列关于混凝土中掺入减水剂的说法，正确的是（　　）。

A. 减水的同时适当减少水泥用量，混凝土的安全性能得到显著改善

B. 减水而不减少水泥时，可提高混凝土的和易性

C. 减水的同时适当减少水泥用量，则耐久性变差

D. 混凝土中掺入减水剂，不减少拌合用水量，能显著提高拌合物的流动性

8. **【多选】**改善混凝土耐久性的外加剂有（　　）。

A. 泵送剂

B. 引气剂

C. 阻锈剂

D. 防水剂

E. 速凝剂

9. **【多选】**混凝土缓凝剂主要用于（　　）的施工。

A. 蒸养混凝土

B. 高温季节混凝土

C. 大体积混凝土

D. 滑模工艺混凝土

E. 远距离运输的商品混凝土

10. **【多选】**下列关于混凝土外加剂的说法，错误的有（　　）。

A. 远距离运输的商品混凝土可选择早强剂

B. 高温季节大体积混凝土施工应掺速凝剂

C. 掺入引气剂可提高混凝土的抗渗性和抗冻性

D. 早强剂可加速混凝土早期强度增长

E. 掺入适量减水剂能改善混凝土的耐久性

11. 【多选】下列混凝土掺合料中，属于活性矿物掺合料的有（　　）。

A. 磨细石英砂　　B. 石灰石

C. 钢渣粉　　D. 硬矿渣

E. 粒化高炉矿渣

考点 4 砂浆、砌块的技术性能和应用【重要】

1. 【单选】下列选项中，不属于砂浆组成材料的是（　　）。

A. 胶凝材料　　B. 细骨料

C. 粗骨料　　D. 掺合料

2. 【单选】建筑砂浆常用的胶凝材料不包括（　　）。

A. 石灰　　B. 石膏

C. 水泥　　D. 粉煤灰

3. 【多选】砂浆的主要技术性质包括（　　）。

A. 黏聚性　　B. 保水性

C. 抗压强度　　D. 和易性

E. 流动性

4. 【单选】砂浆强度等级立方体试件的边长为（　　）mm。

A. 70.7　　B. 150

C. 200　　D. 300

5. 【单选】普通砂浆的稠度越大，说明砂浆的（　　）。

A. 流动性越小　　B. 粘结力越强

C. 流动性越大　　D. 保水性越好

6. 【单选】砌筑水泥代号为 M，强度等级不包括（　　）。

A. 12.5　　B. 22.5

C. 30.5　　D. 32.5

7. 【多选】影响砌筑砂浆强度的因素包括（　　）。

A. 组成材料　　B. 配合比

C. 组砌方式　　D. 施工工艺

E. 砌体材料的吸水率

8. 【单选】砌筑砂浆的强度等级可分为七个等级，不包括（　　）。

A. M2.5　　B. M5

C. M7.5　　D. M10

9. 【单选】下列关于砂浆立方体抗压强度的测定，说法错误的是（　　）。

A. 以边长为 70.7mm 的立方体试件，用标准试验方法测得

B. 立方体试件以 6 个为一组进行评定

C. 以三个试件测值的算术平均值作为该组试件的砂浆立方体试件抗压强度平均值

D. 当三个测值的最大值或最小值中如有一个与中间值的差值超过中间值的 15%时，则把最大值及最小值一并舍去，取中间值作为该组试件的抗压强度值

10. 【单选】下列选项中，（　　）属于空心砌块。

A. 空心率小于 25%　　B. 无孔洞

C. 空心率等于 15%　　D. 空心率等于 25%

11. **【多选】**下列关于普通混凝土小型砌块的说法，错误的有（　　）。

A. 主规格尺寸为 390mm×190mm×190mm

B. 孔洞设置在受压面

C. 只能用于非承重结构

D. 在气候特别干燥炎热时，砌筑前不允许浇水

E. 吸水率小（一般为 14%以下），吸水速度慢

12. **【单选】**与普通混凝土小型空心砌块相比，轻骨料混凝土小型空心砌块具有的特点不包括（　　）。

A. 密度较小

B. 热工性能较好

C. 干缩值较小

D. 容易产生裂缝

13. **【单选】**蒸压加气混凝土砌块通常可用于（　　）建筑的承重墙。

A. 低层　　B. 多层

C. 高层　　D. 超高层

14. **【单选】**下列关于蒸压加气混凝土砌块的说法，错误的是（　　）。

A. 广泛用于一般建筑物墙体

B. 可用于多层建筑物的承重墙及隔墙

C. 可用于低层建筑的承重墙

D. 体积密度级别低的砌块还用于屋面保温

考点 5　饰面石材、陶瓷的特性和应用【重要】

1. **【单选】**（　　）由于耐酸腐蚀能力较差，除个别品种外，一般只适用于室内。

A. 花岗石　　B. 大理石

C. 玄武岩　　D. 辉长岩

2. **【多选】**下列关于建筑花岗岩石材特性的说法，错误的有（　　）。

A. 强度高　　B. 吸水率极低

C. 碱性石材　　D. 耐久性差

E. 耐磨

3. **【多选】**下列关于大理石特性的说法，错误的有（　　）。

A. 质地较硬　　B. 吸水率低

C. 碱性石材　　D. 极硬石材

E. 耐酸腐蚀能力较好

4. **【单选】**天然大理石板材按板材的加工质量和外观质量分为（　　）级。

A. 一　　B. 二

C. 三　　D. 四

5. **【单选】**普通型坐便器和节水型坐便器的用水上限分别为（　　）。

A. 5.0L，6.4L　　B. 6.4L，5.0L

C. 8.0L，6.4L　　D. 6.4L，8.0L

6. **【单选】**节水型小便器和普通型小便器的用水上限分别为不大于（　　）。

A. 3.0L，4.0L　　B. 4.0L，3.0L

C. 4.0L，5.0L　　D. 5.0L，4.0L

7. **【单选】**蹲便器普通型（单冲式）和节水型的用水上限分别为不大于（　　）。

A. 6.0L，6.4L　　B. 6.4L，6.0L

C. 8.0L，6.0L　　D. 6.0L，8.0L

考点 6 木材、木制品的特性和应用【重要】

1. **【单选】**木材干缩导致的现象不包括（　　）。

A. 接榫松动　　B. 表面鼓凸

C. 开裂　　D. 翘曲

2. **【单选】**木材的干缩湿胀变形在各个方向上有所不同，变形量从大到小依次是（　　）。

A. 顺纹、径向、弦向　　B. 径向、顺纹、弦向

C. 径向、弦向、顺纹　　D. 弦向、径向、顺纹

3. **【单选】**下列关于木材的说法中，错误的是（　　）。

A. 木材的变形在各个方向上不同，顺纹方向最小，径向较大，弦向最大

B. 平衡含水率是木材物理力学性质是否随含水率而发生变化的转折点

C. 干缩会使木材翘曲、开裂、接榫松动、拼缝不严；湿胀可造成表面鼓凸

D. 木材仅当细胞壁内吸附水的含量发生变化时才会引起木材的变形

4. **【单选】**适用于会议室、办公室、高清洁度实验室，但不宜用于浴室、卫生间等潮湿场所的木地板是（　　）。

A. 实木复合地板　　B. 浸渍纸层压木质地板

C. 软木地板　　D. 实木地板

5. **【多选】**软木地板按表面涂饰形式不同可分为（　　）。

A. 未涂饰软木地板

B. 涂饰软木地板

C. 油饰软木地板

D. 家用软木地板

E. 商用软木地板

6. **【单选】**下列选项中，不属于软木地板特点的是（　　）。

A. 易翘曲　　B. 绝热

C. 有弹性　　D. 不霉变

7. **【单选】**室内用胶合板按甲醛释放限量为 0.124mg/m^3，限量标识为（　　）。

A. E_0　　B. E_1

C. E_2　　D. E_3

考点 7 玻璃的特性和应用【重要】

1. **【单选】**（　　）mm 的净片玻璃一般直接用于有框门窗的采光。

A. 1～3　　B. 3～5

C. 7～10　　D. 8～12

2. **【多选】**下列选项中，安全玻璃不包括（　　）。

A. 净片玻璃　　B. 均质钢化玻璃

C. 防火玻璃　　D. 夹层玻璃

E. 镀膜玻璃

3. 【多选】下列选项中，节能装饰型玻璃不包括（　　）。

A. 均质钢化玻璃　　B. 夹层玻璃

C. 防火玻璃　　D. 中空玻璃

E. 镀膜玻璃

4. 【单选】下列选项中，透明度好，抗冲击性能高，可制成抗冲击性极高的安全玻璃，玻璃破碎不会散落伤人，还具有耐久、耐热、耐湿、耐寒等性能的玻璃是（　　）。

A. 彩色平板玻璃　　B. 釉面玻璃

C. 压花玻璃　　D. 夹层玻璃

5. 【单选】高层建筑的门窗、天窗可采用（　　）。

A. 浮法玻璃　　B. 吸热玻璃

C. 夹层玻璃　　D. 热反射玻璃

6. 【单选】下列关于着色玻璃特性的说法，错误的是（　　）。

A. 可以有效吸收太阳的辐射热

B. 一般多用作建筑物的门窗或玻璃幕墙

C. 能较强地吸收太阳的紫外线

D. 可产生明显的“暖房效应”

7. 【多选】低辐射膜玻璃不能单独使用，往往与（　　）等配合，制成高性能的中空玻璃。

A. 净片玻璃　　B. 钢化玻璃

C. 彩釉玻璃　　D. 夹层玻璃

E. 浮法玻璃

考点 8　防水材料的特性和应用【重要】

1. 【单选】下列选项中，不属于 SBS、APP 改性沥青防水卷材特点的是（　　）。

A. 不透水性能强　　B. 耐高低温性能好

C. 延伸率大　　D. 优异的抗穿刺性能

2. 【单选】下列防水卷材中，具有强度高、延伸性强，自愈性好，施工简便、安全性高等特点的是（　　）。

A. TPO 防水卷材　　B. SBS、APP 改性沥青防水卷材

C. 自粘复合防水卷材　　D. 聚乙烯丙纶（涤纶）防水卷材

3. 【单选】下列关于水泥基渗透结晶型防水涂料特点的说法，错误的是（　　）。

A. 节省人工　　B. 具有独特的保护钢筋能力

C. 是一种柔性防水材料　　D. 具有防腐特性

4. 【单选】下列防水材料中，不属于刚性防水材料的是（　　）。

A. 水泥基渗透结晶型防水涂料

B. 聚氨酯防水涂料

C. 防水混凝土

D. 防水砂浆

5. 【单选】下列不属于常用的建筑密封材料的是（　　）。

A. 硅酮　　B. 聚丙烯

C. 丙烯酸酯　　D. 聚氨酯

考点 9 保温与防火材料的特性和应用【重要】

1. 【单选】影响保温材料导热系数的因素不包括（　　）。

A. 材料的性质　　B. 质量

C. 热流方向　　D. 湿度

2. 【单选】聚氨酯泡沫塑料的主要性能特点不包括（　　）。

A. 绝热性　　B. 防水性能优异

C. 防火性能好　　D. 耐化学腐蚀性好

3. 【单选】改性酚醛泡沫塑料的特点不包括（　　）。

A. 抗老化性　　B. 绝热性

C. 吸声性能　　D. 防水性能优异

4. 【单选】聚苯乙烯泡沫塑料的特点不包括（　　）。

A. 耐低温性能强　　B. 重量轻

C. 抗老化性　　D. 隔热性能好

5. 【多选】下列关于岩棉、矿渣棉制品的说法，正确的有（　　）。

A. 优良的绝热性　　B. 燃烧性能为难燃材料

C. 较好的耐低温性　　D. 吸声

E. 对金属有腐蚀性

6. 【多选】防火涂料按基料的性质分为（　　）。

A. 有机型防火涂料　　B. 无机型防火涂料

C. 膨胀型防火涂料　　D. 非膨胀型防火涂料

E. 有机无机复合型

7. 【多选】下列关于有机防火堵料的说法，正确的有（　　）。

A. 不能重复使用

B. 主要用于封堵后基本不变的场合

C. 具有优异的防火、水密、气密性能

D. 遇火时不会发泡膨胀

E. 容易封堵各种不规则形状的孔洞，能够重复使用

8. 【单选】关于钢结构防火涂料，薄型和超薄型防火涂料的耐火极限与（　　）有关。

A. 涂层厚度　　B. 涂层层数

C. 发泡层厚度　　D. 膨胀系数

9. 【单选】钢结构超薄型防火涂料的厚度小于等于（　　）mm。

A. 3　　B. 5

C. 7　　D. 9

10. 【单选】用（　　）处理材料后，不影响原有材料的外貌、色泽和手感，对木材、织物和纸板还兼具有防蛀、防腐的作用。

A. 阻燃剂

B. 防火阻燃液

C. 防火涂料

D. 防火堵料

2A312000　建筑工程专业施工技术

2A312010　施工测量技术

扫码即听
本章导学

知识脉络

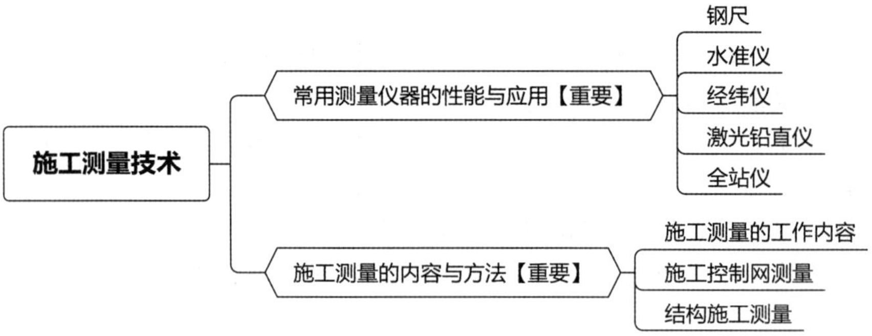

考点 1　常用测量仪器的性能与应用【重要】

1. **【单选】**目前楼层测量放线最常用的距离测量方法是（　　）量距。

A. 全站仪　　B. 水准仪

C. 钢尺　　D. 经纬仪

2. **【单选】**钢尺的距离丈量结果中应加入的改正数中不包括（　　）。

A. 尺长　　B. 温度

C. 倾斜　　D. 钢尺品牌

3. **【多选】**钢尺是采用经过一定处理的优质钢制成的带状尺，长度通常有（　　）等几种。

A. 30m　　B. 15m

C. 50m　　D. 20m

E. 25m

4. **【多选】**水准仪主要由（　　）三部分组成。

A. 望远镜　　B. 水准器

C. 基座　　D. 三脚架

E. 水平度盘

5. **【多选】**经纬仪主要由（　　）三部分组成。

A. 三脚架　　B. 望远镜

C. 照准部　　D. 基座

E. 水平度盘

6. **【单选】**主要功能是测量两点间的高差，虽不能直接测量待定点的高程，但是可以由控制点的已知高程来推算测点的高程的仪器是（　　）。

A. 激光铅直仪　　B. 全站仪

C. 水准仪　　D. 经纬仪

7. 【单选】对于 DS3 型水准仪，数字“3”表示仪器的（　　）。

A. 精度　　B. 型号

C. 编码　　D. 代号

8. 【单选】（　　）型经纬仪进行普通等级测量。

A. DJ07　　B. DJ1

C. DJ2　　D. DJ6

9. 【单选】经纬仪的主要功能是测量（　　）。

A. 距离　　B. 角度

C. 高差　　D. 高程

10. 【单选】激光铅直仪的主要功能是（　　）。

A. 测高差

B. 测角度

C. 测坐标

D. 点位竖向传递

11. 【单选】（　　）是一种可以同时进行角度测量和距离测量的仪器。

A. 经纬仪　　B. 全站仪

C. 水准仪　　D. 激光铅直仪

12. 【单选】下列测量仪器中，最适宜用于多点间水平距离测量的是（　　）。

A. 水准仪　　B. 经纬仪

C. 激光铅直仪　　D. 全站仪

13. 【多选】全站仪又称全站型电子速测仪，主要由（　　）组成。

A. 电子经纬仪　　B. 电子水准仪

C. 电子记录装置　　D. 电子测距仪

E. 传输接口

考点 2　施工测量的内容与方法【重要】

1. 【单选】一般建筑工程，通常先布设（　　），然后以此为基础，测设建筑物的主轴线。

A. 市区控制网　　B. 高程控制网

C. 施工控制网　　D. 轴线控制网

2. 【多选】下列选项中，属于施工测量现场主要工作的有（　　）。

A. 建筑物细部点平面位置的测设

B. 已知长度的测设

C. 倾斜线的测设

D. 城市水准点的测设

E. 建筑物细部点高程位置的测设

3. 【单选】主要建筑物附近的高程控制点，不应少于（　　）个。

A. 2　　B. 3

C. 4　　D. 5

4. 【单选】±0.000 高程测设是施工测量中常见的工作内容，一般用（　　）进行。

A. 水准仪　　B. 经纬仪

C. 钢尺　　D. 测距仪

5. 【单选】某点 P（工程±0.000）的设计高程 H_P=81.500m，附近一水准点 A 的高程为 H_A

=81.345m，在水准点 A 和 P 点木桩之间安置水准仪（见下图），后视立于水准点 A 上的水准尺，读中线读数 a 为 1.458m，则水准仪前视 P 点木桩水准尺的读数 b 为（　　）m。

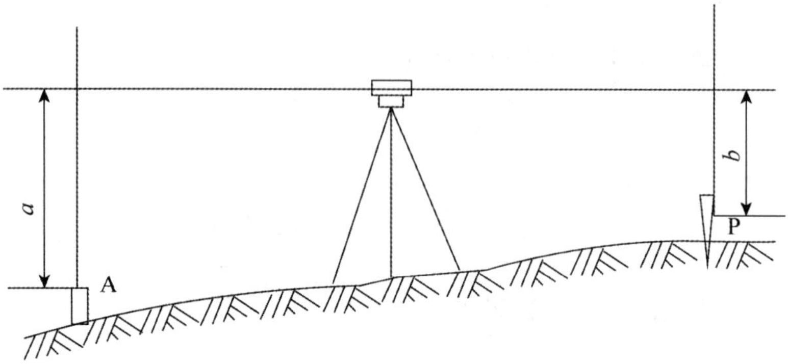

A. 1.203　　B. 1.613

C. 1.303　　D. 1.403

6.【单选】某高程测量，已知 A 点高程为 H_A，欲测得 B 点高程 H_B，安置水准仪于 A、B 之间，后视读数为 b，前视读数为 a，则 B 点高程 H_B 为（　　）。

A. $H_B=H_A-a-b$　　B. $H_B=H_A+a+b$

C. $H_B=H_A+a-b$　　D. $H_B=H_A+b-a$

7.【单选】对某一施工现场进行高程测设，M 点为水准点，已知高程为 12.000m。N 点为待测点，安置水准仪于 M、N 之间，先在 M 点立尺，读得后视读数为 4.500m，然后在 N 点立尺，读得前视读数为 3.500m，则 N 点高程为（　　）m。

A. 12.000　　B. 12.500

C. 13.000　　D. 13.500

8.【单选】针对平面形式为椭圆形的建筑，建筑外轮廓线放样最适宜采用的测量方法是（　　）。

A. 直角坐标法　　B. 角度坐标法

C. 距离交会法　　D. 极坐标法

9.【多选】结构施工期间测量的主要工作内容有（　　）。

A. 轴线基准点设置

B. 施工楼层放线与抄平

C. 轴线投测

D. 标高传递

E. 测量人员培训

10.【单选】标高的竖向传递，宜采用钢尺从首层起始标高线垂直量取，规模较小的工业建筑或多层民用建筑宜从（　　）处分别向上传递。

A. 2　　B. 3

C. 4　　D. 5

11.【单选】轴线竖向投测前，应检测基准点，确保其位置正确，每层投测的允许偏差应在（　　）以内，并逐层纠偏。

A. 2mm　　B. 3mm

C. 4mm　　D. 5mm

2A312020 地基与基础工程施工技术

知识脉络

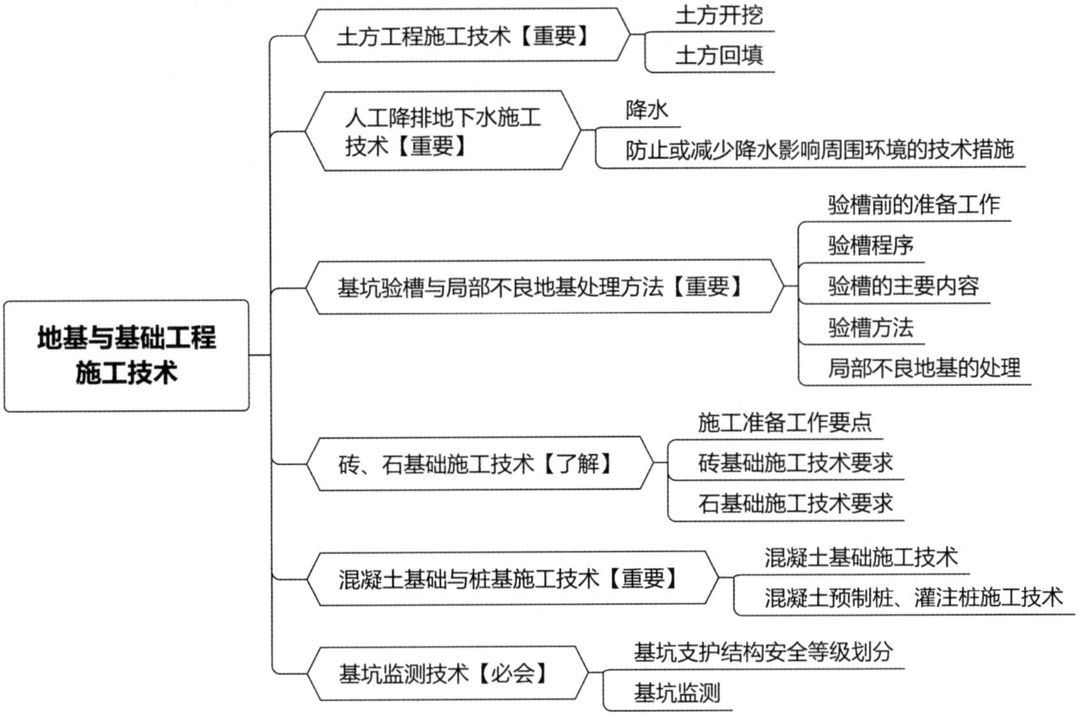

考点 1 土方工程施工技术【重要】

1. **【单选】**土方工程施工前，应采取有效的地下水控制措施。基坑内地下水位应降至拟开挖下层土方的底面以下不小于（　　）m。

A. 0.3　　B. 0.4

C. 0.5　　D. 0.6

2. **【单选】**有支护土方工程可采用的挖土方法不包括（　　）。

A. 墩式挖土　　B. 放坡挖土

C. 盆式挖土　　D. 逆作法挖土

3. **【单选】**采用（　　）方法时，周边预留的土坡对围护结构有支撑作用，有利于减少围护结构的变形。

A. 墩式挖土　　B. 放坡挖土

C. 盆式挖土　　D. 逆作法挖土

4. **【单选】**当地质条件和场地条件许可时，开挖深度不大的基坑最可取的开挖方案是（　　）。

A. 放坡挖土　　B. 中心岛式（墩式）挖土

C. 盆式挖土　　D. 逆作法挖土

5. **【多选】**可采用放坡开挖的情形有（　　）。

A. 经验算能确保边坡的稳定性　　B. 基坑开挖深度不大

C. 周围环境允许　　D. 经验判断能确保边坡的稳定性

E. 基坑开挖深度较大

6.【多选】下列关于中心岛式挖土的说法，正确的有（　　）。

A. 基坑四边应留土坡　　B. 中心岛可作为临时施工场地

C. 有利于减少支护体系的变形　　D. 多用于无支护土方开挖

E. 具有挖土和运土速度快的优点

7.【单选】基坑边缘堆置土方和建筑材料，或沿挖方边缘移动运输工具和机械，一般应距基坑上部边缘不少于（　　）m，堆置高度不应超过（　　）m。

A. 1.0，1.5　　B. 1.5，2.0

C. 2.0，1.5　　D. 2.0，2.0

8.【多选】为了控制土方开挖质量，除应对平面控制桩、水准点进行检查外，还应经常检查（　　）。

A. 基坑平面位置　　B. 水平标高

C. 边坡坡度　　D. 挖土机械

E. 土的含水量

9.【多选】下列关于土方开挖的说法，正确的有（　　）。

A. 基坑开挖可采用机械直接开挖至基底标高

B. 基坑开挖方案应根据支护结构设计、降排水要求确定

C. 土方开挖前应先进行测量定位，设置好控制点

D. 软土基坑必须分层均衡开挖

E. 基坑开挖完成后应及时验槽，减少暴露时间

10.【单选】以下不能用作填方土料的是（　　）。

A. 碎石土　　B. 含水量符合压实要求的黏性土

C. 淤泥质土　　D. 砂土

11.【单选】采用平碾压实土方时，每层虚铺厚度为（　　）mm，每层压实遍数为（　　）遍。

A. 200～250，3～4　　B. 200～250，6～8

C. 250～300，3～4　　D. 250～300，6～8

12.【多选】下列关于土方的填筑与压实，说法正确的有（　　）。

A. 填土应从场地最低处开始，由下而上整个宽度分层铺填

B. 填方应尽量采用同类土填筑

C. 填方应在相对两侧或周围同时进行回填和夯实

D. 填方的边坡坡度应根据填方高度、土的种类和其重要性确定

E. 当填方高度大于10m时，临时性填方边坡坡度下部可采用1∶1.5

考点 2　人工降排地下水施工技术【重要】

1.【单选】在软土地区基坑开挖深度超出（　　）m时，一般可采用井点降水。

A. 3　　B. 4

C. 5　　D. 8

2.【单选】排水明沟宜布置在拟建建筑基础边（　　）m以外，沟边缘离开边坡坡脚应不小于（　　）m。

A. 0.3，0.4　　B. 0.4，0.5

C. 0.5，0.6　　D. 0.6，0.7

3.【单选】基坑内明排水应设置排水沟及集水井，排水沟纵坡宜控制在（　　）。

A. 1‰～2‰　　B. 1.5‰～2‰

C. 2‰～3‰　　D. 3‰～5‰

4. **【单选】** 采用回灌井点时，回灌井点与降水井点的距离不宜小于（　　）m。

A. 6　　B. 7

C. 8　　D. 10

5. **【多选】** 为防止或减少降水对周围环境的影响，避免产生过大的地面沉降，可采取的技术措施有（　　）。

A. 采用回灌技术　　B. 采用砂沟、砂井回灌

C. 减缓降水速度　　D. 明沟排水

E. 集水井排水

考点 3 基坑验槽与局部不良地基处理方法【重要】

1. **【多选】** 在进行基坑验槽时，（　　）单位有关人员必须参加验收。

A. 勘察　　B. 监理

C. 施工　　D. 设计

E. 防水分包

2. **【多选】** 基坑验槽由（　　）组织建设、监理、勘察、设计及施工单位的项目负责人、技术质量负责人，共同按设计要求和有关规定进行。

A. 设计单位负责人　　B. 总监理工程师

C. 施工单位负责人　　D. 建设单位项目负责人

E. 勘察单位负责人

3. **【单选】** 基槽底采用钎探时，钢钎每贯入（　　）cm，记录一次锤击数。

A. 20　　B. 25

C. 30　　D. 35

4. **【单选】** 地基验槽时应重点观察（　　）。

A. 柱基、墙角、承重墙下　　B. 槽壁、槽底的土质情况

C. 基槽开挖深度　　D. 槽底土质结构是否被人为破坏

5. **【单选】** 地基验槽通常采用观察法，对于基底以下的土层不可见部位，通常采用（　　）法。

A. 局部开挖　　B. 钎探

C. 钻孔　　D. 超声波检测

6. **【多选】** 验槽时，需进行轻型动力触探的情况的有（　　）。

A. 持力层明显不均匀　　B. 局部有软弱下卧层

C. 基槽底面有积水　　D. 基槽底面存在高低差

E. 有浅埋的坑穴、古墓、古井等

考点 4 砖、石基础施工技术【了解】

1. **【单选】** 基础墙的防潮层位置宜在室内地面标高（　　）处。

A. 以下一皮砖　　B. 以下二皮砖

C. 以上一皮砖　　D. 以上二皮砖

2. **【单选】** 当设计对砖基础墙防潮层无具体要求时，防潮层宜采用加适量防水剂的 1：2 水泥砂浆铺设，其厚度宜为（　　）mm。

A. 10　　B. 20

C. 30　　D. 40

3. 【单选】砖基础的水平灰缝厚度和垂直灰缝宽度宜为（　　）mm。
A. 5±2　　B. 15±2
C. 10±2　　D. 20±2

4. 【单选】砖基础的水平灰缝和垂直灰缝的砂浆饱满度分别不得小于（　　）。
A. 60%，70%　　B. 70%，60%
C. 80%，90%　　D. 90%，80%

5. 【单选】石基础的墙基留槎时，不得留在外墙转角或纵墙与横墙交接处，至少应离开（　　）m 的距离。
A. 1.0～1.5　　B. 0.8～1.2
C. 0.5～1.0　　D. 0.5～0.8

6. 【多选】阶梯形毛石基础应符合的规定有（　　）。
A. 每一台阶应不少于 2～3 皮毛石
B. 每阶高度不小于 20cm
C. 相邻阶梯的毛石应相互错缝搭砌
D. 每阶宽度应不小于 40cm
E. 上级阶梯的石块至少压砌下级阶梯石块的 1/3

考点 5　混凝土基础与桩基施工技术【重要】

1. 【单选】混凝土基础主要形式不包括（　　）。
A. 条形基础　　B. 独立基础
C. 筏形基础　　D. 球形基础

2. 【单选】条形基础浇筑各段层间应相互衔接，每段间浇筑长度控制在（　　）m 距离，做到逐段逐层呈阶梯形向前推进。
A. 2～3　　B. 20～30
C. 3～5　　D. 30～50

3. 【单选】下列关于混凝土条形基础施工的说法，不正确的是（　　）。
A. 宜分段分层连续浇筑
B. 一般不留施工缝
C. 各段层间应在终凝前相互衔接
D. 每段间浇筑长度控制在 2000～3000mm

4. 【多选】设备基础混凝土一般应分层浇筑，下列做法正确的有（　　）。
A. 保证上下层之间不形成施工缝
B. 允许上下层之间形成施工缝
C. 保证下层初凝前浇筑上层
D. 保证下层初凝后浇筑上层
E. 每层混凝土的厚度为 200～300mm

5. 【单选】设备基础一般应（　　）浇筑，每层混凝土的厚度为（　　）mm。
A. 分层，200～300　　B. 分层，300～500
C. 分段分层，200～300　　D. 分段分层，300～500

6. 【多选】大体积混凝土的浇筑方案主要有（　　）等方式。
A. 全面分层
B. 分段分层

C. 斜面分层

D. 均匀分层

E. 交错分层

7. 【多选】下列有利于大体积混凝土施工的措施有（　　）。

A. 掺入适量的微膨胀剂

B. 采用二次抹面工艺

C. 适当提高水胶比

D. 选用硅酸盐水泥

E. 降低混凝土的入模温度

8. 【多选】下列施工措施中，有利于大体积混凝土裂缝控制的有（　　）。

A. 预埋冷却水管　　B. 增大水胶比

C. 适当使用缓凝减水剂　　D. 掺入适量微膨胀剂

E. 增加混凝土内外温差

9. 【多选】在初凝前，对大体积混凝土进行二次振捣的目的包括（　　）。

A. 提高混凝土与钢筋的握裹力

B. 降低混凝土的水化热

C. 增加混凝土的密实度

D. 提高混凝土抗压强度

E. 减少混凝土表面微裂

10. 【多选】钢筋混凝土预制桩打（沉）桩施工方法通常有（　　）。

A. 锤击沉桩法　　B. 静力压桩法

C. 振动法　　D. 钻孔法

E. 人工挖孔法

11. 【单选】泥浆护壁钻孔灌注桩施工工艺流程中，第二次清孔的下一道工序是（　　）。

A. 下钢筋笼　　B. 下钢导管

C. 质量验收　　D. 水下浇筑混凝土

12. 【单选】钢筋混凝土预制桩采用静力压桩法施工时，其施工工序包括：①打桩机就位；②测量定位；③吊桩、插桩；④桩身对中调直；⑤静压沉桩。一般的施工程序为（　　）。

A. ①②③④⑤

B. ②①③④⑤

C. ①②③⑤④

D. ②①③⑤④

考点 6　基坑监测技术【必会】

1. 【单选】基坑侧壁安全等级为一级时，其采用的相对应的重要系数是（　　）。

A. 0.90　　B. 1.00

C. 1.10　　D. 1.20

2. 【单选】深基坑工程的第三方监测应由（　　）委托。

A. 建设单位　　B. 监理单位

C. 设计单位　　D. 施工单位

3. **【多选】**监测单位应编制监测方案，经（　　）等认可后方可实施。

A. 建设方　　B. 分包方

C. 设计方　　D. 监理方

E. 施工总承包方

4. **【多选】**基坑监测出现（　　）危险征兆时立即报警。

A. 支护结构位移达到设计规定的位移限值

B. 支护结构位移速率增长且不收敛

C. 支护结构构件出现轻微损坏

D. 基坑周边建（构）筑物、道路、地面的沉降达到设计规定的沉降、倾斜限值

E. 基坑出现局部坍塌

5. **【多选】**下列关于基坑围护墙或基坑边坡顶部的水平和竖向位移监测点的说法，正确的有（　　）。

A. 周边中部、阳角处应布置监测点

B. 测点水平间距不宜小于15～20m

C. 每边监测点数不宜少于3个

D. 水平和竖向监测点不宜为共用点

E. 监测点宜设置在围护墙或基坑坡顶上

6. **【单选】**地下水位量测精度不宜低于（　　）mm。

A. 8　　B. 10

C. 12　　D. 15

7. **【单选】**基坑监测点水平间距不宜大于（　　）m，每边监测点数不宜少于（　　）个。

A. 25～30，3　　B. 20～25，2

C. 15～20，3　　D. 10～15，2

8. **【多选】**基坑监测项目的监测频率应综合考虑（　　）来确定。

A. 基坑支护结构

B. 基坑类别

C. 基坑施工阶段

D. 自然条件的变化

E. 当地经验

9. **【多选】**基坑监测出现（　　）情况时，应提高监测频率。

A. 监测数据变化较大或者速率加快

B. 超深、超长开挖或未及时加撑等违反设计工况施工

C. 基坑附近地面荷载突然增大或超过设计限值

D. 基坑及周边少量积水

E. 周边地面突发较大沉降、不均匀沉降或出现严重开裂

10. **【多选】**基坑工程监测报警值应由监测项目的（　　）共同控制。

A. 累计变化量　　B. 每次变化量

C. 变化速率值　　D. 变化频率

E. 变化幅度

2A312030　主体结构工程施工技术

知识脉络

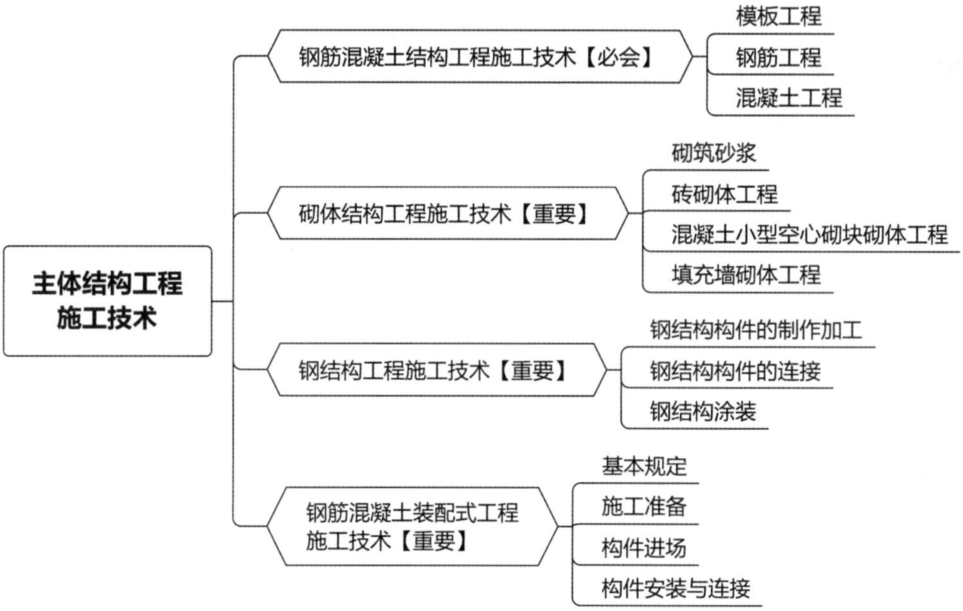

考点 1　钢筋混凝土结构工程施工技术【必会】

1. **【多选】**模板工程设计的安全性指标包括（　　）。
   A. 强度　　B. 刚度
   C. 平整度　　D. 稳定性
   E. 实用性
2. **【单选】**模板工程设计的主要原则不包括（　　）。
   A. 实用性　　B. 耐久性
   C. 安全性　　D. 经济性
3. **【多选】**下列关于大模板体系的说法，正确的有（　　）。
   A. 模板整体性好、抗震性强、无拼缝
   B. 模板重量大，移动安装需起重机械吊运
   C. 较适用于外形复杂或异形混凝土构件
   D. 可早拆，加快周转，节约成本
   E. 制作量大，木材资源浪费大
4. **【多选】**模板及其支架在设计时应考虑的主要因素不包括（　　）。
   A. 承载能力　　B. 刚度
   C. 稳定性　　D. 强度
   E. 宽度
5. **【单选】**某钢筋混凝土现浇板跨度为 9m，设计无要求时，其起拱高度宜为（　　）cm。
   A. 0.3　　B. 0.5
   C. 1.5　　D. 2.8
6. **【单选】**某跨度为 6m、设计强度为 C30 的钢筋混凝土梁，其同条件养护试件（边长为

150mm 立方体）抗压强度见下表，可拆除该梁底模的最早时间是第（　　）d。

时间/d	7	9	11	13
试件强度/MPa	16.5	20.8	23.1	25

A. 7　　B. 9

C. 11　　D. 13

7. **【多选】**关于模板工程，下列说法正确的有（　　）。

A. 只要混凝土强度保证其表面、棱角不因拆模而受损，即可拆除侧模

B. 跨度不大于 8m 的梁底模及支架拆除时，其混凝土强度应达到设计的混凝土立方体抗压强度标准值的 75%以上

C. 当设计无规定时，模板拆除一般后支先拆、先支后拆，先拆承重部分，再拆非承重部分

D. 在浇筑混凝土前，木模板应浇水润湿，但模板内不应有积水

E. 后浇带的模板及支架应独立设置

8. **【多选】**对于模板安装质量要求的说法，正确的有（　　）。

A. 安装现浇结构上层楼板时，如下层楼板不具有承受上层荷载的承载能力，则应在下层楼板下加设支架，上、下层支架的立柱应对准并铺设垫板

B. 模板与混凝土接触面应清理干净并涂刷隔离剂

C. 在混凝土浇筑前，钢模板应浇水润湿，但模板内不应有大量积水

D. 在涂刷隔离剂时，不得污染钢筋和混凝土接槎处

E. 木模板不得周转，以保证混凝土外观效果

9. **【多选】**对于各种钢筋下料长度计算的说法，正确的有（　　）。

A. 直钢筋下料长度＝构件长度－保护层厚度＋弯钩增加长度

B. 弯起钢筋下料长度＝直段长度＋斜段长度＋弯曲调整值＋弯钩增加长度

C. 钢筋下料应根据构件净尺寸计算

D. 箍筋下料长度＝箍筋周长－箍筋调整值

E. 弯折后钢筋各段的长度总和并不等于其在直线状态下的长度，所以要对钢筋剪切下料长度加以计算

10. **【单选】**在钢筋的连接中，当受拉钢筋直径大于 25mm，受压钢筋直径大于 28mm 时，不宜采用（　　）接头。

A. 钢筋套筒挤压连接　　B. 钢筋直螺纹套筒连接

C. 焊接连接　　D. 绑扎搭接

11. **【多选】**关于钢筋工程，下列说法正确的有（　　）。

A. 热轧钢筋按屈服强度（MPa）分为 300 级、335 级、400 级

B. 钢筋接头位置宜设置在受力较小处

C. 当受压钢筋直径大于 25mm 时，不宜采用绑扎搭接接头

D. 钢筋加工宜在常温状态下进行

E. 钢筋弯曲应一次完成，不得反复弯折

12. **【单选】**关于钢筋加工的说法，正确的是（　　）。

A. 不得采用冷拉调直　　B. 不得采用喷砂除锈

C. 不得反复弯折　　D. 不得采用手动液压切断下料

13. 【单选】关于钢筋加工的说法，正确的是（　　）。

A. 钢筋冷拉调直时，不能同时进行除锈

B. HRB400级钢筋采用冷拉调直时，冷拉率不宜大于4%

C. 钢筋的切断口可以有马蹄形现象

D. 钢筋加工宜在常温状态下进行，加工过程中不应加热钢筋

14. 【单选】当无圈梁和梁垫时，板、次梁与主梁交叉处，其钢筋的绑扎位置正确的是（　　）。

A. 主梁筋在上，次梁筋居中，板筋在下　　B. 主梁筋居中，次梁筋在下，板筋在上

C. 主梁筋在下，次梁筋在上，板筋居中　　D. 主梁筋在下，次梁筋居中，板筋在上

15. 【多选】关于钢筋安装的说法中，正确的有（　　）。

A. 框架梁钢筋一般应安装在柱纵向钢筋外侧

B. 柱箍筋转角与纵向钢筋交叉点均应扎牢

C. 在保证受力钢筋不移位的前提下，楼板的钢筋中间部分交叉点可以相隔交叉绑扎

D. 现浇悬挑板上部负筋被踩下可以不修理

E. 主次梁交叉处主梁钢筋通常在下

16. 【单选】关于混凝土中粗骨料的最大粒径的说法，错误的是（　　）。

A. 粗骨料最大粒径不应超过构件截面最小尺寸的1/4，且不应超过钢筋最小净间距的3/4

B. 对实心混凝土板，粗骨料的最大粒径不宜超过板厚的1/2，且不应超过40mm

C. 粗骨料宜采用连续粒级，也可用单粒级组合成满足要求的连续粒级，其含泥量、泥块含量指标应符合规范要求

D. 粗骨料宜选用粒形良好、质地坚硬的洁净碎石或卵石

17. 【多选】关于泵送混凝土配合比的设计要求，说法正确的有（　　）。

A. 泵送混凝土的入泵坍落度不宜高于100mm

B. 用水量与胶凝材料总量之比不宜大于0.6

C. 泵送混凝土的胶凝材料总量不宜小于260kg/m^3

D. 宜掺用适量粉煤灰或其他活性矿物掺合料

E. 当掺用引气型外加剂时，其含气量不宜大于4%

18. 【单选】关于混凝土的搅拌与运输，说法错误的是（　　）。

A. 确保混凝土在初凝前运至现场，在终凝前浇筑完毕

B. 卸料前，宜快速旋转搅拌20s以上后再卸料

C. 当坍落度损失较大不能满足施工要求时，可在运输车罐内加入适量的与原配合比相同成分的减水剂

D. 加入减水剂后，混凝土罐车应快速旋转搅拌均匀

19. 【单选】当采用插入式振捣器振捣混凝土时，振捣器插入下层混凝土内的深度应不小于（　　）mm。

A. 30　　B. 50　　C. 80　　D. 100

20. 【单选】采用泵送混凝土施工时，混凝土粗骨料最大粒径不大于25mm时，可采用内径不小于（　　）mm的输送泵管。

A. 110　　B. 115

C. 120　　D. 125

21. 【多选】关于混凝土施工缝的留置位置，正确的有（　　）。
   A. 柱的施工缝留设在基础的顶面
   B. 单向板的施工缝留设在平行于板的长边的任何位置
   C. 有主次梁的楼板，施工缝留设在主梁跨中 1/3 范围内
   D. 墙的垂直施工缝留置在门洞口过梁跨中 1/3 范围内
   E. 墙的垂直施工缝留置在纵横墙的交接处
22. 【单选】关于后浇带施工的做法，正确的是（　　）。
   A. 浇筑与原结构相同等级的混凝土
   B. 浇筑比原结构提高一等级的微膨胀混凝土
   C. 接槎部位未剔凿直接浇筑混凝土
   D. 后浇带模板支撑重新搭设后浇筑混凝土
23. 【单选】对于超长大体积混凝土施工，下列措施不能有效控制其结构出现有害裂缝的是（　　）。
   A. 跳仓法施工，其最大分块尺寸不宜大于 40m
   B. 跳仓法施工，其间隔时间不大于 7d
   C. 留置变形缝
   D. 后浇带施工

考点 2　砌体结构工程施工技术【重要】

1. 【单选】关于砂浆原材料要求，说法错误的是（　　）。
   A. M15 及以下强度等级的砌筑砂浆宜选用 32.5 级的通用硅酸盐水泥
   B. M15 以上强度等级的砌筑砂浆宜选用 32.5 级普通硅酸盐水泥
   C. 宜选用过筛中砂
   D. 拌制水泥混合砂浆，采用建筑生石灰、建筑生石灰粉制作石灰膏时，其熟化时间分别不得少于 7d 和 2d
2. 【单选】下列可以留设脚手眼的是（　　）。
   A. 过梁净跨度 1/2 的高度范围内
   B. 宽度大于 1m 的窗间墙
   C. 门窗洞口两侧砖砌体 200mm 范围内
   D. 梁或梁垫下及其左右 500mm 范围内
3. 【单选】现场拌制的砂浆当施工期间最高气温超过 30℃时，应在（　　）内使用完毕。
   A. 45min　　B. 1h
   C. 2h　　D. 3h
4. 【单选】砖过梁底部的模板及其支架拆除时，灰缝砂浆强度不应低于设计强度的（　　）。
   A. 50％　　B. 75％
   C. 80％　　D. 100％
5. 【单选】关于砌筑砂浆的说法，错误的是（　　）。
   A. 砌筑砂浆的稠度通常为 30～90mm
   B. 砌筑材料为粗糙多孔且吸水较大的块料或在干热条件下砌筑时，应选用较大稠度值的砂浆
   C. 砌筑材料为粗糙多孔且吸水较大的块料或在干热条件下砌筑时，应选用较小稠度值的砂浆
   D. 砌筑砂浆的分层度不得大于 30mm，确保砂浆具有良好的保水性

6. 【单选】关于混凝土小型空心砌块砌体工程的说法，错误的是（　　）。
   A. 分为普通混凝土小型空心砌块和轻骨料混凝土小型空心砌块
   B. 对轻骨料混凝土小砌块，宜提前 1～2d 浇水湿润
   C. 构造柱先砌砖墙再绑扎钢筋
   D. 普通混凝土小型空心砌块砌体，砌筑前不需对小砌块浇水湿润
7. 【单选】关于砌体工程施工的做法，正确的是（　　）。
   A. 宽度为 350mm 的洞口上部未设置过梁
   B. 不同品种的水泥混合使用，拌制砂浆
   C. 混凝土小型空心砌块底面朝下砌于墙上
   D. 砌筑填充墙时，蒸压加气混凝土砌块的产品龄期不应小于 28d
8. 【单选】填充墙砌筑时应错缝搭砌，轻骨料混凝土小型空心砌块搭砌长度不应小于（　　）。
   A. 90mm　　B. 100mm
   C. 砌块长度的 1/2　　D. 砌块长度的 1/3
9. 【单选】关于砌体结构施工的说法，正确的是（　　）。
   A. 在干热条件砌筑时，应选用较小稠度值的砂浆
   B. 机械搅拌砂浆时，搅拌时间自开始投料时算起
   C. 砖柱不得采用包心砌法砌筑
   D. 先砌砖墙，后绑构造柱钢筋，最后浇筑混凝土
10. 【多选】关于砌筑砂浆的说法，正确的有（　　）。
    A. 砂浆应采用机械搅拌
    B. 水泥粉煤灰砂浆搅拌时间不得少于 180s
    C. 留置试块为边长 7.07cm 的正方体
    D. 每一检验批且不超过 $250m^3$ 砌体的各类、各强度等级的普通砌筑砂浆，每台搅拌机应至少抽检一次
    E. 六个试件为一组
11. 【多选】关于普通混凝土小砌块的施工做法，正确的有（　　）。
    A. 在施工前先浇水湿透　　B. 清除表面污物
    C. 底面朝下正砌于墙上　　D. 底面朝上反砌于墙上
    E. 施工采用的小砌块的产品龄期不应小于 28d
12. 【多选】关于填充墙砌体工程的说法，正确的有（　　）。
    A. 蒸压加气混凝土砌块应提前 1～2d 浇水湿透
    B. 蒸压加气混凝土砌块的含水率宜小于 30%
    C. 蒸压加气混凝土砌块墙体下部可现浇混凝土坎台，高度宜为 150mm
    D. 蒸压加气混凝土砌块堆置高度不宜超过 2m，并应防止雨淋
    E. 轻骨料混凝土小型空心砌块搭砌长度不应小于砌块长度的 1/3
13. 【多选】蒸压加气混凝土砌块墙如无切实有效措施，不得使用于（　　）。
    A. 建筑物防潮层以上墙体　　B. 长期浸水或化学侵蚀环境
    C. 砌块表面温度高于 80℃的部位　　D. 抗震设防烈度 8 度地区的内隔墙
    E. 长期处于有振动源环境的墙体
14. 【多选】关于各种砌体砌筑形式，说法正确的有（　　）。
    A. 多孔砖的孔洞应垂直于受压面砌筑

B. 半盲孔多孔砖应侧立砌筑，孔洞应呈水平方向
C. 混凝土小型空心砌块将生产时的底面朝上反砌于墙上
D. 烧结空心砖应侧立砌筑，孔洞应呈水平方向
E. 蒸压加气混凝土砌块填充墙砌筑时应对缝搭砌

考点 3 钢结构工程施工技术【重要】

1. 【多选】下列连接方式中，属于钢结构常用连接方法的有（　　）。
A. 焊接连接　　B. 机械连接
C. 铆钉连接　　D. 螺栓连接
E. 绑扎连接
2. 【单选】建筑工程中，普通螺栓连接钢结构时，其紧固次序应为（　　）。
A. 从中间开始，对称向两边进行　　B. 从两边开始，对称向中间进行
C. 从一边开始，依次向另一边进行　　D. 任意位置开始，无序进行
3. 【多选】关于高强度螺栓连接施工的说法，错误的有（　　）。
A. 在施工前对连接副和摩擦面进行检验和复验
B. 把高强螺栓作为临时螺栓使用
C. 高强度螺栓的安装可采用自由穿入和强行穿入两种
D. 若螺栓不能自由穿入时，可采用铰刀修整螺栓孔
E. 高强螺栓不能作为临时螺栓使用
4. 【多选】钢结构防火涂料按涂层厚度可分为（　　）等类型。
A. CB 类　　B. B 类
C. F 类　　D. G 类
E. H 类

考点 4 钢筋混凝土装配式工程施工技术【重要】

1. 【多选】我国建设行政主管部门按照（　　）的总体要求，规范了装配式混凝土建筑的施工。
A. 适用　　B. 经济
C. 安全　　D. 耐久
E. 美观
2. 【单选】装配式混凝土结构施工前，施工单位应按照装配式结构施工的（　　），对作业人员进行安全技术交底。
A. 特点和要求　　B. 工程规模
C. 施工特点　　D. 工程概况
3. 【多选】装配式混凝土结构安装前，吊装设备应满足（　　）等施工要求。
A. 吊装重量　　B. 构件尺寸
C. 构件形状　　D. 调试合格
E. 作业半径
4. 【单选】装配式预制构件进场时，构件生产单位应提供相关质量证明文件，下列不属于质量证明文件应包括内容的是（　　）。
A. 钢筋复验单
B. 钢筋套筒等其他构件钢筋连接类型的工艺检验报告

C. 混凝土强度检验报告

D. 混凝土配合比

5.【多选】装配式结构质量证明文件应包括（　　）。

A. 钢筋套筒的工艺检验报告

B. 钢筋复验单

C. 出厂合格证

D. 混凝土强度检验报告

E. 预制构件生产日期

6.【单选】装配式预制构件进场前，混凝土强度应符合设计要求。当设计无具体要求时，混凝土同条件立方体抗压强度不应小于混凝土强度等级值的（　　）。

A. 75%

B. 70%

C. 80%

D. 90%

7.【单选】装配式预制构件间钢筋连接可采用钢筋套筒灌浆连接形式时，灌浆后（　　）h 内不得使构件与灌浆层受到振动、碰撞。

A. 6

B. 12

C. 24

D. 48

8.【单选】灌浆料需做试件的标准养护时间是（　　）d。

A. 7

B. 14

C. 21

D. 28

9.【单选】灌浆施工时，其环境温度不应低于（　　）℃。

A. 0

B. 4

C. 5

D. 10

10.【多选】预制构件间钢筋连接宜采用的方法有（　　）。

A. 套筒灌浆连接

B. 浆锚搭接连接

C. 直螺纹套筒连接

D. 电渣压力焊连接

E. 挤压连接

11.【多选】预制柱安装要求正确的有（　　）。

A. 按照角柱、边柱、中柱顺序进行安装

B. 按照边柱、角柱、中柱顺序进行安装

C. 按照中柱、边柱、角柱顺序进行安装

D. 与现浇部分连接的柱应后安装

E. 与现浇部分连接的柱宜先安装

12.【单选】装配式梁安装顺序应遵循（　　）的原则。

A. 先主梁后次梁，先低后高

B. 先次梁后主梁，先低后高

C. 先主梁后次梁，先高后低

D. 先次梁后主梁，先高后低

13.【单选】预制构件接缝混凝土浇筑完成后可采取洒水、覆膜、喷涂养护剂等养护方式，养护时间不应少于（　　）d。

A. 7

B. 14

C. 28

D. 10

2A312040　防水与保温工程施工技术

知识脉络

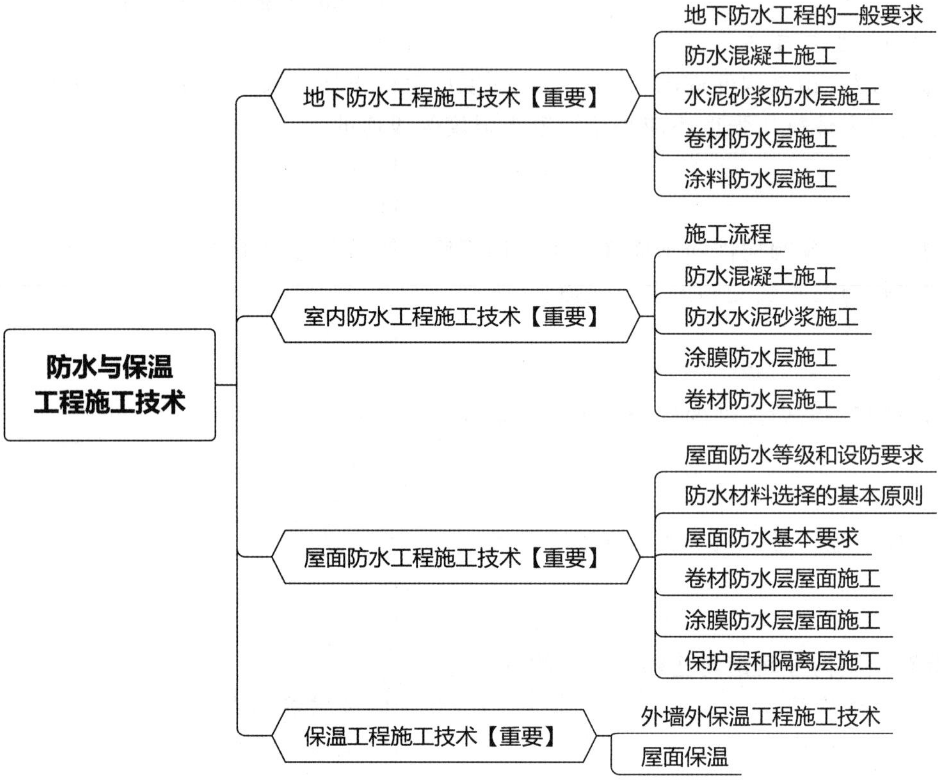

考点 1　地下防水工程施工技术【重要】

1.【单选】地下工程的防水等级分为（　　）级。

A. 四　　B. 三

C. 二　　D. 一

2.【单选】下列关于地下防水工程施工技术，说法错误的是（　　）。

A. 防水混凝土的适用环境温度不得高于100℃

B. 地下防水工程施工前，施工单位应进行图纸会审

C. 地下防水工程施工前，编制防水工程施工方案

D. 地下防水工程必须由有相应资质的专业防水施工队伍进行施工

3.【单选】用于防水混凝土的水泥品种宜选用（　　）。

A. 粉煤灰硅酸盐水泥

B. 矿渣硅酸盐水泥

C. 火山灰质硅酸盐水泥

D. 硅酸盐水泥

4.【多选】地下防水混凝土施工中，施工缝的留设及施工的说法正确的有（　　）。

A. 墙体水平施工缝留置应低于顶板底面不小于300mm的墙体上

B. 距墙体预留洞口边缘不应小于300mm

C. 不宜与变形缝结合

D. 施工缝混凝土浇筑直接涂刷混凝土界面处理剂

E. 预埋注浆管时，应定位准确、固定牢靠

5. 【单选】关于水泥砂浆防水层施工中的温度要求，下列说法正确的是（　　）。

A. 冬期施工时，气温不应低于 0℃

B. 夏季施工时，气温不宜在 35℃以上或烈日照射下施工

C. 终凝后养护温度不宜低于 5℃

D. 终凝后冬期养护温度不宜低于 0℃

6. 【单选】基础外墙立面铺贴防水卷材时应采用（　　）。

A. 空铺法　　B. 点粘法

C. 条粘法　　D. 满粘法

考点 2　室内防水工程施工技术【重要】

1. 【单选】下列关于室内防水的说法，正确的是（　　）。

A. 防水混凝土终凝后应立即进行养护，养护时间不得少于 7d

B. 防水混凝土冬期施工时，其入模温度不应低于 0℃

C. 防水混凝土墙体留设水平施工缝时，应留在高出楼板表面不小于 500mm 的墙体上

D. 防水混凝土当采用自密实混凝土时，可不进行机械振捣

2. 【单选】下列关于室内防水工程，说法错误的是（　　）。

A. 防水砂浆施工环境温度不应低于 5℃

B. 防水砂浆终凝后应及时进行养护，养护时间不应小于 14d

C. 防水砂浆当需留槎时，上下层接槎位置应错开 200mm 以上

D. 涂膜防水层前后两遍的涂刷方向应相互垂直

考点 3　屋面防水工程施工技术【重要】

1. 【单选】某建筑屋面的防水设防要求为两道防水设防，其防水等级为（　　）。

A. Ⅰ级　　B. Ⅱ级

C. Ⅲ级　　D. Ⅳ级

2. 【单选】关于屋面防水工程施工技术，说法正确的是（　　）。

A. 屋面防水应以排为主，以防为辅

B. 混凝土结构层宜采用结构找坡，坡度不应小于 2%

C. 当采用材料找坡时，找坡层最薄处厚度不宜小于 20mm

D. 保温层上的找平层纵横缝的间距不宜小于 6m

3. 【单选】关于屋面防水工程施工技术，说法错误的是（　　）。

A. 涂膜防水层的上下层胎体增强材料应相互垂直铺设

B. 卷材防水层施工时由屋面最低标高向上铺设

C. 同一层相邻两幅卷材短边搭接缝错开不应小于 500mm

D. 上下层卷材长边搭接缝应错开，且不应小于幅宽的 1/3

4. 【单选】下列关于屋面防水工程的说法，正确的是（　　）。

A. 涂抹施工应先做好大面积涂布，再进行细部处理

B. 天沟防水层下附加层伸入屋面的宽度不应小于 250mm

C. 卷材防水层周边 600mm 范围内应满粘

D. 厚度小于 3mm 的高聚物改性沥青防水卷材，应采用热熔法施工

5. **【多选】**关于卷材防水层搭接缝的做法，正确的有（　　）。

A. 平行屋脊的搭接缝顺流水方向搭接　　B. 上下层卷材接缝对齐

C. 留设于天沟侧面　　D. 留设于天沟底部

E. 搭接缝口用密封材料封严

6. **【多选】**关于屋面涂膜防水层施工的说法，正确的有（　　）。

A. 采用溶剂型涂料时，屋面基层应干燥

B. 前后两遍涂料的涂布方向应相互垂直

C. 胎体增强材料的铺设应由屋面最高处向下进行

D. 上下两层胎体增强材料应相互垂直铺设

E. 屋面转角及立面的涂膜应薄涂多遍，不得流淌和堆积

7. **【单选】**关于屋面防水水落口的做法，正确的是（　　）。

A. 防水层贴入水落口杯内不应小于 30mm，周围直径 500mm 范围内的坡度不应小于 3%

B. 防水层贴入水落口杯内不应小于 30mm，周围直径 500mm 范围内的坡度不应小于 5%

C. 防水层贴入水落口杯内不应小于 50mm，周围直径 500mm 范围内的坡度不应小于 3%

D. 防水层贴入水落口杯内不应小于 50mm，周围直径 500mm 范围内的坡度不应小于 5%

考点 4　保温工程施工技术【重要】

1. **【多选】**保温材料按材质可分为（　　）。

A. 固体保温材料　　B. 有机保温材料

C. 无机保温材料　　D. 液体保温材料

E. 金属保温材料

2. **【多选】**关于外墙外保温的优点，正确的有（　　）。

A. 保护主体结构延长建筑物寿命　　B. 彻底消除了热桥的影响

C. 有利于室温保持稳定　　D. 便于旧建筑物进行节能改造

E. 对保温材料的耐候性和耐久性提出了较高要求

3. **【单选】**对外墙外保温的施工条件，说法错误的是（　　）。

A. 雨雪天气禁止施工

B. 伸出外墙的消防梯在外保温施工结束后安装

C. 作业环境不应低于 5℃

D. 作业风力不应大于 5 级

4. **【单选】**关于屋面现浇泡沫混凝土保温层的施工，说法错误的是（　　）。

A. 基层应清理干净，不得有积水

B. 泡沫混凝土的出料口离基层的高度不宜超过 0.5m

C. 泡沫混凝土应分层浇筑，一次浇筑厚度不宜超过 200mm

D. 终凝后应进行保湿养护，养护时间不得少于 7d

5. **【单选】**关于屋面喷涂硬泡聚氨酯保温层的施工，说法错误的是（　　）。

A. 施工前应对喷涂设备进行调试

B. 喷涂时喷嘴与施工基面的间距应由试验确定

C. 一个作业面应分遍喷涂完成，每遍喷涂厚度不宜大于 10mm

D. 硬泡聚氨酯喷涂后 20min 内严禁上人

2A312050 装饰装修工程施工技术

知识脉络

- **装饰装修工程施工技术**
  - 吊顶工程施工技术【重要】
    - 吊顶工程施工技术要求
    - 工艺流程
    - 施工方法
    - 吊顶工程的隐蔽工程项目验收
  - 轻质隔墙工程施工技术【重要】
    - 条板隔墙
    - 骨架隔墙
    - 活动隔墙
    - 玻璃隔墙
  - 地面工程施工技术【重要】
    - 地面工程施工技术要求
    - 施工工艺
    - 施工方法
  - 饰面板（砖）工程施工技术【重要】
    - 饰面板安装工程
    - 饰面砖安装工程
  - 门窗工程施工技术【了解】
    - 木门窗安装
    - 金属门窗
    - 塑料门窗
    - 门窗玻璃安装
  - 涂料涂饰、裱糊、软包与细部工程施工技术【了解】
    - 涂饰工程的施工技术要求和方法
    - 裱糊工程的施工技术要求和方法
    - 软包工程的施工技术要求
    - 细部工程的施工技术要求和方法
  - 建筑幕墙工程施工技术【重要】
    - 建筑幕墙工程分类
    - 建筑幕墙的预埋件制作与安装
    - 框支承玻璃幕墙制作安装
    - 全玻幕墙
    - 点支承玻璃幕墙
    - 石材幕墙工程安装
    - 金属幕墙工程安装
    - 人造板材幕墙工程安装
    - 建筑幕墙防火构造要求
    - 建筑幕墙的防雷构造要求
    - 建筑幕墙的保护和清洗

考点 1 吊顶工程施工技术【重要】

1. **【单选】**下列关于吊顶工程施工技术要求，说法正确的是（　　）。

A. 吊杆距墙的距离为 450mm

B. 主龙骨上吊杆之间的距离为 1100mm

C. 主龙骨之间的距离为 1100mm

D. 吊杆为 1.2m 时设置反支撑

2. 【单选】吊顶工艺流程：①龙骨安装；②吊顶内管道、设备的安装、调试及隐蔽验收；③吊杆安装；④填充材料的安装；⑤安装饰面板。下列排序正确的是（　　）。

A. ③①②④⑤　　B. ③②①④⑤

C. ②④③①⑤　　D. ②③①④⑤

3. 【单选】吊顶工程中，固定板材的次龙骨间距不得大于（　　）mm。

A. 400　　B. 600

C. 800　　D. 1000

4. 【多选】明龙骨吊顶饰面板的安装方法有（　　）。

A. 搁置法　　B. 嵌入法

C. 卡固法　　D. 钉固法

E. 粘贴法

考点 2　轻质隔墙工程施工技术【重要】

1. 【单选】关于轻质隔墙工程施工技术，说法错误的是（　　）。

A. 轻质隔墙自重轻、拆装方便

B. 按构造方式和所用材料不同分为条板隔墙、骨架隔墙、活动隔墙

C. 条板隔墙不需设置隔墙龙骨

D. 当单层条板隔墙采取接板安装且在限高以内时，竖向接板不宜超过两次

2. 【多选】关于条板隔墙的说法，正确的有（　　）。

A. 当非抗震设防地区的条板隔墙安装长度超过 8m 时，应根据其材质、构造、部位采取加强防裂措施

B. 当防水型石膏条板隔墙及其他有防水、防潮要求的条板隔墙用于潮湿环境时，下端应做 C30 素混凝土墙垫

C. 防潮墙垫宜采用预制墙垫

D. 在条板隔墙上开槽应在隔墙安装 7d 后进行

E. 条板隔墙上需要吊挂重物和设备时，不得单点固定，并应在设计时考虑加固措施，固定两点间距应大于 300mm

3. 【单选】符合吊顶纸面石膏板安装的技术要求是（　　）。

A. 从板的两边向中间固定

B. 从板的中间向板的四边固定

C. 短边接缝应落在竖向龙骨上

D. 石膏板不能采用自攻螺钉固定

考点 3　地面工程施工技术【重要】

1. 【单选】水泥混凝土散水、明沟和台阶等与建筑物连接处应设缝处理，其缝宽度为（　　），缝内填嵌柔性密封材料。

A. 5～10mm　　B. 15～20mm

C. 20～25mm　　D. 25～30mm

2. 【单选】楼板四周除门洞外应做混凝土翻边，高度不应小于（　　）mm，宽同墙厚，混凝土强度等级不应小于 C20。

A. 100　　B. 150

C. 200　　D. 250

考点 4　饰面板（砖）工程施工技术【重要】

1. **【单选】**饰面板工程应对其性能指标进行复验的是（　　）。
   A. 室外花岗岩的防滑性
   B. 外墙陶瓷面砖的反光性
   C. 寒冷地区外墙陶瓷的抗裂性
   D. 室内用花岗石板的放射性
2. **【多选】**饰面板工程应对下列隐蔽工程项目进行验收的有（　　）。
   A. 预埋件
   B. 外墙陶瓷面砖的粘贴强度
   C. 连接节点
   D. 防水层
   E. 后置埋件

考点 5　门窗工程施工技术【了解】

【单选】在门窗安装工程中，当门窗与墙体固定时，应先固定上框，后固定边框。下列固定方法错误的是（　　）。
A. 混凝土墙洞口采用射钉或膨胀螺钉固定
B. 砖墙洞口采用射钉固定，且必须固定在砖缝处
C. 轻质砌块或加气混凝土洞口可在预埋混凝土块上用射钉或膨胀螺钉固定
D. 设有预埋铁件的洞口应采用焊接的方法固定

考点 6　涂料涂饰、裱糊、软包与细部工程施工技术【了解】

1. **【单选】**厨房、卫生间墙面必须使用（　　）。
   A. 普通腻子　　B. 耐水腻子
   C. 水性腻子　　D. 油性腻子
2. **【多选】**建筑装饰装修细部工程是指（　　）。
   A. 移动式橱柜制作与安装
   B. 窗帘盒、窗台板制作与安装
   C. 门窗套制作与安装
   D. 护栏和扶手制作与安装
   E. 花饰制作与安装

考点 7　建筑幕墙工程施工技术【重要】

【单选】下列用于建筑幕墙的材料或构配件中，通常无需考虑承载能力要求的是（　　）。
A. 连接角码
B. 硅酮结构密封胶
C. 不锈钢螺栓
D. 防火密封胶

2A312060　建筑工程季节性施工技术

知识脉络

- 建筑工程季节性施工技术
  - 冬期施工技术【重要】
    - 建筑地基基础工程
    - 砌体工程
    - 钢筋工程
    - 混凝土工程
    - 钢结构工程
    - 防水工程
    - 保温工程
    - 建筑装饰装修工程
  - 雨期施工技术【重要】
    - 雨期施工准备
    - 建筑地基基础工程
    - 砌体工程
    - 钢筋工程
    - 混凝土工程
    - 钢结构工程
    - 防水工程
    - 保温工程
    - 建筑装饰装修工程
  - 高温天气施工技术【重要】
    - 砌体工程
    - 钢筋工程
    - 混凝土工程
    - 钢结构工程
    - 防水工程
    - 保温工程
    - 建筑装饰装修工程

考点 1　冬期施工技术【重要】

1. **【多选】**关于冬期施工冻土回填的说法，正确的有（　　）。

   A. 室外的基槽（坑）或管沟可采用含有冻土块的土回填

   B. 填方边坡的表层 1m 以内，不得采用含有冻土块的土填筑

   C. 室外管沟底以上 500mm 的范围内不得用含有冻土块的土回填

   D. 室内的基槽（坑）或管沟可采用含有冻土块的土回填

   E. 室内地面垫层下回填的土方，填料中可含有冻土块

2. **【单选】**冬期砂浆拌合水温、砂加热温度分别不宜超过（　　）℃。

   A. 90，50　　　　B. 90，40

   C. 80，50　　　　D. 80，40

3. **【多选】**冬期施工不得采用掺氯盐砂浆砌筑的砌体有（　　）。

   A. 对装饰工程有特殊要求的建筑物

B. 配筋、钢埋件无可靠防腐处理措施的砌体
C. 接近高压电线的建筑物（如变电所、发电站等）
D. 经常处于地下水位变化范围内的结构
E. 地下已设防水层的结构

4. **【多选】**关于外墙外保温工程冬期施工的说法，正确的有（　　）。
A. 施工最低温度不应低于－10℃
B. 施工期间以及完工后 24h 内，基层及环境空气温度不应低于 5℃
C. 胶粘剂和聚合物抹面胶浆拌合温度皆应高于 5℃
D. 聚合物抹面胶浆拌合水温度不宜大于 90℃，且不宜低于 40℃
E. EPS 板粘贴应保证有效粘贴面积大于 30％

考点 2 雨期施工技术【重要】

1. **【单选】**雨期施工中，调整砌筑砂浆水胶比的最主要参数是（　　）。
A. 外加剂含水量　　B. 砂的含水量
C. 掺和物含水量　　D. 石子的含水量

2. **【单选】**关于建筑工程雨期施工的说法，不正确的是（　　）。
A. 混凝土工程应对粗、细骨料含水率实时监测，及时调整混凝土配合比
B. 钢筋工程楼层后浇带可以用硬质材料封盖临时保护
C. 袋装水泥应存入仓库
D. 混凝土工程梁板同时浇筑时应沿主梁方向浇筑

考点 3 高温天气施工技术【重要】

1. **【单选】**关于涂装环境温度和相对湿度的说法，正确的是（　　）。
A. 环境温度不宜高于 50℃，相对湿度不应大于 80％
B. 环境温度不宜高于 50℃，相对湿度不应大于 95％
C. 环境温度不宜高于 38℃，相对湿度不应大于 85％
D. 环境温度不宜高于 50℃，相对湿度不应大于 85％

2. **【多选】**关于防水工程高温施工的说法，正确的有（　　）。
A. 防水材料应随用随配，配制好的混合料宜在 3h 内用完
B. 大体积防水混凝土入模温度不应大于 30℃
C. 改性石油沥青密封材料施工环境气温不高于 35℃
D. 高聚物改性沥青防水卷材储存环境最高气温不得超过 45℃
E. 自粘型卷材储存叠放层数不应超过 5 层

PART 2

2A320000

建筑工程项目施工管理

学习计划：

扫码即听
本章导学

2A320010 建筑工程施工招标投标管理

知识脉络

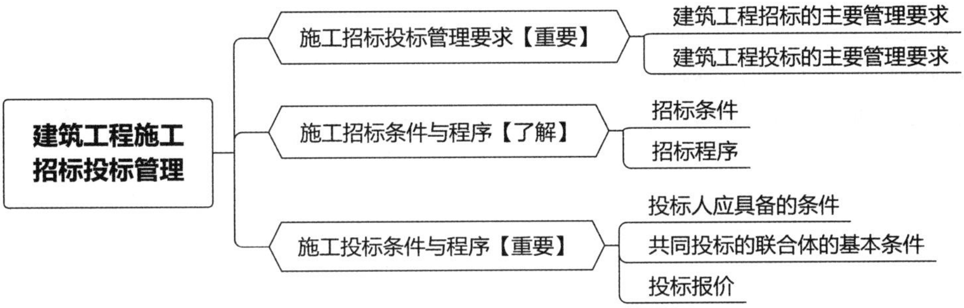

考点 1 施工招标投标管理要求【重要】

1. **【单选】**关系公众安全的项目必须进行招标的是（　　）。

A. 勘察、设计、施工、监理

B. 设计、施工、监理、塔吊租赁

C. 勘察、施工、监理、爬架的安装

D. 勘察、设计、监理、临时用电

2. **【单选】**关于建筑工程招标的管理要求，下列说法正确的是（　　）。

A. 国有资金投资的项目可以不进行招标

B. 招标分为公开招标和邀请招标

C. 招标人必须委托招标代理机构进行招标事宜

D. 招标代理机构可以在自行代理的项目中投标

3. **【单选】**下列项目中，可以不进行招标的是（　　）。

A. 大型基础设施、公用事业等关系社会公共利益、公众安全的项目

B. 全部或者部分使用国有资金投资或者国家融资的项目

C. 使用国际组织或者外国政府贷款、援助资金的项目

D. 抢险、救灾工程项目

4. **【单选】**关于招标人的说法，正确的是（　　）。

A. 招标人不可以对已发出的资格预审文件进行修改

B. 招标人可以划分标段规避招标

C. 招标人应当在招标文件中载明投标有限期

D. 招标人可以组织单个或者部分潜在投标人踏勘现场

5. **【多选】**关于投标人的说法，正确的有（　　）。

A. 与招标人存在利害关系，不得参加投标

B. 投标人必须在投标截止时间前，将投标文件送到投标地点

C. 招标人在收到投标文件后可以直接开启

D. 投标截止后投标人撤销投标文件的，招标人可以不退还投标保证金

E. 投标人可以在投标截止后对投标文件进行补充和修改

考点 2 施工招标条件与程序【了解】

1. 【多选】针对必须招标的工程建设项目，应当具备（　　）条件才能进行施工招标。
   A. 招标人已经依法成立
   B. 设计概算正在审批中
   C. 相应资金落实一部分
   D. 招标范围、招标方式和招标组织形式等已经核准
   E. 有招标所需的设计图纸及技术资料
2. 【单选】招标准备阶段向当地建设行政主管部门报建备案，下列不属于报建主要内容的是（　　）。
   A. 工程名称
   B. 资金来源
   C. 建设地点
   D. 投资规模

考点 3 施工投标条件与程序【重要】

1. 【多选】关于投标人应具备的条件，下列说法正确的有（　　）。
   A. 投标人应当具备承担招标项目的能力
   B. 投标人应当符合招标文件规定的资格条件
   C. 两个以上的联合体投标，按照高资质等级的单位确定资质等级
   D. 联合体投标可以口头协商，不需要签订协议
   E. 联合体各方就中标项目向招标人承担连带责任
2. 【单选】关于参加建设项目建筑安装的投标人必须具备的条件，说法正确的是（　　）。
   A. 投标人近两年内没有发生重大质量事故
   B. 投标人近两年内没有发生特大安全事故
   C. 投标人投标当年内没有发生重大质量和特大安全事故
   D. 投标人近两年内没有发生重大质量和特大安全事故
3. 【单选】关于投标报价，下列说法正确的是（　　）。
   A. 投标报价工程量清单必须与招标文件一致
   B. 综合单价中不考虑风险费用
   C. 投标人可以按照总价下浮的方式进行报价
   D. 措施项目费不得自主决定

2A320020　建设工程施工合同管理

知识脉络

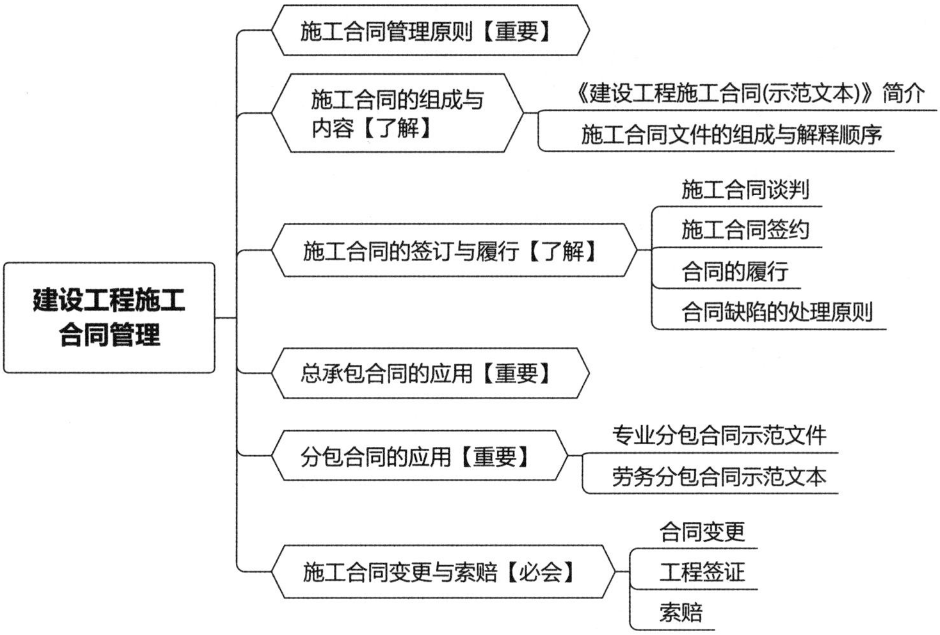

考点 1　施工合同管理原则【重要】

【单选】下列不属于建设工程施工合同管理的原则是（　　）。

A. 依法履约原则　　B. 公平公正原则

C. 诚实信用原则　　D. 协调合作原则

考点 2　施工合同的组成与内容【了解】

1. **【单选】**下列施工合同文件的排序符合优先解释顺序的是（　　）。

A. 施工合同协议书、专用合同条款及其附件、中标通知书、投标函及其附录

B. 施工合同协议书、中标通知书、投标函及其附录、专用合同条款及其附件

C. 专用合同条款及其附件、施工合同协议书、中标通知书、投标函及其附录

D. 专用合同条款及其附件、中标通知书、投标函及其附录、施工合同协议书

2. **【单选】**下列不属于施工合同文件的是（　　）。

A. 招标文件　　B. 投标函及其附录

C. 中标通知书　　D. 图纸

考点 3　施工合同的签订与履行【了解】

1. **【单选】**下列对施工合同谈判过程中经常遇到的问题处理，说法错误的是（　　）。

A. 合同的“标的”是合同最基本的要素

B. 发包人提出增减的工程项目或要求调整的工程量和工程内容时，其价格按照投标时定额确定并填入工程量清单

C. 关于技术要求、技术规范和施工技术方案，双方必须明确约定

D. 对于一般的单价合同，如发包人在原招标文件中未明确工程量变更部分的限度，则谈判

时应要求与发包人共同确定一个“增减量幅度”

2. 【单选】下列关于合同价款的说法，错误的是（　　）。

A. 采用固定价格应明确包干价的种类

B. 采用固定价格必须把风险范围约定清楚，风险费用的计算方法不必约定

C. 双方应约定支付方式

D. 双方应约定竣工结算方式和时间

3. 【单选】在执行政府定价或政府指导价的情况下，在履行合同过程中，当价格发生变化时，下列说法错误的是（　　）。

A. 逾期交付标的物的，遇到价格上涨时，按照新价格履行

B. 逾期交付标的物的，遇到价格下降时，按照新价格履行

C. 逾期提取标的物的，遇到价格上涨时，按照新价格履行

D. 逾期付款的，遇到价格下降时，按照原价格履行

考点 4　总承包合同的应用【重要】

1. 【单选】总承包合同签订后，关于总承包合同的应用，说法正确的是（　　）。

A. 总承包单位不得向专业分包单位收取管理费

B. 若总承包单位没有向专业分包单位收取管理费，便可以就分包工程免除进度责任

C. 即便总承包单位没有向专业分包单位收取管理费，并不影响总承包单位的承担义务

D. 属于专业分包单位质量责任的，总承包不承担责任

2. 【单选】下列关于总承包合同的应用，说法错误的是（　　）。

A. 建筑工程总承包单位可以将承包工程中的部分工程发包给具有相应资质条件的分包单位，且必须经建设单位认可

B. 建设单位在法律允许条件下进行的专业分包，不必得到总承包单位的认可

C. 总承包单位没有向专业分包单位收取管理费，不影响总承包单位的承担义务

D. 总承包单位需要对建设单位承担整个工程项目的质量、安全、进度、文明施工、成本、保修等全部责任

考点 5　分包合同的应用【重要】

1. 【多选】在专业分包合同中，（　　）属于分包人应当完成的工作。

A. 负责整个施工场地管理

B. 提供施工场地工程地质材料

C. 在合同约定时间内提供年、季、月度工程进度计划及相应进度统计报表

D. 负责已完成工程的成品保护工作，保护期间发生损坏自费予以修复

E. 遵守政府有关主管部门对施工场地交通、施工噪声及环境保护和安全文明生产的管理规定

2. 【单选】关于总承包单位对专业分包单位的管理，说法正确的是（　　）。

A. 总承包单位负责提供施工图纸，不负责向专业分包单位进行技术交底

B. 合同专用条款中约定的设备和设施由专业分包单位来准备

C. 随时为分包人提供确保分包工程的施工所要求的施工场地和通道等，满足施工运输的需要，保证施工期间的畅通

D. 专业分包单位只允许承包人及其授权的人员在工作时间内，合理进入专业工程施工场地或材料存放的地点

3. 【单选】下列不属于专业承包资质类别的是（　　）。
A. 建筑幕墙　　B. 电梯安装　　C. 钢筋工程　　D. 钢结构

4. 【单选】下列关于分包合同的应用，说法正确的是（　　）。
A. 总承包单位将主体结构施工分包给具有相应资质的单位
B. 未经建设单位认可，承包单位将其承包的部分建设工程交由其他单位完成
C. 分包单位将其分包的建设工程分包给比自己资质等级高的单位
D. 分包单位将其分包的建设工程中劳务作业分包给具备相应资质的施工劳务企业

5. 【多选】关于专业分包人的工作，说法正确的有（　　）。
A. 分包人应按照分包合同的约定，对分包工程进行设计、施工、竣工和保修
B. 按照合同专用条款约定的时间，完成规定的设计内容，报承包人确认后在分包工程中使用，承包人承担由此发生的费用
C. 分包人不能按承包人批准的进度计划施工时，应根据承包人的要求提交一份修订的进度计划，以保证分包工程如期竣工
D. 分包人只允许承包人及其授权的人员在工作时间内，合理进入分包工程施工场地或材料存放的地点
E. 已竣工工程未交付承包人之前，分包人应负责已完分包工程的成品保护工作，保护期间发生损坏，分包人自费予以修复

6. 【单选】在劳务分包合同中，下列（　　）属于劳务分包人的义务。
A. 按时提交报表、完整的原始技术经济资料
B. 与发包人、监理、设计等有关部门联系，协调现场工作关系
C. 负责编制施工组织设计，统一制定各项管理目标
D. 按时提供图纸，及时交付应供材料、设备

考点 6 施工合同变更与索赔【必会】

1. 【单选】下列关于施工合同变更权的说法，正确的是（　　）。
A. 承包人不可以提出变更
B. 由发包人发出变更指示
C. 在施工过程中，施工单位发现图纸明显错误，可擅自更改图纸
D. 涉及设计变更的，应由设计人提供变更后的图纸和说明

2. 【单选】下列变更程序：①变更执行；②承包人的合理化建议；③变更估价；④发包人提出变更；⑤监理人提出变更建议；⑥变更引起的工期调整。按顺序排列正确的是（　　）。
A. ⑤④①③②⑥　　B. ⑤④①②③⑥
C. ④⑤①③②⑥　　D. ④⑤①②③⑥

3. 【单选】下列对变更估价程序的说法，正确的是（　　）。
A. 承包人在收到变更指示后 7 天内，向监理人提交变更估价申请
B. 监理人应在收到承包人提交的变更估价申请后 14 天内审查完毕并报送发包人
C. 发包人在承包人提交变更估价申请后 14 天内审批完毕
D. 发包人逾期未完成审批或未提出异议的，视为不认可承包人提交的变更估价申请

4. 【单选】关于业主或非施工单位的原因造成的停工、窝工，说法正确的是（　　）。
A. 业主按照当地造价部门颁布的工资标准对停窝工人工补偿
B. 业主负责停窝工人工费补偿标准
C. 业主负责机械台班费的补偿

D. 业主不负责机械租赁费的补偿

5. 【多选】索赔必须符合的基本条件包括（　　）。

A. 客观性　　B. 真实性

C. 合法性　　D. 合理性

E. 及时性

6. 【单选】工期索赔的计算方法不包括（　　）。

A. 总费用法　　B. 按实际增加天数索赔

C. 比例分析法　　D. 网络分析法

7. 【单选】由于罕见特大暴雨，导致施工单位工期延误 5 天，机械设备损失 2 万元，下列分析错误的是（　　）。

A. 罕见特大暴雨属于不可抗力

B. 机械设备损失 2 万元不可以索赔

C. 可以索赔工期 5 天

D. 工期和机械设备损失都可以索赔

2A320030　单位工程施工组织设计

知识脉络

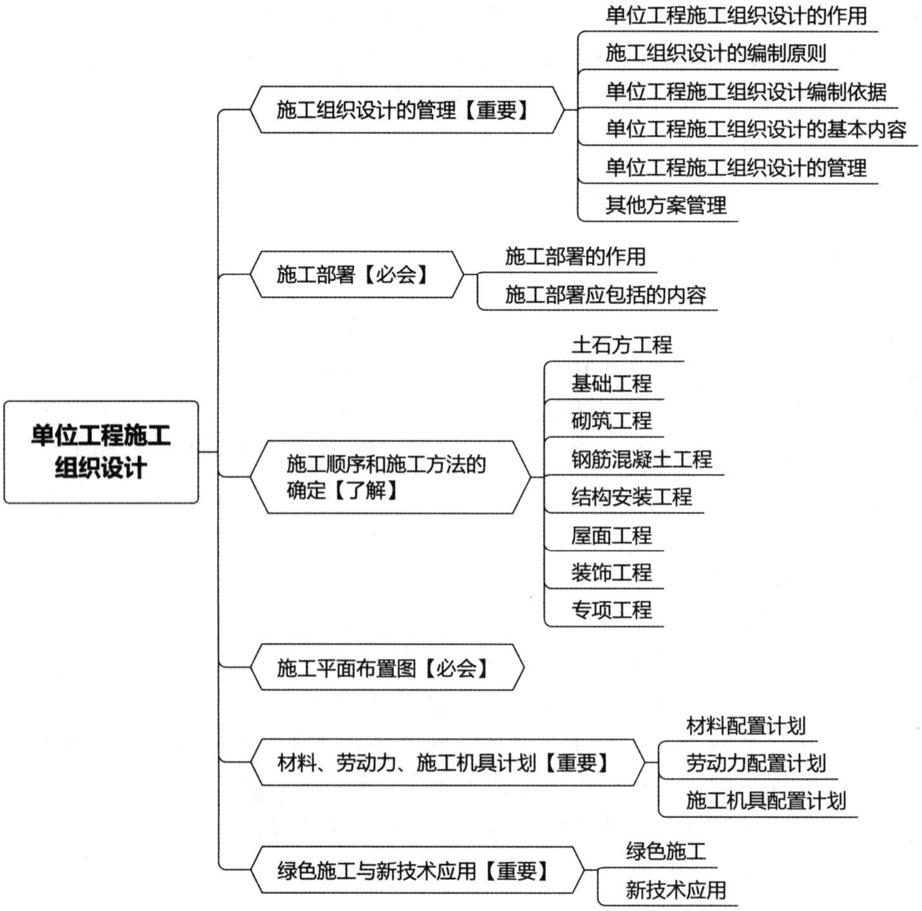

考点 1 施工组织设计的管理【重要】

1. **【多选】**施工组织设计按编制对象可分为（　　）。

A. 施工组织总设计

B. 单项工程施工组织设计

C. 单位工程施工组织设计

D. 分部分项工程施工组织设计

E. 施工方案

2. **【单选】**单位工程施工组织设计是一个工程的战略部署，是宏观定性的，体现（　　），是一个将建筑物的蓝图转化为实物的指导组织各种活动的总文件，是对项目施工全过程管理的综合性文件。

A. 技术性和操作性　　B. 指导性和原则性

C. 经济性和组织性　　D. 技术性和指导性

3. **【多选】**关于施工组织设计编制原则的说法，正确的有（　　）。

A. 科学配置资源

B. 合理布置现场

C. 实现不均衡施工

D. 与质量、环境和职业健康安全三个管理体系有效结合

E. 推广建筑节能和绿色施工

4. **【多选】**单位工程施工组织设计编制的依据有（　　）。

A. 工程设计文件

B. 工程施工合同

C. 非工程所在地行政主管部门的批准文件

D. 工程施工范围内的现场条件

E. 施工企业的生产能力、机具设备状况、技术水平等

5. **【多选】**关于单位工程施工组织设计的管理，说法正确的有（　　）。

A. 由施工单位项目技术负责人审批

B. 可根据需要分阶段编制和审批

C. 由施工单位项目技术负责人组织编制

D. 由施工单位技术负责人或其授权的技术人员审批

E. 重点专项施工方案由项目负责人审批

6. **【单选】**组织单位工程施工组织设计交底的是（　　）。

A. 施工单位技术负责人

B. 施工单位项目负责人

C. 建设单位主管部门

D. 施工单位主管部门

7. **【多选】**单位工程的施工组织设计在实施工程中应进行检查，过程检查可按照工程施工阶段进行，通常划分为（　　）三个阶段。

A. 地基基础　　B. 主体结构

C. 二次结构　　D. 装饰装修

E. 竣工交付

8. **【单选】**工程竣工后，（　　）按照国家、地方有关工程竣工资料编制的要求，将《单位工

程施工组织设计》整理归档。

A. 施工单位负责人

B. 项目经理

C. 总监理工程师

D. 建设单位项目负责人

9. 【多选】项目实施过程中，如发生（　　）情况，施工组织设计应及时进行修改或补充。

A. 工程设计有修改

B. 有关法律、法规、规范和标准实施、修订和废止

C. 主要施工方法有重大调整

D. 主要施工资源配置有重大调整

E. 施工环境有重大改变

考点 2 施工部署【必会】

1. 【多选】施工部署应对项目实施过程涉及的（　　）作出统筹规划和全面安排。

A. 任务

B. 资源

C. 空间

D. 时间

E. 质量

2. 【多选】“四新”技术包括（　　）。

A. 新技术

B. 新工艺

C. 新材料

D. 新设备

E. 新标准

考点 3 施工顺序和施工方法的确定【了解】

【多选】一般的施工顺序包括（　　）。

A. “先准备、后开工”

B. “先地下、后地上”

C. “先结构、后围护”

D. “先围护、后安装”

E. “先土建、后设备”

考点 4 施工平面布置图【必会】

【多选】现场施工平面布置图的基本内容包括（　　）。

A. 工程施工场地状况

B. 工程施工现场的加工设施、存贮设施、办公和生活用房等的位置和面积

C. 施工现场必备的安全、消防、保卫和环境保护等设施

D. 施工进度计划

E. 相邻的地上、地下既有建（构）筑物及相关环境

考点 5 材料、劳动力、施工机具计划【重要】

1. 【单选】材料配置计划和劳动力配置计划的确定依据是（　　）。

A. 施工进度计划

B. 资金计划

C. 施工工法

D. 施工顺序

2. 【单选】施工机具配置计划确定的依据是（　　）。

A. 施工方法和施工进度计划

B. 施工部署和施工方法

C. 施工部署和施工进度计划

D. 施工顺序和施工进度计划

考点 6 绿色施工与新技术应用【重要】

1. 【单选】关于绿色施工“四节一环保”中的“四节”不包括（　　）。

A. 节电　　B. 节水

C. 节地　　D. 节材

2. 【单选】绿色施工中关于节水与水资源利用的技术要点，表述错误的是（　　）。

A. 施工中采用先进的节水施工工艺

B. 现场机具、设备、车辆冲洗用水必须设置循环用水装置

C. 对生活用水与工程用水确定用水定额指标，共同计量管理

D. 混凝土养护和砂浆搅拌用水应有节水措施

2A320040 建筑工程施工现场管理

知识脉络

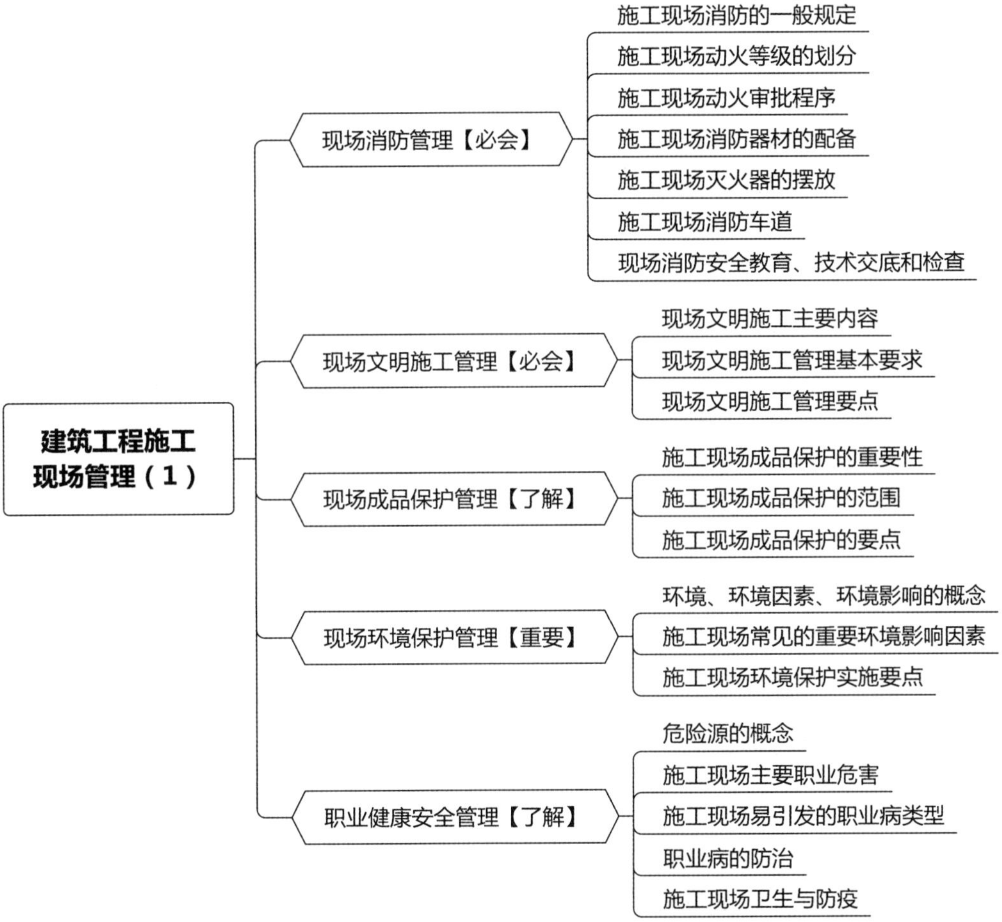

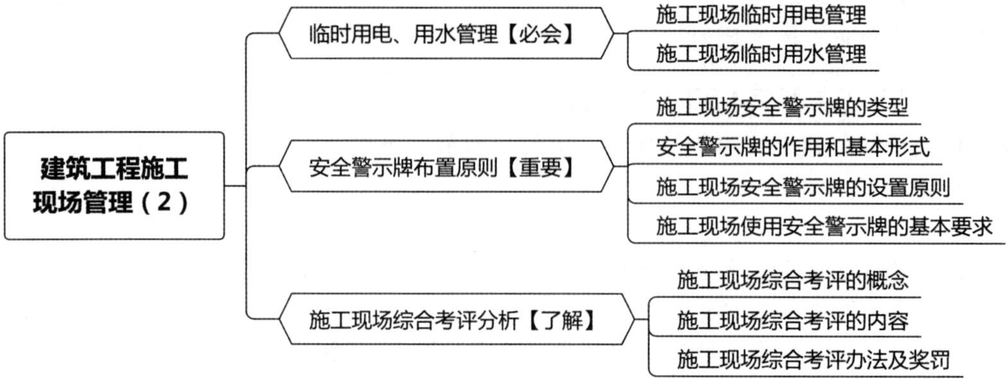

考点 1　现场消防管理【必会】

1. **【单选】**我国消防安全工作的基本方针是（　　）。
   A. 预防为主、综合治理
   B. 预防为主、防消结合
   C. 安全第一、预防为主
   D. 安全第一、防消结合
2. **【单选】**二级动火作业由（　　）组织拟定防火安全技术措施，填写动火审批表。
   A. 技术负责人　　　　B. 项目负责人
   C. 项目责任工程师　　D. 所在班组
3. **【单选】**同一天内，如果（　　）发生变化，需重新办理动火审批手续。
   A. 动火地点　　B. 焊接人员
   C. 焊接工艺　　D. 看火人
4. **【多选】**关于建筑工程施工现场灭火器设置要求的表述，正确的有（　　）。
   A. 灭火器设置在明显的地点
   B. 灭火器的铭牌必须朝外
   C. 手提式灭火器顶部离地面的高度应小于 2.00m，底部离地面的高度不宜小于 0.15m
   D. 设置的挂钩、托架上或灭火器箱内的手提式灭火器要竖直向上设置
   E. 灭火器不得设置在环境温度超出其使用温度范围的地点
5. **【多选】**关于施工现场消防器材的配备，说法错误的有（　　）。
   A. 一般临时设施区，每 $100m^2$ 配备 1 个 10L 的灭火器
   B. 大型临时设施总面积超过 $1200m^2$ 时，应备有消防专用的消防桶、消防锹、盛水桶（池）、消防砂箱等器材设施
   C. 高度超过 24m 的建筑工程，应安装临时消防竖管，管径不得小于 60mm
   D. 临时木工加工车间、油漆作业间等，每 $25m^2$ 应配置一个种类合适的灭火器
   E. 仓库、油库、危化品库或堆料厂内，应配备足够组数、种类的灭火器，每组灭火器不应小于 4 个，每组灭火器之间的距离应大于 30m

考点 2　现场文明施工管理【必会】

1. **【单选】**关于施工现场文明施工的说法，错误的是（　　）。
   A. 现场宿舍必须设置可开启式外窗
   B. 场地四周必须采用封闭围挡

C. 施工现场必须实行封闭管理

D. 施工现场办公区与生活区必须分开设置

2. **【单选】**关于建筑施工现场安全文明施工的说法，错误的是（　　）。

A. 场地四周围挡应连续设置

B. 施工现场出入口应设置车辆冲洗设施

C. 现场出入口明显处应设置“五牌一图”

D. 库房经审批后可以住人

3. **【多选】**下列图牌中，属于现场出入口“五牌一图”的有（　　）。

A. 安全生产牌

B. 工程概况牌

C. 物料管理牌

D. 消防保卫牌

E. 首层平面图

考点 3　现场成品保护管理【了解】

【单选】对地漏、排水管落水口等安装就位后加以覆盖，以防异物落入而被堵塞，这属于（　　）保护措施。

A. “护”

B. “包”

C. “盖”

D. “封”

考点 4　现场环境保护管理【重要】

1. **【单选】**施工现场污水排放要与所在地县级以上人民政府市政管理部门签署污水排放许可协议，申领（　　）。

A.《施工许可证》

B.《临时排水许可证》

C.《排水许可证》

D.《给水排水证》

2. **【单选】**下列时间段中，全过程均属于夜间施工时段的是（　　）。

A. 当日 20：00～次日 4：00

B. 当日 21：00～次日 6：00

C. 当日 22：00～次日 6：00

D. 当日 22：00～次日 7：00

3. **【单选】**建筑工程施工现场环境保护要求中，施工现场产生的固体废弃物应在所在地县级以上地方人民政府（　　）部门申报登记，分类存放。

A. 环卫

B. 城管

C. 卫生管理

D. 市政管理

考点 5　职业健康安全管理【了解】

【单选】关于施工现场食堂在卫生防疫方面的说法，错误的是（　　）。

A. 发生食物中毒或急性职业中毒时，必须在 12h 内向所在地建设行政主管部门和有关部门报告，并应积极配合调查处理

B. 施工区应配备流动保温水桶

C. 炊事人员应持健康证上岗

D. 食堂应办理卫生许可证

考点 6 临时用电、用水管理【必会】

1. 【单选】关于施工现场安全用电的做法，正确的是（　　）。
   A. 所有用电设备用同一个专用开关箱
   B. 总配电箱无需加装漏电保护器
   C. 现场 10 台用电设备编制了用电组织设计
   D. 施工现场的动力用电和照明用电形成一个用电回路
2. 【单选】关于施工现场照明用电的做法，正确的是（　　）。
   A. 照明变压器采用自耦变压器
   B. 易触及带电体的场所电源采用 36V 电压
   C. 人防工程施工照明电源采用 24V 电压
   D. 金属容器内的照明电源采用 24V 电压
3. 【单选】关于施工现场临时用水管理的说法，正确的是（　　）。
   A. 高度超过 24m 的建筑工程，严禁消防竖管兼作施工用水管线
   B. 消防用水不能利用城市或建设单位的永久消防设施
   C. 自行设计消防用水时，消防干管直径最小应为 75mm
   D. 消防供水中的消防泵可不使用专用配电线路

考点 7 安全警示牌布置原则【重要】

1. 【多选】安全标志牌分为（　　）。
   A. 禁止标志　　B. 警告标志
   C. 防火标志　　D. 指令标志
   E. 提示标志
2. 【单选】在木工圆锯旁设置的“当心伤手”标志，属于（　　）标志。
   A. 禁止　　B. 警告
   C. 指令　　D. 指示
3. 【单选】多个安全警示牌在一起布置时，应按（　　）类型的顺序，先左后右、先上后下进行排列。
   A. 警告、禁止、提示、指令
   B. 警告、禁止、指令、提示
   C. 禁止、警告、提示、指令
   D. 禁止、警告、指令、提示

考点 8 施工现场综合考评分析【了解】

【多选】下列属于建筑施工企业现场综合考评内容的有（　　）。
A. 施工组织管理
B. 工程质量管理
C. 施工安全管理
D. 文明施工管理
E. 施工单位的现场管理

2A320050 建筑工程施工进度管理

知识脉络

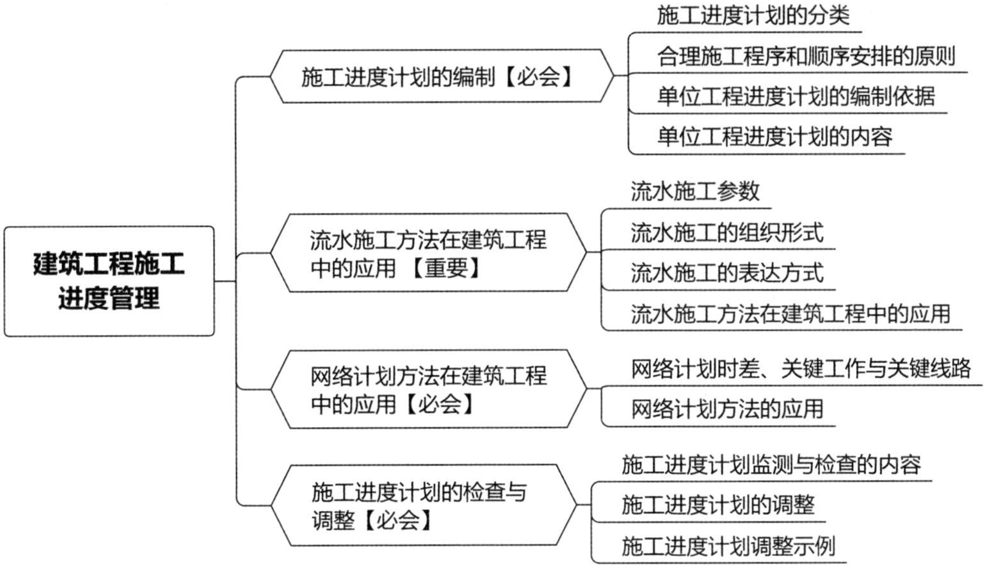

考点1 施工进度计划的编制【必会】

1. **【多选】**施工进度计划按编制对象的不同分为（　　）。

   A. 施工总进度计划

   B. 单位工程进度计划

   C. 分阶段工程进度计划

   D. 分部分项工程进度计划

   E. 检验批进度计划

2. **【单选】**关于施工进度计划编制的基本原则，以下说法正确的是（　　）。

   A. 首先进行全场性工程的施工，然后按照工程排队的顺序，逐个地进行单位工程的施工

   B. “三通”工程应先场内后场外，由近而远，先主干后分支，排水工程要先下游后上游

   C. 先地下后地上和先浅后深的原则

   D. 主体结构施工和装饰工程施工同时进行

3. **【单选】**施工总进度计划宜优先采用（　　）。

   A. 网络计划　　　　B. 横道图

   C. 表格　　　　　　D. 直方图

4. **【多选】**下列文件中，属于单位工程进度计划应包括的内容有（　　）。

   A. 工程建设概况

   B. 建设单位可能提供的条件和水电供应情况

   C. 施工现场条件和勘察资料

   D. 分阶段进度计划

   E. 主要施工方案及流水段划分

考点 2 流水施工方法在建筑工程中的应用【重要】

1. **【单选】**下列参数中，不属于流水施工参数的是（　　）。
   A. 技术参数　　B. 空间参数
   C. 工艺参数　　D. 时间参数
2. **【单选】**在无节奏流水施工中，通常用来计算流水步距的方法是（　　）。
   A. 累加数列错位相减取差值最大值
   B. 累加数列错位相加取和值最小值
   C. 累加数列对应相减取差值最大值
   D. 累加数列对应相减取差值最小值

考点 3 网络计划方法在建筑工程中的应用【必会】

1. **【单选】**在工程网络计划中，判别关键工作的条件是（　　）最小。
   A. 自由时差　　B. 总时差
   C. 持续时间　　D. 时间间隔
2. **【单选】**在工程网络计划执行过程中，若某项工作比原计划拖后，而未超过该工作的自由时差，则（　　）。
   A. 不影响总工期，影响后续工作
   B. 不影响后续工作，影响总工期
   C. 对总工期及后续工作均不影响
   D. 对总工期及后续工作均有影响
3. **【单选】**在工程网络计划中，工作 F 的最早开始时间为第 15d，其持续时间为 5d。该工作有三项紧后工作，它们的最早开始时间分别为第 24d、第 26d 和第 30d，最迟开始时间分别为第 30d、第 30d 和第 32d，则工作 F 的总时差和自由时差分别为（　　）d。
   A. 10，4　　B. 10，10
   C. 12，4　　D. 12，10

考点 4 施工进度计划的检查与调整【必会】

1. **【单选】**在网络计划工期优化过程中，当出现多条关键线路时，在考虑对质量、安全影响的基础上，优先选择的压缩对象应是各条关键线路上（　　）。
   A. 直接费用率之和最小的工作组合，而压缩后的工作可能变为非关键工作
   B. 直接费用率之和最小的工作组合，且压缩后的工作仍然是关键工作
   C. 直接费之和最小的工作组合，而压缩后的工作可能变为非关键工作
   D. 直接费之和最小的工作组合，且压缩后的工作仍然是关键工作
2. **【单选】**工程网络计划的计划工期应（　　）。
   A. 等于要求工期
   B. 等于计算工期
   C. 不超过要求工期
   D. 不超过计算工期

2A320060　建筑工程施工质量管理

知识脉络

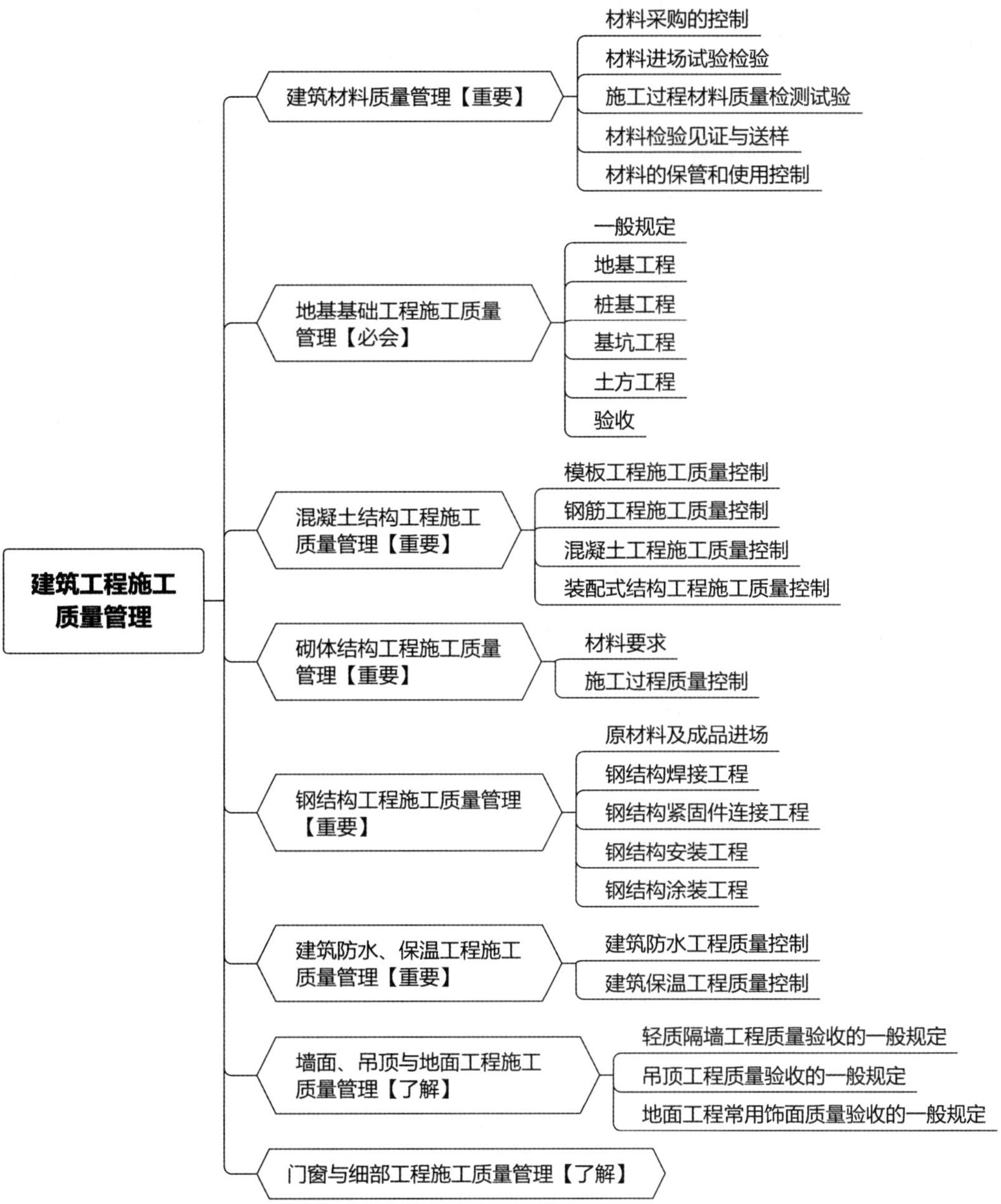

考点 1　建筑材料质量管理【重要】

1. 【多选】建筑材料的质量控制主要体现的环节有（　　）。

A. 材料的采购　　B. 材料进场试验检验

C. 材料的过程保管　　D. 废料的回收利用

E. 材料的使用

2. 【多选】施工检测试验计划应包括（　　）。

A. 检测试验项目名称　　B. 检测试验参数

C. 试样规格　　D. 施工部位

E. 检查方法

3. 【单选】建筑工程施工现场检测试验的组织管理和实施应由（　　）负责。

A. 建设单位　　B. 施工单位

C. 设计单位　　D. 监理单位

考点 2 地基基础工程施工质量管理【必会】

1. 【单选】灌注桩成孔的控制深度与桩型有关，下列说法错误的是（　　）。

A. 摩擦桩应以设计桩长控制成孔深度

B. 摩擦桩采用锤击沉管法成孔时，桩管入土深度控制应以贯入度为主，以高程控制为辅

C. 端承型桩采用锤击沉管法成孔时，桩管入土深度控制应以贯入度为主，以高程控制为辅

D. 端承摩擦桩必须保证设计桩长及桩端进入持力层深度

2. 【单选】泥浆护壁钻孔灌注桩成孔时，下列做法正确的是（　　）。

A. 在成孔并一次清理完毕之后浇筑混凝土

B. 第一次清孔在沉放钢筋笼、下导管后

C. 泥浆循环清孔时，清孔后泥浆相对密度控制在 1.15～1.25

D. 第一次浇筑混凝土必须保证底端埋入混凝土 0.5m

考点 3 混凝土结构工程施工质量管理【重要】

1. 【单选】关于扣件式钢管作高大模板支架立杆时的说法，错误的是（　　）。

A. 立杆上每步设置双向水平杆且与立杆扣接

B. 相邻两立柱接头不得在同步内

C. 立柱接长最多只允许有一个搭接接头

D. 严禁将上段的钢管立柱与下段钢管立柱错开固定在水平拉杆上

2. 【单选】成型钢筋检验批量可由合同约定，同一工程、同一原材料来源、同一组生产设备生产的成型钢筋，检验批量不宜大于（　　）t。

A. 20　　B. 30

C. 40　　D. 50

3. 【单选】在同一工程项目中，同一厂家、同一牌号、同一规格的钢筋连续（　　）批进场检验均一次检验合格时，其后的检验批量可扩大一倍。

A. 二　　B. 三

C. 四　　D. 五

4. 【单选】钢筋混凝土结构中，严禁使用（　　）。

A. 含氟化物的水泥　　B. 含氟化物的外加剂

C. 含氯化物的水泥　　D. 含氯化物的外加剂

考点 4 砌体结构工程施工质量管理【重要】

1. 【单选】填充墙与承重主体结构间的空（缝）隙部位施工，应在填充墙砌筑（　　）d 后进行。

A. 3　　B. 7　　C. 10　　D. 14

2.【单选】砌筑砂浆搅拌后的稠度以（　　）mm 为宜。

A. 30～90　　B. 60～90

C. 60～80　　D. 30～80

考点 5　钢结构工程施工质量管理【重要】

1.【单选】下列情况的钢材中，无须进行全数抽样复验的是（　　）。

A. 国外进口钢材

B. 钢材混批

C. 板厚 30mm 且设计无 Z 向性能要求的板材

D. 设计有复验要求的钢材

2.【单选】碳素结构钢应在（　　）后进行焊缝无损检测检验。

A. 完成焊接 24h

B. 完成焊接 48h

C. 焊缝冷却到 50℃以下

D. 焊缝冷却到环境温度

考点 6　建筑防水、保温工程施工质量管理【重要】

1.【单选】建筑室内防水工程施工质量检查中的“三检”制度是指（　　）。

A. 各道工序操作人员自检、交接检和专职人员检查

B. 各道工序操作人员自检、专职人员检查和监理人员专检

C. 各道工序操作人员自检、互检和监理人员专检

D. 各道工序操作人员互检、专职人员检查和监理人员专检

2.【单选】防水涂料的胎体增强材料进场应检验的项目是（　　）。

A. 低温柔性　　B. 耐热性

C. 不透水性　　D. 延伸率

3.【单选】屋面喷涂硬泡聚氨酯保温层，一个作业面应分遍喷涂完成，每遍喷涂厚度不宜大于（　　）mm，硬泡聚氨酯喷涂后（　　）min 内严禁上人。

A. 15，20　　B. 20，20

C. 15，30　　D. 20，30

考点 7　墙面、吊顶与地面工程施工质量管理【了解】

1.【单选】安装双层石膏板时，面层板与基层板的接缝应（　　），并不得在同一根龙骨上接缝。

A. 平行　　B. 错开

C. 对齐　　D. 交叉

2.【单选】有防水要求的建筑地面子分部工程的分项工程施工质量每检验批抽查数量应按其房间总数随机检验不应少于（　　）间。

A. 3　　B. 4

C. 6　　D. 8

考点 8　门窗与细部工程施工质量管理【了解】

【多选】门窗工程应对材料及其性能指标进行复验的有（　　）。

A. 人造木板的甲醛含量

B. 人造木板的挥发性有机化合物（TVOC）
C. 建筑外窗的抗风压性能
D. 建筑外窗的气密性
E. 隐蔽部位的防腐、填嵌处理

2A320070　建筑工程施工安全管理

知识脉络

- **建筑工程施工安全管理（1）**
  - 基坑工程安全管理【必会】
    - 应采取支护措施的基坑（槽）
    - 基坑（槽）支护的主要方式
    - 基坑工程监测
    - 地下水的控制方法
    - 基坑发生坍塌前的主要迹象
    - 基坑支护破坏的主要形式
    - 基坑支护安全控制要点
    - 基坑施工应急处理措施
  - 脚手架工程安全管理【必会】
    - 一般脚手架安全控制要点
    - 一般脚手架检查与验收程序
    - 附着式升降脚手架（整体提升脚手架或爬架）作业安全控制要点
  - 模板工程安全管理【重要】
    - 模板设计
    - 模板工程施工前的安全审查验证
    - 现浇混凝土工程模板支撑系统的选材及安装要求
    - 影响模板钢管支架整体稳定性的主要因素
    - 保证模板安装施工安全的基本要求
    - 保证模板拆除施工安全的基本要求
  - 高处作业安全管理【重要】
    - 高处作业的定义
    - 高处作业的分级
    - 高处作业的基本安全要求
    - 攀登与悬空作业安全控制要点
    - 操作平台作业安全控制要点
    - 交叉作业安全控制要点
    - 高处作业安全防护设施验收的主要项目
  - 洞口、临边防护管理【必会】
    - 一般脚手架安全控制要点
    - 洞口的防护设施要求
    - 临边作业安全防护基本规定
    - 防护栏杆的设置要求
  - 施工用电安全管理【重要】

- **建筑工程施工安全管理（2）**
  - 垂直运输机械安全管理【重要】
    - 物料提升机安全控制要点
    - 外用电梯安全控制要点
    - 塔式起重机安全控制要点
  - 施工机具安全管理【了解】
    - 木工机具安全控制要点
    - 钢筋加工机械的安全控制要点
    - 手持电动工具的安全控制要点
    - 电焊机安全控制要点
    - 搅拌机安全控制要点
    - 潜水泵安全控制要点
    - 打桩机械安全控制要点
  - 施工安全检查与评定【必会】
    - 施工安全检查评定项目
    - 施工安全检查评分方法
    - 施工安全检查评定等级

考点 1 基坑工程安全管理【必会】

1. 【单选】下列对应采取支护措施的基坑说法正确的是（　　）。
   A. 深度较大的基坑
   B. 地基土质松软的基坑
   C. 基坑开挖会危及邻近地下管线的安全与使用
   D. 面积较大的基坑
2. 【多选】地下水的控制方法主要有（　　）。
   A. 集水明排
   B. 真空井点降水
   C. 喷射井点降水
   D. 管井降水
   E. 增加挡土墙
3. 【单选】悬臂式基坑支护结构发生深层滑动时，应采取的措施是（　　）。
   A. 加设锚杆
   B. 加设支撑
   C. 支护墙背卸土
   D. 及时浇筑垫层

考点 2 脚手架工程安全管理【必会】

1. 【单选】脚手架搭设中，双排脚手架一次搭设高度不宜超过（　　）m。
   A. 30　　B. 40　　C. 50　　D. 60
2. 【多选】脚手架定期检查的主要内容有（　　）。
   A. 杆件的设置和连接，连墙件、支撑、门洞桁架等的构造是否符合要求
   B. 地基是否有积水，底座是否松动，立杆是否悬空
   C. 扣件螺栓是否有松动
   D. 高度在 30m 以上的脚手架，其立杆的沉降与垂直度的偏差是否符合技术规范的要求
   E. 架体的安全防护措施是否符合要求

3. 【多选】脚手架及其地基基础的检查和验收阶段有（　　）。

A. 基础完工后，架体搭设前

B. 作业层上施加荷载前

C. 每搭设完 10m 高度后

D. 达到设计高度后

E. 停用超过三个月的，在重新投入使用之前

考点 3　模板工程安全管理【重要】

1. 【多选】一般模板设计的主要内容有（　　）。

A. 防护系统　　B. 绿色节能

C. 模板面　　D. 支撑系统

E. 连接配件

2. 【单选】满堂支撑架搭设高度不宜超过（　　）m。

A. 15　　B. 20

C. 25　　D. 30

3. 【单选】关于现浇混凝土工程模板支撑系统立杆的说法，错误的是（　　）。

A. 支撑系统的立柱材料可用钢管、门形架、木杆

B. 安装立柱的同时，应加设水平拉结和剪刀撑

C. 立柱的间距应经计算确定，按照施工方案要求进行施工

D. 立柱底部可用砖做铺垫

4. 【多选】关于保证模板安装施工安全基本要求的说法，正确的有（　　）。

A. 雨期施工，高耸结构的模板作业，要安装避雷装置

B. 夜间施工，必须有足够的照明

C. 架空输电线路下方进行模板施工，如果不能停电作业，应采取隔离防护措施

D. 模板工程作业高度在 2m 及 2m 以上时，要有安全可靠的操作架子或操作平台

E. 六级以上大风天气，不宜进行大块模板拼装和吊装作业

5. 【多选】设计无要求时，现浇混凝土结构模板及其支架拆除的规定有（　　）。

A. 承重模板，应在与结构同条件养护的试块强度达到规定要求时，方可拆除

B. 后张预应力混凝土结构底模必须在预应力张拉完毕后才能拆除

C. 拆模过程中，如发现实际混凝土强度并未达到要求，有影响结构安全的质量问题时，应暂停拆模

D. 已拆除模板及其支架的混凝土结构，在混凝土强度达到设计的混凝土强度标准值前，允许承受全部设计的使用荷载

E. 拆除芯模或预留孔的内模时，应在混凝土强度能保证不发生塌陷和裂缝时，方可拆除

考点 4　高处作业安全管理【重要】

1. 【单选】高处作业是指凡在坠落高度基准面（　　）m 及以上有可能坠落的高处进行的作业。

A. 2　　B. 3

C. 4　　D. 5

2. 【多选】关于高处作业基本安全要求的说法，正确的有（　　）。

A. 从事高处作业的人员应按规定正确佩戴和使用安全带

B. 进行高处作业前，应认真检查所使用的安全设施

C. 四级及四级以上风力不得进行露天高处作业

D. 未采取相应的可靠措施对安全防护设施进行临时拆除或变动

E. 雨雪天严禁进行高空作业

3. **【单选】**下列关于攀登与悬空作业安全控制要点说法错误的是（　　）。

A. 攀登者作业使用的脚手架，在使用前应进行安全检查

B. 现场作业人员不允许在阳台间或非正规通道处进行登高

C. 现场作业人员在脚手架杆件攀爬时应做好防护措施

D. 对在高空需要固定、连接、施焊的工作，应预先搭设操作架或操作平台

4. **【单选】**下列关于交叉作业的说法，正确的有（　　）。

A. 上部人员与下部人员的位置错开不能满足时，设置安全隔离层

B. 拆下的模板靠近楼层边沿堆放

C. 高度超过 12m 的交叉作业，通道口应设双层防护棚进行防护

D. 结构施工自一层起，凡人员进出的通道口都应搭设符合规范要求的防护棚

5. **【单选】**移动式操作平台台面不得超过（　　）m^2，高度不得超过（　　）m。

A. 10，5　　　　B. 10，6

C. 15，5　　　　D. 15，6

考点 5　洞口、临边防护管理【必会】

1. **【单选】**关于电梯井内安全防护措施的说法，正确的是（　　）。

A. 每隔两层（不大于 10m）设一道安全平网

B. 每隔两层（不大于 12m）设两道安全平网

C. 每隔三层（不大于 10m）设一道安全平网

D. 每隔三层（不大于 12m）设两道安全平网

2. **【单选】**下列关于洞口防护设施要求的说法，错误的是（　　）。

A. 屋面上短边尺寸在 2.5～25cm 范围的孔口，必须用坚实的盖板盖严

B. 边长为 50～150cm 的洞口，必须设置一层以扣件扣接钢管而成的网格栅

C. 边长在 100cm 以上的洞口，四周必须设防护栏杆

D. 垃圾井道应随楼层的砌筑或安装而逐一消除洞口

考点 6　施工用电安全管理【重要】

【单选】关于施工用电安全管理的说法，正确的是（　　）。

A. 配电系统应采用三级配电方式

B. 照明变压器使用自耦变压器

C. 一般场所宜选用额定电压为 180V 的照明器

D. 施工现场临时用电设备在 5 台及以上时，应制定安全用电和电气防火措施

考点 7　垂直运输机械安全管理【重要】

1. **【单选】**下列外用电梯安全控制的说法中，错误的是（　　）。

A. 外用电梯由具有相应资质的专业队伍安装完成后，经监理验收合格即可投入使用

B. 外用电梯底笼周围 2.5m 范围内必须设置牢固的防护栏杆

C. 外用电梯与各层站过桥和运输通道进出口处应设常闭型防护门

D. 六级及六级以上大风天气时，停止使用外用电梯

2. **【多选】**关于塔式起重机安全控制要点的说法，正确的有（　　）。

A. 塔吊的安装经监理验收后投入使用

B. 固定式塔吊的基础施工设计计算和施工详图应作为塔吊专项施工方案内容之一

C. 施工现场多塔作业时，塔机间应保持安全距离

D. 遇有风速在 12m/s（或六级）及以上大风，塔吊工作应采取必要的安全措施

E. 遇恶劣天气应停止作业，将吊钩放下

考点 8　施工机具安全管理【了解】

1. **【多选】**下列场所适合使用Ⅱ类手持电动工具的有（　　）。

A. 一般场所

B. 金属构架

C. 管道内

D. 潮湿场所

E. 金属容器

2. **【多选】**下列关于木工机具安全控制要点的说法，错误的有（　　）。

A. 木工机具安装完毕，经验收合格后方可投入使用

B. 多功能木工机具使用一台电机时，经专业电工对漏电保护器检查后才可使用

C. 平刨的护手装置拆除后，严禁戴手套进行操作

D. 机具应使用单向开关

E. 机具应使用倒顺双向开关

考点 9　施工安全检查与评定【必会】

1. **【多选】**下列属于文明施工检查评定保证项目的有（　　）。

A. 材料管理

B. 应急救援

C. 封闭管理

D. 施工组织设计及专项施工方案

E. 施工场地

2. **【单选】**根据《建筑施工安全检查标准》规定，建筑施工安全检查评定合格的标准是（　　）。

A. 分项检查评分表无零分，汇总表得分值应在 80 分及以上

B. 有一分项检查评分表得零分，汇总表得分值不足 70 分

C. 分项检查评分表无零分，汇总表得分值应在 80 分以下，70 分及以上

D. 分项检查评分表无零分，汇总表得分值应在 85 分及以上

2A320080 建筑工程造价与成本管理

知识脉络

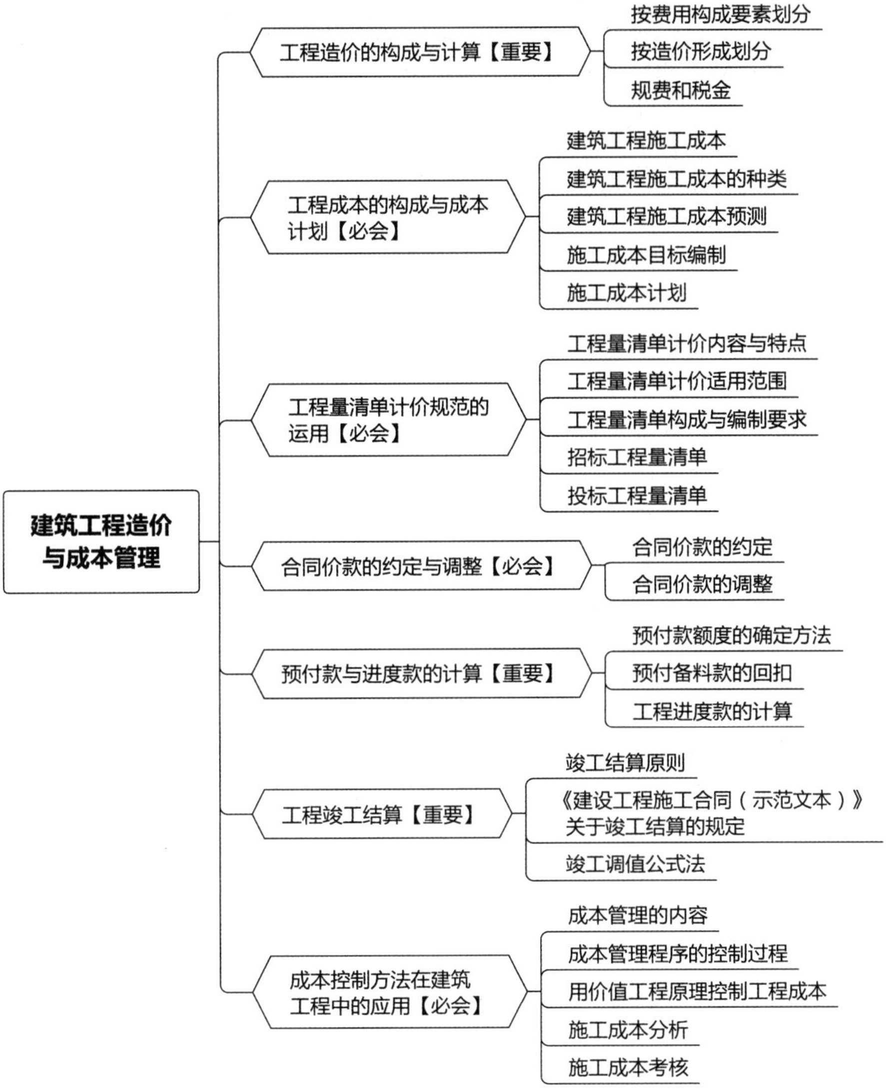

考点 1 工程造价的构成与计算【重要】

1. **【单选】**关于建筑安装工程费按照工程造价形式划分，说法正确的是（　　）。

A. 由人工费、材料费、施工机具使用费、企业管理费、利润、规费和税金组成

B. 由分部分项工程费、措施项目费、其他项目费、规费、税金组成

C. 由人工费、材料费、施工机具使用费、间接费、规费、税金组成

D. 由人工费、材料费、施工机具使用费、企业管理费、间接费、规费、税金组成

2. **【单选】**下列属于措施费内容的是（　　）。

A. 文明施工费、脚手架工程费、社会保障费

B. 社会保障费、文明施工费、临时设施费

C. 文明施工费、脚手架费、临时设施费

D. 脚手架工程费、社会保障费、临时设施费

考点 2 工程成本的构成与成本计划【必会】

1. 【多选】按照成本控制的不同标准划分为（　　）。

A. 目标成本　B. 计划成本　C. 标准成本　D. 定额成本

E. 施工成本

2. 【单选】施工成本定量预测法不包含（　　）。

A. 简单平均法　B. 时间序列法　C. 回归分析法　D. 专家会议法

3. 【单选】施工成本计划程序：①分解目标成本；②综合平衡，编制正式的成本计划；③搜集和整理各类有关资料；④编制成本计划草案。下列排序正确的是（　　）。

A. ①④③②　B. ④①③②　C. ③①④②　D. ③④①②

考点 3 工程量清单计价规范的运用【必会】

1. 【多选】必须采用工程量清单计价的建设工程有（　　）。

A. 全部使用国有资金投资的建设工程施工发承包

B. 外资独资的建设工程施工发承包

C. 非国有资金投资的建设工程发承包

D. 国有资金投资为主的建设工程施工发承包

E. 个人独资投资的建设工程发承包

2. 【多选】投标人在投标过程中不得作为竞争性费用的项目有（　　）。

A. 税金　B. 安全文明施工费

C. 规费　D. 检测费

E. 主要材料费

考点 4 合同价款的约定与调整【必会】

【多选】下列属于《建设工程施工合同（示范文本）》规定的可调价合同中合同价款调整因素的有（　　）。

A. 国家政策调整　B. 法律法规变化

C. 开发及设计变更　D. 不可抗力发生

E. 施工方原因造成的工期损失

考点 5 预付款与进度款的计算【重要】

1. 【单选】关于工程预付款支付的说法，正确的是（　　）。

A. 在具备施工的前提下，约定开工日期前 15d 内

B. 工程预付款的比例不宜低于合同价款（不含其他项目费）的 30%

C. 签发支付证书后的 7d 内向承包人支付预付款

D. 在具备施工的前提下，双方签订合同后 10d 内

2. 【单选】某项目合同价为 1000 万元，预付比例为 20%，主要材料所占比例为 40%。各月完成工程量情况见下表，不考虑其他任何扣款，下列相关分析不正确的是（　　）。

月份	1	2	3	4	5
完成工程量/万元	100	200	300	300	100

A. 预付款＝1000×20%＝200（万元）　B. 起扣点＝1000－200/40%＝500（万元）

C. 预付款从第 3 个月开始扣回　　D. 第 3 个月应扣回预付款为 120 万元

考点 6　工程竣工结算【重要】

1. 【多选】关于竣工结算原则，正确的有（　　）。
   A. 可以与合同约定不同进行结算　　B. 依据合同约定进行结算
   C. 基础资料齐全　　D. 基础资料部分齐全
   E. 工程大部分完工

2. 【单选】2016 年 5 月实际完成的某工程按 2015 年 5 月签约时的价格计算，工程价款为 1000 万元，该工程固定要素的系数为 0.2，各参加调值的部分，除钢材的价格指数增长了 10%外其余都未发生变化，钢材费用占调值部分的 50%，按价格指数调值公式法计算，则该工程实际结算价为（　　）万元。
   A. 1020　　B. 1030　　C. 1040　　D. 1050

考点 7　成本控制方法在建筑工程中的应用【必会】

【多选】建筑工程常用的成本分析依据有（　　）的资料。
A. 因素分析法　　B. 统计核算
C. 会计核算　　D. 业务核算
E. 绩效核算

2A320090　建筑工程验收管理

知识脉络

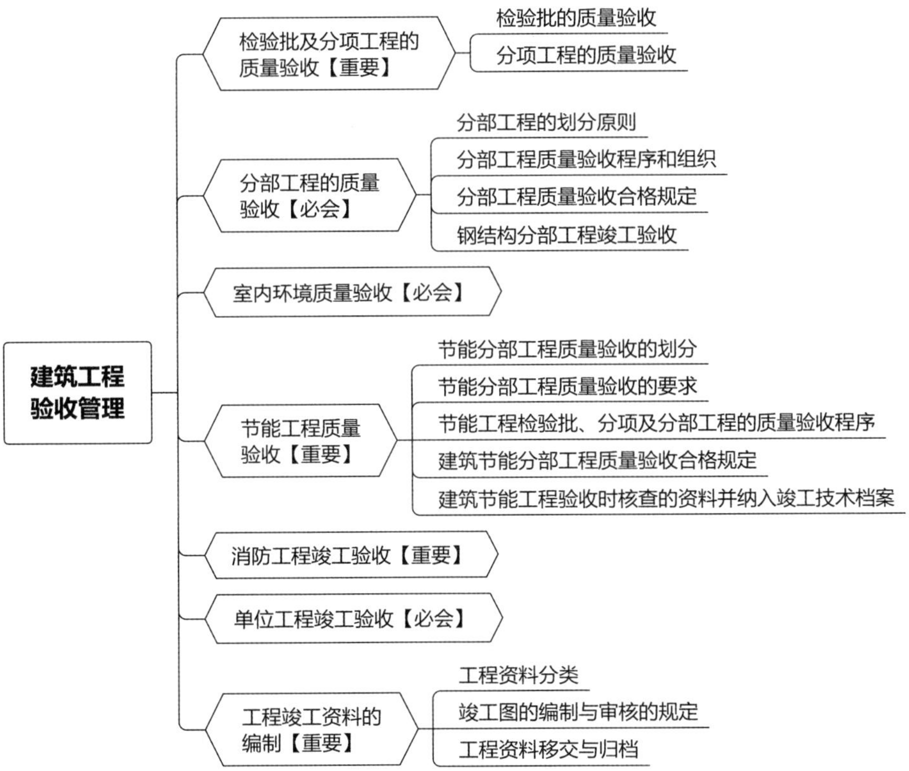

考点 1 检验批及分项工程的质量验收【重要】

1. 【单选】检验批由（　　）组织验收。
   A. 专业监理工程师　　B. 总监理工程师
   C. 施工单位项目经理　　D. 施工单位项目技术负责人

2. 【单选】分项工程质量验收应由（　　）组织。
   A. 工程部经理　　B. 专业监理工程师
   C. 项目技术负责人　　D. 项目质量负责人

考点 2 分部工程的质量验收【必会】

【单选】分部工程的验收应由（　　）来组织。
A. 项目经理　　B. 项目总工程师
C. 监理工程师　　D. 总监理工程师

考点 3 室内环境质量验收【必会】

1. 【单选】室内浓度检测时，其点位选择应（　　）。
   A. 紧贴内墙面　　B. 贴近顶面
   C. 避开通风口　　D. 点位随机分布

2. 【单选】对民用建筑室内环境污染物浓度初次检验结果不合格时，通常做法是（　　）。
   A. 对不合格房间开窗通风，再次进行检测
   B. 对不符合项目再次加倍抽样检测，并应包括原不合格同类型房间及原不合格房间
   C. 直接对不合格房间返工，采用合格材料施工完成后再次进行检测
   D. 采用活性炭、空气清新剂等物品对室内空气处理，一周后再次检测

考点 4 节能工程质量验收【重要】

【多选】建筑节能工程检验批质量验收应参加的人员有（　　）。
A. 监理工程师　　B. 施工单位项目技术负责人
C. 质量检查员　　D. 施工员
E. 项目经理

考点 5 消防工程竣工验收【了解】

1. 【多选】下列工程在消防验收中属于特殊建设工程的有（　　）。
   A. 总面积大于 $10000m^2$ 的体育场馆
   B. 总面积大于 $10000m^2$ 的客运车站候车室
   C. 总面积大于 $10000m^2$ 的商场
   D. 总面积大于 $1000m^2$ 的托儿所
   E. 总面积大于 $2500m^2$ 的图书馆

2. 【单选】建设单位依法对建设工程消防设计、施工质量负（　　）。
   A. 首要责任　　B. 主要责任
   C. 重要责任　　D. 质量责任

考点 6 单位工程竣工验收【必会】

【多选】单位工程质量验收合格的条件有（　　）。
A. 分部工程质量验收合格

B. 质量控制资料完整
C. 安全和主要使用功能检验资料完整
D. 主要使用功能满足规范要求
E. 竣工图绘制完成

考点 7 工程竣工资料的编制【重要】

1. **【多选】** 应编制竣工图的工程有（　　）。
   A. 拆除工程
   B. 新建工程
   C. 改建工程
   D. 扩建工程
   E. 临时设施工程
2. **【多选】** 下列关于工程资料移交说法正确的有（　　）。
   A. 施工单位向建设单位移交施工资料
   B. 各专业承包单位向总承包单位移交施工资料
   C. 工程资料移交时应及时办理相关移交手续
   D. 监理单位应向城建档案管理部门移交监理资料
   E. 有条件时，向城建档案管理部门移交的工程档案应为原件

PART 3

2A330000

建筑工程项目施工相关法规与标准

学习计划：

扫码即听
本章导学

2A330000 建筑工程项目施工相关法规与标准

知识脉络

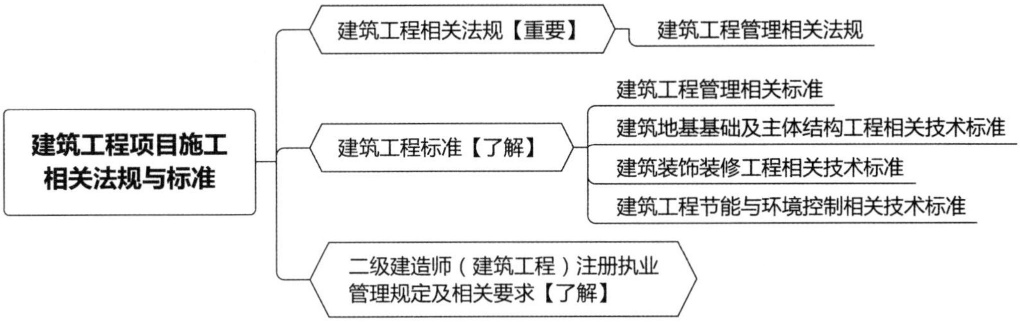

考点 1 建筑工程相关法规【重要】

1. 【多选】民用建筑节能，是指在（　　）的前提下，降低其使用过程中能源消耗的活动。

A. 保证民用建筑使用功能　　B. 保证室内热环境质量

C. 保证人民生命财产安全　　D. 保证建筑结构安全

E. 保证节能改造资金充足

2. 【单选】建设单位组织竣工验收，应当对民用建筑是否符合民用建筑节能（　　）进行查验；对不符合要求的，不得出具竣工验收合格报告。

A. 国家标准　　B. 强制性标准

C. 施工图设计文件　　D. 地方标准

3. 【单选】保温工程的保修期，自（　　）之日起计算。

A. 保温工程完工　　B. 保温工程验收合格

C. 竣工验收合格　　D. 节能分部验收合格

4. 【单选】不良行为记录信息的公布时间为处罚决定作出之后（　　）日内，公布期限一般为6个月至3年。

A. 10　　B. 7

C. 8　　D. 9

5. 【多选】有资格在当地建筑市场诚信信息平台上统一公布诚信行为记录的有（　　）的建设行政主管部门。

A. 各省　　B. 各自治区

C. 各直辖市　　D. 地区行署

E. 县政府

6. 【单选】建筑工程实行施工总承包的，其中深基坑工程施工由专业地基基础公司分包，基坑支护专项施工方案可由（　　）编制。

A. 基坑支护设计单位　　B. 专业地基基础公司

C. 建筑设计单位　　D. 业主委托其他专业单位

7. 【单选】下列属于超过一定规模的危险性较大的分部分项工程的是（　　）。

A. 开挖深度超过3m的土方开挖工程

B. 搭设高度为 10m 的模板支撑工程
C. 搭设高度为 48m 的落地式钢管脚手架工程
D. 搭设跨度为 12m 的模板支撑工程

8. **【单选】**不需要专家论证的专项施工方案，审批流程为（　　）。
A. 施工单位技术负责人审核签字、加盖单位公章—总监理工程师审查签字、加盖执业印章
B. 施工单位技术负责人审核签字、加盖单位公章—专业监理工程师审查签字、加盖执业印章
C. 专业承包单位技术负责人审核签字、加盖单位公章—总监理工程师审查签字、加盖执业印章
D. 施工单位技术负责人审核签字、加盖单位公章—业主项目负责人或总监理工程师审查签字、加盖执业印章

9. **【多选】**下列关于专家论证的专家组成员的说法，正确的有（　　）。
A. 诚实守信、作风正派、学术严谨
B. 从事专业工作 10 年以上或具有丰富的专业经验
C. 具有高级专业技术职称
D. 应由 3 名及以上符合相关专业要求的专家组成
E. 建设单位技术负责人可以专家身份参加专家论证会

10. **【单选】**超过一定规模的危险性较大的分部分项工程专项方案应由（　　）组织专家论证。
A. 施工单位　　B. 勘察单位
C. 建设单位　　D. 监理单位

11. **【多选】**下列属于事故报告原则的有（　　）。
A. 不迟报　　B. 不漏报
C. 不谎报　　D. 不通报
E. 不瞒报

12. **【单选】**施工单位负责人接到事故报告（　　）h 内应向事故发生地县级以上人民政府建设主管部门和有关部门报告。
A. 1　　B. 2
C. 3　　D. 4

13. **【多选】**生产安全事故报告的内容包括（　　）。
A. 事故发生的时间、地点和工程项目、有关单位名称
B. 事故的初步原因
C. 事故已经造成的间接经济损失
D. 事故发生后采取的措施及事故控制情况
E. 事故的简要经过

考点 2　建筑工程标准【了解】

1. **【多选】**项目管理机构应识别进度计划变更风险，在变更前制定的措施包括（　　）。
A. 成本措施　　B. 技术措施
C. 安全措施　　D. 组织措施
E. 沟通协调措施

2. 【单选】下列不属于项目质量计划的内容的是（　　）。
   A. 质量目标和质量要求
   B. 成本目标和措施
   C. 项目管理体系和管理职责
   D. 项目生产要素的质量控制
3. 【单选】项目质量管理应坚持（　　）的原则。
   A. 以人为本，预防为主
   B. 缺陷预防
   C. 预防为主，防消结合
   D. 标准、安全、醒目、便利、协调、合理
4. 【多选】施工总平面布置应符合（　　）原则。
   A. 平面布置科学合理，施工场地占用面积少
   B. 施工区域的划分和场地的临时占用应尽量减少相互干扰
   C. 严禁利用既有建（构）筑物和既有设施为项目施工服务
   D. 临时设施应方便生产和生活，办公区、生活区和生产区宜分离设置
   E. 符合节能、环保、安全和消防等要求
5. 【单选】整理工程文件应该采用的书写材料是（　　）。
   A. 碳素墨水　　B. 纯蓝墨水
   C. 圆珠笔　　D. 红色墨水
6. 【多选】关于建筑工程档案编制的说法，正确的有（　　）。
   A. 归档的工程文件最好为原件，如非原件，复印件加盖公司公章，并注明原件存放处
   B. 工程文件中文字材料幅面尺寸规格宜为 A4 幅面，图纸宜采用国家标准图幅
   C. 竣工图章的基本内容应包括“竣工图”字样、施工单位、编制人、审核人、项目质量负责人、编制日期、监理单位、现场监理、总监理工程师
   D. 归档的建设工程电子文件的内容必须与其纸质档案一致
   E. 竣工图应有竣工图章和相关责任人签字
7. 【多选】下列工程文件的归档顺序中，正确的有（　　）。
   A. 同一文件的主件在前、附件在后
   B. 同一文件的印本在前、定稿在后
   C. 同一事项的请示在前、批复在后
   D. 文件页数多的事项在前、页数少者在后
   E. 请求、印本、附件统一在前，批复、定稿、主件在后
8. 【单选】下列关于灌注桩混凝土强度检验的说法，错误的是（　　）。
   A. 灌注桩混凝土强度检验的试件应在施工现场随机抽取
   B. 来自同一搅拌站的混凝土，每浇筑 $50m^3$ 必须至少留置 1 组试件
   C. 当混凝土浇筑量不足 $50m^3$ 时，每连续浇筑 24h 必须留置 1 组试件
   D. 对单柱单桩，每根桩应至少留置 1 组试件
9. 【单选】用块体材料做防水保护层时，分格缝纵横间距不应大于（　　）m。
   A. 7　　B. 8
   C. 9　　D. 10

10. 【单选】设计无要求时，架空隔热层高度宜为（　　）mm。

A. 180～300　　B. 150～280

C. 100～150　　D. 200～400

11. 【单选】关于屋面防水工程的做法，正确的是（　　）。

A. 混凝土结构层宜采用结构找坡，坡度不应小于2%

B. 前后两遍的防水涂料应相互垂直涂布

C. 上下层卷材相互垂直铺贴

D. 由屋面最高标高向下铺贴

12. 【多选】对屋面工程细部构造的质量验收，下列说法正确的有（　　）。

A. 铺贴檐口800mm范围内的卷材应采取满粘法

B. 防水层伸入水落口杯内不应小于50mm

C. 屋面出入口的泛水高度不应小于200mm

D. 伸出屋面管道周围的找平层应抹出高度不小于30mm的排水坡

E. 女儿墙和山墙的压顶向内排水坡度不应小于3%

13. 【单选】防水混凝土适用于地下工程的环境温度最高限值是（　　）℃。

A. 50　　B. 80

C. 90　　D. 100

14. 【单选】抗渗混凝土试件每组应留置（　　）块。

A. 3　　B. 4

C. 5　　D. 6

15. 【单选】关于卷材防水的说法，正确的是（　　）。

A. 冷粘法铺贴卷材时，接缝口密封材料封严宽度不应大于10mm

B. 底板卷材防水层的细石混凝土保护层厚度应不小于50mm

C. 转角处加强层宽度不应小于300mm

D. 多层卷材上下两层和相邻两幅卷材的接缝应错开200mm以上

16. 【单选】关于防水混凝土施工技术要求的说法，表述错误的是（　　）。

A. 应采用机械振捣，避免漏振、欠振、超振

B. 胶凝材料总用量不宜小于320kg/m^3

C. 施工缝宜留置在受剪力较小、便于施工的部位

D. 防水混凝土垂直施工缝应避开地下水和裂隙水较多的地段，不应与变形缝相结合

17. 【单选】厕浴间楼板周边上翻混凝土的强度等级最低应为（　　）。

A. C15　　B. C20　　C. C25　　D. C30

18. 【多选】关于不发火（防爆的）面层铺设的说法，正确的有（　　）。

A. 面层采用的碎石其不发火性必须合格

B. 砂的粒径宜为0.15～5mm，含泥量不应小于3%

C. 水泥应采用火山灰硅酸盐水泥

D. 面层分格的嵌条应采用不发生火花的材料配制

E. 有机物含量不应大于0.5%

19. 【单选】钢结构涂装工程中，对于防火涂料的说法，正确的是（　　）。

A. 厚型涂料最薄处厚度为设计要求的80%

B. 薄型防火涂料涂层表面裂纹宽度不应大于1mm

C. 厚型防火涂料涂层表面裂纹宽度不应大于 1.5mm

D. 厚型涂料的涂层厚度 80%及以上面积符合有关耐火极限的设计要求

20. 【多选】钢结构涂装工程中，当设计对涂层厚度无要求时，关于涂层干漆膜说法正确的有（　　）。

A. 总厚度室外应为 150μm

B. 总厚度室外可为 180μm

C. 总厚度室内应为 125μm

D. 每遍厚度允许偏差为－5μm

E. 每遍厚度允许偏差为±5μm

21. 【单选】玻璃幕墙施工中，点支承玻璃幕墙玻璃之间的空隙宽度（　　），且应采用硅酮建筑密封胶嵌缝。

A. 不应小于 10mm

B. 不应大于 10mm

C. 不应小于 20mm

D. 不应大于 20mm

22. 【多选】幕墙安装施工对应的验收项目有（　　）。

A. 主体结构与立柱、立柱与横梁连接节点安装及防腐处理

B. 幕墙的防火安装

C. 幕墙的抗震节点安装

D. 幕墙的保温安装

E. 幕墙的伸缩缝安装

23. 【单选】关于住宅装饰装修施工基本要求的说法，错误的是（　　）。

A. 施工中严禁损坏房屋原有绝热设施

B. 管道、设备工程的安装及调试应在装饰装修工程施工后完成

C. 严禁超荷载集中堆放物品

D. 严禁在预制混凝土空心楼板上打孔安装埋件

24. 【多选】下列关于住宅装饰装修施工防火安全的规定，正确的有（　　）。

A. 施工现场必须配备灭火器、砂箱或其他灭火工具

B. 消火栓门四周的装饰装修材料颜色应与消火栓门的颜色一致

C. 施工现场动用电气焊时，必须清除周围可燃物质，设专人监督

D. 在施工现场严禁吸烟

E. 擦拭油漆后的棉纱等物品不用集中存放

25. 【单选】建筑工程内部装修材料按燃烧性能进行分级，正确的是（　　）。

A. A 级：不燃性

B. B 级：难燃性

C. C 级：可燃性

D. D 级：易燃性

26. 【多选】建筑工程内部装修材料可以选用 B_1 级防火材料的部位有（　　）。

A. 厨房的顶棚

B. 配电室

C. 储藏间

D. 阳台

E. 消防控制室的墙面

27. 【单选】建筑内部装修防火工程质量验收应由（　　）组织进行。

A. 建设单位项目负责人

B. 施工单位项目负责人

C. 监理工程师

D. 设计单位项目负责人

28. 【单选】既有建筑装修时，如需改变原建筑承重结构，必须在施工前委托（　　）提出设计方案。

A. 原设计单位或者具体相应资质条件的设计单位

B. 建设单位
C. 监理单位
D. 施工单位

29. **【多选】**与门窗工程相比，幕墙工程必须增加的安全和功能检测项目有（　　）。
A. 现场拉拔力　　B. 空气渗透性能
C. 雨水渗透性能　　D. 层间变形性能
E. 剥离粘结性

30. **【单选】**根据《节能建筑评价标准》规定，节能建筑评价应涵盖的阶段是（　　）。
A. 设计和施工　　B. 设计和运营管理
C. 设计和采购　　D. 施工和运营管理

31. **【单选】**关于公共建筑节能改造的说法，错误的是（　　）。
A. 保证室内热舒适环境
B. 降低建筑的能源利用效率
C. 降低能源消耗
D. 从技术可靠性、可操作性和经济性等方面进行综合分析

32. **【多选】**根据室内环境污染的不同要求，下列属于Ⅱ类民用建筑的有（　　）。
A. 商店　　B. 幼儿园
C. 展览馆　　D. 书店
E. 学校

33. **【多选】**民用建筑工程验收时，室内环境污染浓度监测涉及的污染物有（　　）。
A. 甲醛　　B. 总挥发性有机化合物
C. 苯　　D. 二氧化硫
E. 氨

考点 3　二级建造师（建筑工程）注册执业管理规定及相关要求【了解】

1. **【单选】**凡是担任建筑工程项目的施工负责人，根据工程类别必须在房屋建筑、装饰装修工程施工管理签章文件上签字并加盖（　　）专用章。
A. 项目资料员　　B. 项目监理工程师
C. 项目经理　　D. 注册建造师

2. **【多选】**某机场工程，建筑工程注册建造师可执业的工程范围有（　　）。
A. 钢结构工程　　B. 管道工程
C. 装修工程　　D. 幕墙工程
E. 安监系统工程

PART 4

案例专题模块

学习计划：

模块一　进度管理

案例一

【背景资料】

某装配式工程项目，建设单位和某施工单位根据《建设工程施工合同（示范文本）》（GF—2017—0201）签订了施工承包合同，合同工期35天。

工程实施过程中发生了下列事件：

事件一：施工单位将施工作业划分为A、B、C、D四个施工过程，分别由指定的专业班组进行施工，每天一班工作制，流水施工参数见表1-1。

表1-1　流水施工参数

流水节拍/天		施工过程			
		A	B	C	D
施工段	Ⅰ	2	4	6	4
	Ⅱ	2	4	6	4
	Ⅲ	2	4	6	4
	Ⅳ	2	4	6	4

事件二：施工单位向监理单位提交的施工现场平面布置图包括：工程施工现场的加工设施、存贮设施、办公和生活用房等的位置和面积。监理单位认为内容不全。

【问题】

1. 事件一中，属于何种形式的流水施工，流水施工的组织形式还有哪些？
2. 事件一中，列式计算A、B、C、D四个施工过程之间的流水步距分别是多少天？
3. 事件一中，列式计算流水施工的计划工期是多少天？能否满足合同工期要求？
4. 事件二中，施工现场平面布置图还包括哪些？

案例二

【背景资料】

某项目施工网络计划已经批准，见图 1-1（时间单位：天）。在准备施工前，经过各参建单位批准增加一个新工作 J，该工作持续时间为 5 天。必须是工作 A 完成后才开始，工作 F 开始前完成，且工作 J 和工作 H 性质相同，共用一台机械，故需顺序施工。

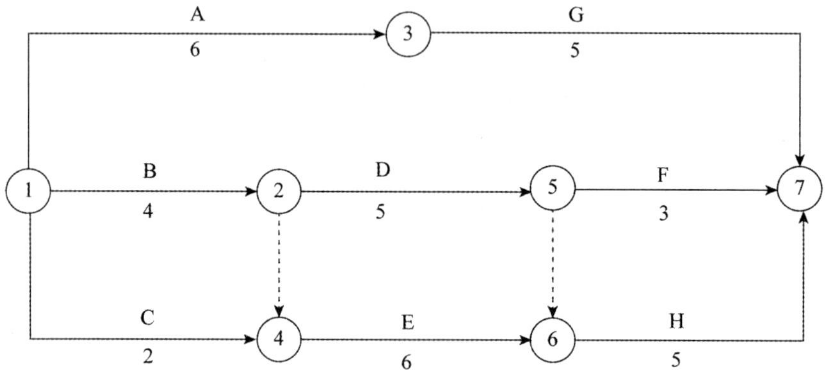

图 1-1　施工网络计划

施工中发生如下事件：

事件一：为了迎接检查，施工单位准备在第 7、8 两天把不重要的工作停工。

事件二：施工单位向监理单位报送了该工程的施工组织设计，其中明确了工程的质量、进度、成本、安全四项管理目标，建设单位认为不妥。

【问题】

1. 该施工网络计划的计算工期为多少天？关键工作有哪些？
2. 增加工作 J 后，请在原网络计划图上标出工作 J 的位置。并确定新的关键线路和工期。
3. 事件一中，应停什么工作才不影响工期？为什么？
4. 事件二中，该工程的施工管理目标应补充哪些内容？

案例三

【背景资料】

某厂房工程施工，在工程开工前，施工单位上报了施工组织设计，其中进度计划网络图见图 1-2（时间单位：周）。

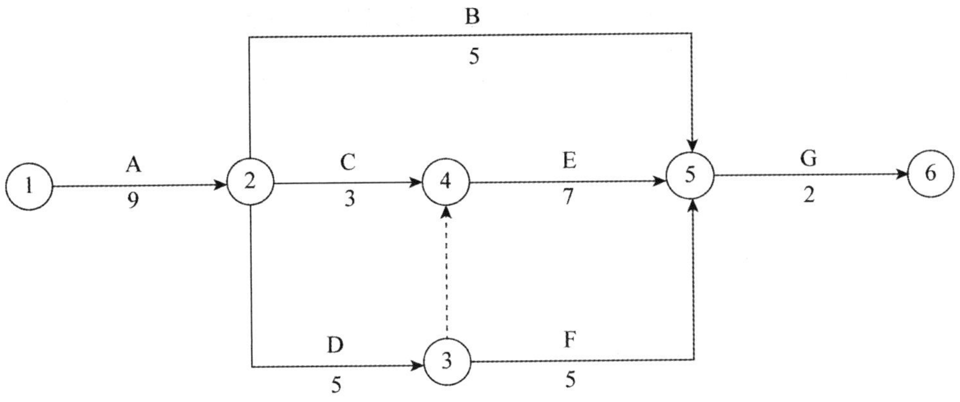

图 1-2　施工进度计划网络图

施工过程中发生如下事件：施工单位施工至工作 F 时，由于建设单位供应材料的质量问题，造成施工单位人工费、机械费共损失 5 万元，同时造成工作 F 时间延长 3 周。施工单位提出了 3 周的工期索赔和 5 万元的费用索赔。

【问题】

1. 该施工网络计划的计算工期为多少天？关键工作有哪些？
2. 该工程施工组织设计的内容有哪些？
3. 该施工单位提出索赔的要求是否合理？说明理由。
4. 写出事件发生后的关键线路和工作 B、E、F 的总时差。

案例四

【背景资料】

某建筑施工单位在新建办公楼工程施工前，按相关规定由项目技术负责人组织编制单位工程施工组织设计并包含各项基本内容，经项目负责人审批后报监理机构。

在施工组织设计中，施工进度计划以时标网络图（时间单位：周）形式表示。在第 5 周末，施工单位对现场实际进度进行检查，并在时标网络图中绘制了实际进度前锋线，见图 1-3。

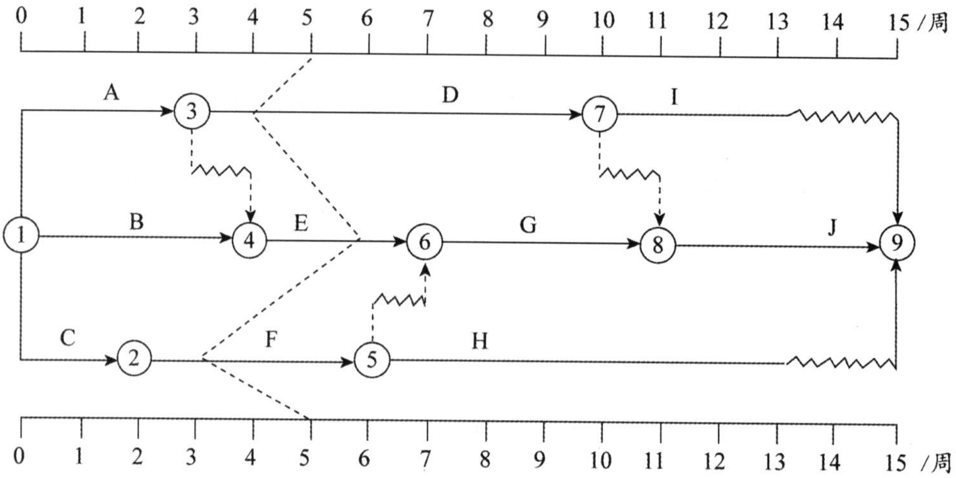

图 1-3　时标网络计划图

针对检查中发现的实际规定进度与计划进度不符的情况，施工单位均在规定时限内提出索赔意向通知，并在监理单位规定的时间内上报了相应的工期索赔资料。经监理工程师核实，工作 D 的进度偏差是因为建设单位供应材料原因所导致，工作 F 的进度偏差是因为当地政策性停工导致。根据上述情况，监理工程师对两项工期索赔未批准。

【问题】

1. 指出施工组织设计编制、审批程序的不妥之处，并写出正确做法。

2. 写出关键线路。

3. 指出网络图中前锋线涉及各工序的实际进度偏差情况。如后续工作仍按原计划的速度进行，本工程的实际完工工期是多少周？

4. 针对工作 D、工作 F，分别判断施工单位上报的两项工期索赔是否成立？并说明理由。

模块二　质量和验收管理

案例一

【背景资料】

某写字楼工程为钢筋混凝土框架结构，地下 3 层，地上 16 层。建筑高度为 65m，基坑深度为 12m，首层高度为 12m，跨度为 24m，外墙为玻璃幕墙。建设单位与施工总承包单位签订了施工总承包合同。合同约定，防水工程保修期限均为 10 年。

合同履行过程中，发生了下列事件：

事件一：总承包单位在提交竣工验收报告的同时，还提交了《工程质量保修书》，其中防水工程保修期按《房屋建筑工程质量保修办法》的规定承诺保修 5 年。建设单位以《工程质量保修书》不合格为由拒绝接收。

事件二：施工单位在基坑完成并自检合格后，组织验槽。由施工单位项目经理主持、施工单位质量负责人以及相关专业的质量检查员参加。总监理工程师认为该验收主持及参加人员不满足规定，要求重新组织验收。

事件三：施工单位施工到二层框架柱钢筋绑扎时，建设单位书面通知将二层及以上各层由原设计层高 4.0m 变更为 4.80m，当日施工单位停工。25d 后建设单位才提供正式变更图纸，工程恢复施工。复工当日施工单位立即提出停、窝工损失 60 万元和顺延工期 25d 的书面报告及相关索赔资料，但甲方收到后始终未予答复。

【问题】

1. 根据背景资料，需要进行专家论证的分部分项工程安全专项施工方案有哪些？
2. 事件一中，施工总承包单位、建设单位做法是否合理？
3. 事件二中，基坑验槽应由谁组织？还应有哪些人员参加？
4. 事件三中，施工单位的索赔是否成立？并说明理由。

案例二

【背景资料】

某施工单位中标一新建写字楼工程，钢筋混凝土框架结构。地上 8 层，层高 4m；地下 1 层，层高 4.5m。一层为大厅，层高为 5.4m，框架柱间距为 8m×8m。

施工过程中发生如下事件：

事件一：在模板施工中，立杆底部用砖块进行了铺垫，因设计对起拱高度无明确要求，施工单位根据经验按 3cm 起拱，与后浇带部位的模板一起整体安装。监理验收时，发现模板支设不符合要求，要求返工处理。

事件二：施工单位进场后，项目质量总监组织编制了项目检测试验计划，经施工企业技术部门审批后实施。建设单位指出检测试验计划编制与审批程序错误，要求项目部调整后重新报审，第一批钢筋原材到场，项目试验员会同监理单位见证人员进行见证取样，对钢筋原材料相关性能指标进行复检。

事件三：一层大厅模板拆除前，试验员在标养室取了一组试块送检，测得试验强度达到设计强度的 80%，项目经理同意拆模。

【问题】

1. 指出事件一中施工单位做法的不妥之处，并说明理由。

2. 指出项目检测试验计划编制、审批程序存在的问题，并给出正确做法。钢筋原材料的复检项目有哪些？

3. 有抗震结构要求的钢筋应满足哪些要求？

4. 指出事件三中施工单位的不妥之处，并说明理由。

案例三

【背景资料】

某新建写字楼工程，建筑面积为66000m²，地下2层，地上18层，钢筋混凝土框架-剪力墙结构，基础形式为筏板基础，地下防水等级为一级，屋面防水等级为二级，室内隔墙及外部填充墙为加气混凝土砌块，其中幕墙工程为建设单位分包工程，总工期为2年，合同规定总承包单位应向业主移交4套竣工资料。

施工过程中发生了如下事件：

事件一：幕墙工程在防雷构造施工时直接在涂有镀膜层的构件上进行防雷连接，钢构件涂防锈油漆后进行防雷连接。幕墙工程防雷施工均符合国家相关标准的要求。

事件二：在填充墙砌筑时，部分水泥是五个月前进场的，砌块堆置高度按规定不超过3m。填充墙与承重主体结构间的空（缝）隙在填充墙砌筑7d后进行。

事件三：主体结构工程完工后，总监理工程师组织了分部工程的验收，结论合格。

【问题】

1. 事件一中，施工单位的做法是否妥当？说明理由。
2. 事件二中，砌筑施工有哪些不妥之处？说明理由。
3. 幕墙工程的有关安全和功能的检测项目是什么？
4. 分部工程质量验收合格的规定是什么？

案例四

【背景资料】

某房地产开发公司投资兴建的写字楼工程，建筑面积 $20000m^2$，地下 2 层，地上 15 层，基础为筏板基础，框架结构。工程各类系统齐全，在当地属于智能性建筑，由专业分包单位具体组织施工。2011 年 10 月开工，2013 年 8 月 15 日完工。

施工中发生如下事件：

事件一： 门窗进场后按规定进行进场验收，监理要求送检复试合格后使用。在施工过程中对隐蔽项目进行把控验收。

事件二： 总承包单位在提交竣工验收报告的同时，还提交了“工程质量保修书”，其中保温工程保修期按《民用建筑节能条例》的规定承诺保修 5 年。建设单位以“工程质量保修书”不合格为由拒绝接收。

【问题】

1. 事件一中，门窗工程需要对哪些指标进行复检？
2. 事件一中，门窗工程隐蔽的项目有哪些？
3. 材料进场的质量控制原则是什么？
4. 事件二中，建设单位的做法是否合理？

模块三　安全管理

案例一

【背景资料】

某施工总承包单位承建一写字楼工程，地下 3 层，地上 15 层，位于闹市区，周围环境较复杂，基坑深度为 10m。

在施工过程中发生如下事件：

事件一：在施工现场设置安全警示牌。为宣传企业形象，总承包单位在现场办公区前空旷场地树立了悬挂企业旗帜的旗杆，旗杆与基座预埋件焊接连接。

事件二：基坑工程为专业分包工程。在施工前，分包单位自行编制专项施工方案，并组织专家论证。其中，设计单位项目负责人以专家的身份参加论证会。

事件三：在基坑施工过程中出现安全事故，整个事故未造成人员死亡，但重伤 8 人，估计直接经济损失达 1200 万元。事故发生后，施工单位立刻向相关部门报告事故发生情况。

【问题】

1. 事件一中，旗杆与基座预埋件焊接是否需要开动火证？若需要，请说明动火等级并给出相应的审批程序。

2. 事件二中的做法有哪些不妥之处？并说明理由。

3. 事件三中，按造成损失的严重程度划分，该事故应为什么类型事故？并给出此类事故的判定标准。

4. 生产安全事故发生后，报告事故应包括哪些主要内容（至少列出四条）？

案例二

【背景资料】

某五星级酒店工程，地下局部 3 层，基坑开挖深度 12m。经过招标确定了参建各方，并签订相关合同。

施工中发生如下事件：

事件一： 施工地点地下水位相对较高，施工单位采取了合理的降水方法。

事件二： 由于基坑施工时正是雨季，基坑周边发生了坍塌迹象，项目经理及时发现并采取了有效处理措施，未出现任何事故。

事件三： 基坑施工完成，施工单位自检合格后申请验槽。

事件四： 工程竣工验收后，建设单位指令设计、监理等参建单位将工程资料交施工单位汇总，施工单位把汇总资料提交给城建档案管理机构进行工程验收。

【问题】

1. 地下水的控制方法有哪些？
2. 基坑发生坍塌前的主要迹象是什么？
3. 验槽时必须具备的资料有哪些？
4. 指出事件四中存在哪些不妥之处？并分别给出正确做法。

案例三

【背景资料】

某建筑公司承建一商业写字楼，位于市区繁华区域，建筑高度为 30m。工程设计为钢筋混凝土框架结构，合同工期 550 天。

在施工过程中发生如下事件：

事件一：施工中采用单排脚手架防护，并采用柔性连墙件进行可靠连接。连墙件采用 5 步 5 跨进行布置。监理在巡视中发现脚手架的搭设不符合相关规定，要求整改。

事件二：项目经理安排安全员王某负责现场的消防安全管理，王某随后在施工材料的存放、保管上作了严格的防火安全要求，现场设置明显的防火宣传标志，制定了严格的明火使用规定，整个施工阶段未发生安全事故。

【问题】

1. 事件一中，监理的做法是否正确？并说明理由。
2. 施工中脚手架要进行定期检查，检查的主要项目包括什么？
3. 现场高处作业检查评定项目包括哪些？
4. 安全警示牌设置的重要部位有哪些？

案例四

【背景资料】

某新建项目在施工中发生下列事件：

事件一：施工现场临时用电设备10台，项目经理要求施工员编制临时用电施工组织设计。其中施工配电系统采用“三级配电”模式。

事件二：在主体施工阶段，混凝土工程采用钢管支架支撑体系。在装饰装修阶段，项目部使用钢管和扣件临时搭设了一个移动式操作平台用于顶棚装饰装修作业。该操作平台的台面面积为$15m^2$，台面距楼地面高4.6m。可以带人移动，且平台未标明承载物料的总重量，所以使用时可以不限荷载。

【问题】

1. 事件一，项目经理的做法是否正确？并说明理由。“三级配电”模式是指什么？
2. 影响模板钢管支架整体稳定性的主要因素有哪些？
3. 现场搭设的移动式操作平台有哪些不合理之处？并写出正确做法。
4. 操作平台作业安全控制要点有哪些？

模块四　合同、招投标及成本管理

案例一

【背景资料】

某新建图书馆工程，建设单位委托招标代理机构对施工单位进行招标。招标文件规定：合格投标人为本省企业；自招标文件发出之日起15d后投标截止；投标人对招标人提出的疑问分别以书面形式回复给相应的提出疑问的投标人。建设行政主管部门评审招标文件时，认为个别条款不符合规定，经整改后进行招标。

事件一：修改并发布信息后，有多家单位进行投标。开标后发现：A投标人的投标报价为8000万元，为最低投标价，经评审后推荐其为中标候选人。B投标人在开标后又提交了一份补充说明，提出可以对安全文明施工费降价10%。C投标人与其他投标人组成了联合体投标，附有各方资质证书，但没有联合体共同投标协议书。

事件二：最终A单位中标，参照《建设工程施工合同（示范文本）》（GF—2017—0201）与建设单位签订总承包施工合同。

事件三：A单位签订合同后又以包工包料的形式将全部结构工程分包给劳务公司。A单位为了规避责任，双方签订补充协议：分包单位出现任何安全质量问题，全部由分包单位承担。

【问题】

1. 指出招标文件中的不妥之处，并说明理由。
2. 分析事件一中A、B、C投标人的投标文件是否有效？说明理由。
3. 施工合同文件由哪三部分组成？
4. 事件三中，A单位的做法是否妥当？并说明理由。

案例二

【背景资料】

某公司投资建设一幢商场工程，地下1层、地上5层，建筑面积12000m²，基础为大体积筏板基础，结构类型为框架结构。经过公开招标投标，A施工企业中标。双方签订了总承包施工合同，合同工期为280d，并约定提前或逾期竣工的奖罚标准为每天5万元。双方签订了固定总价合同。

合同履行中发生了以下事件：

事件一：A施工总承包单位在项目管理过程中，与F劳务公司进行了主体结构劳务分包洽谈，约定将模板和脚手架费用计入承包总价，并签订了劳务分包合同。经建设单位同意，A施工总承包单位将玻璃幕墙工程分包给B专业分包单位施工。A施工总承包单位自行将通风空调工程分包给C专业分包单位施工。C专业分包单位按照分包工程合同总价收取8%的管理费后分包给D专业分包单位。

事件二：在工程装修阶段，干挂大理石属于甲供材，因厂家自身原因，推迟1个月材料进场，导致施工总工期延长1个月，增加费用为5万元。在2个月后施工结算中，施工单位申请这批费用，甲方拒绝。

【问题】

1. 事件一中，哪些分包行为属于违法分包？并分别说明理由。
2. 大体积筏板基础施工时控制裂缝的措施是什么？
3. 常用的合同价款方式还包括哪些？
4. 事件二中，施工单位申报的增加费用是否符合约定？结合合同变更条款说明理由。

案例三

【背景资料】

某大型综合体育馆工程，发包方（简称“甲方”）通过邀请招标的方式确定本工程由承包商乙中标，双方签订了工程总承包合同。在征得甲方书面同意的情况下，承包商乙将桩基础工程分包给具有相应资质的专业分包商丙，并签订了专业分包合同。

合同履行中发生了以下事件：

事件一：在桩基础施工期间，由于分包商丙自身管理不善，造成甲方现场周围的建筑物受损，给甲方造成了一定的经济损失，甲方就此事件向承包商乙提出了赔偿要求。

事件二：考虑到体育馆主体工程施工难度高、自身技术力量和经验不足等情况，在甲方不知情的情况下，承包商乙又与另一家具有施工总承包一级资质的某知名承包商丁签订了主体工程分包合同，合同约定承包商丁以承包商乙的名义进行施工，双方按约定的方式进行结算。

事件三：在工程保修期间发生了由于施工单位原因引起的屋顶漏水、墙面剥落等问题，业主多次催促施工单位修理，而施工单位一再拖延修理，于是业主另请其他施工单位维修。

事件四：施工总承包单位按照项目风险管理程序进行风险管理。

【问题】

1. 事件一、二的做法是否合理？并说明理由。
2. 事件三中，施工单位的做法是否妥当？说明理由。所发生的维修费用该如何处理？
3. 事件四中，项目风险管理的程序是什么？
4. 项目合同管理应遵循的程序是什么？

案例四

【背景资料】

某施工单位作为总承包商，承接一写字楼工程，地上18层，地下2层，钢筋混凝土框架-剪力墙结构高层建筑。合同规定该工程的开工日期为2011年7月1日，竣工日期为2012年9月25日。施工单位向监理单位报送了该工程的施工组织设计。

施工过程中发生如下事件：

事件一：施工单位对工程中标造价进行分析，费用情况如下：分部分项工程费4800万元，措施项目费576万元，暂列金额222万元，脚手架费用260万元，规费64万元，税金218万元。

事件二：某分项工程由于设计变更导致该分项工程量变化幅度达20%，合同专用条款未对变更价款进行约定。施工单位按变更指令施工，在施工结束后的下一月上报支付申请的同时，还上报了该设计变更的变更价款申请，监理工程师不批准变更价款。

【问题】

1. 事件一中，施工单位的中标造价是多少万元？
2. 措施项目费通常包括哪些费用？
3. 事件二中，监理工程师不批准变更价款申请是否合理？并说明理由。
4. 合同中未约定变更价款的情况下，变更价款应如何处理？

案例五

【背景资料】

某建设单位投资兴建一大型商场，地下2层，地上9层，钢筋混凝土框架结构，建筑面积为71500m^2。经过公开招标，某施工单位中标，中标造价3000万元。双方按照相关规定签订了施工总承包合同。

施工过程中发生如下事件：

事件一：合同中约定工程预付款比例为10%，并从未完施工工程尚需的主要材料款相当于工程预付款时起扣，主要材料所占比重按60%计。

事件二：开工后发现，施工资源配置不当，需增加2台塔吊，项目部修改了《施工组织设计》，并重新审批后继续施工。

事件三：由于建设单位原因，导致某工作（关键工作）停工8d，专业分包单位当即就停工造成的损失向总承包单位递交索赔报告，索赔误工损失8万元和工期损失8d。总承包单位认为该停工的责任是建设单位造成的，专业分包单位应直接向建设单位提出索赔，拒收专业分包单位的索赔报告。

【问题】

1. 列式计算本工程项目预付款和预付款的起扣点各是多少万元？（计算结果保留两位小数）

2. 除了事件二的情况外，需要修改施工组织设计的情况还有哪些？

3. 事件三中，总承包单位的做法是否正确？说明理由。专业分包单位可以获得索赔金额和天数各是多少？

4. 给出本工程防水、装饰装修、给排水工程最低保修年限各是多少？

模块五　现场管理

案例一

【背景资料】

某集团公司机关大楼建设工程位于繁华市区，建筑面积 80000m²，地上 18 层，地下 3 层，基础为箱型基础，结构类型为框架-剪力墙结构，施工场地狭窄，建筑结构较为复杂。

施工过程中发生如下事件：

事件一： 项目经理部按要求对现场进行灭火器的配置，每 200m² 配置 2 个 10L 的灭火器。在 60m² 的木工棚内配备了 2 只灭火器及相关消防辅助工具。对危险品料场周围按每组灭火器的间距不大于 50m 进行配置。

事件二： 在现场出入口明显处应设置“五牌一图”，并按规定设置施工临时用水管理。

事件三： 合同中约定总造价为 14250 万元，根据人工费和四项主要材料的价格指数对总造价按调值公式法进行调整。固定系数为 0.2，各调值因素的比重、基准和现行价格指数见表 5-1。

表 5-1　调值因素的比重、基准和现行价格指数

可调项目	人工费	材料一	材料二	材料三	材料四
因素比重	0.15	0.30	0.12	0.15	0.08
基期价格指数	0.99	1.01	0.99	0.96	0.78
现行价格指数	1.12	1.16	0.85	0.80	1.05

【问题】

1. 事件一中存在哪些不妥之处？并分别给出正确做法。

2. 事件二中“五牌一图”是指什么？

3. 临时用水包括什么？

4. 事件三中，列式计算经调整后的实际结算价款应为多少万元？（计算结果保留两位小数）

案例二

【背景资料】

某施工单位承建位于市中心主干路的办公楼工程，基础为大体积筏板基础，主体为框架-剪力墙结构，地下 3 层，地上 23 层。

施工过程中发现以下事件：

事件一：项目在开工前 14d 向相关部门申报登记。施工现场污水顺着城市排水设施排走。工地按要求搭设 1.8m 围挡。

事件二：监理在巡视中发现多处未集中堆放的裸露土方，要求立即处理。

事件三：项目经理部定期对现场安全进行检查评定：①现场工人宿舍室内净高 2.3m，封闭式窗户，每个房间住 20 个工人；②现场设置一个出入口，出入口设置办公用房；③场地设置 3.8m 宽环形载重单车道主干道（兼消防车道），并进行硬化。检查组认为不符合相关要求，对此下发了整改通知单。

【问题】

1. 事件一中，指出施工现场实施要点的不妥之处，并写出正确做法。
2. 事件二中，裸露土方如何处理？
3. 事件三中，指出现场布置的不妥之处，并写出正确做法。
4. 安全管理检查评定的内容有哪些？

PART 5

全真模拟试卷

学习计划：

《建筑工程管理与实务》全真模拟试卷（一）

一、单项选择题（共20题，每题1分。每题的备选项中，只有1个最符合题意）

1. 下列选项中，不属于单层或多层民用建筑的是（　　）。
   A. 建筑高度不大于27m的非单层住宅建筑
   B. 建筑高度等于24m的非单层公共建筑
   C. 建筑高度大于24m的单层公共建筑
   D. 建筑高度26m的非单层公共建筑

2. 下列关于民用建筑主要构造要求的说法，错误的是（　　）。
   A. 地下连续墙、支护桩、地下室底板及其基础、化粪池等不允许突出道路和用地红线
   B. 室内净高应按楼地面完成面至吊顶、楼板或梁底面之间的垂直距离计算
   C. 屋面采用结构找坡时，坡度不应小于3%
   D. 室外楼梯等临空处，临空高度大于24m时栏杆高度不应低于1.05m

3. 下列事件中，满足结构适用性功能要求的是（　　）。
   A. 某厂房结构遇到爆炸，有局部的损伤，但结构整体稳定并不发生倒塌
   B. 某水下构筑物在正常维护条件下，钢筋受到严重锈蚀，但满足使用年限
   C. 某厂房在正常使用时，吊车梁出现变形，但在规范规定之内，吊车正常运行
   D. 厂房结构平时受自重、吊车、风和积雪等荷载作用时，均应坚固不坏

4. 对有较高要求的抗震结构适用的钢筋，应符合的规定是（　　）。
   A. 钢筋实测屈服强度与屈服强度标准值之比不小于1.25
   B. 钢筋实测抗拉强度与实测屈服强度之比不小于1.25
   C. 钢筋实测屈服强度与屈服强度标准值之比不小于1.30
   D. 钢筋的最大力总伸长率不大于9%

5. 某砂浆试块一组三块，其强度值分别为12MPa、10MPa、9MPa，该组砂浆试块的抗压强度评定结果为（　　）。
   A. 10.3MPa
   B. 10.0MPa
   C. 9MPa
   D. 无效

6. 下列关于测量仪器使用和应用的说法，不正确的是（　　）。
   A. 水准仪不能直接测定待定点的高程
   B. 全站仪几乎是在同一瞬间内得到平距、高差、点的坐标和高程
   C. 经纬仪可以进行点位的竖向传递测量
   D. 普通经纬仪能在夜间或黑暗的场地进行测量工作，不受照度的影响

7. 应在基底进行轻型动力触探的情况不包括（　　）。
   A. 持力层存在轻微不均匀
   B. 局部有软弱下卧层
   C. 有浅埋的坑穴、古墓、古井等，直接观察难以发现时

D. 勘察报告或设计文件规定应进行轻型动力触探时

8. 下列关于砖砌体工程的技术标准，说法错误的是（　　）。

A. 砖墙相邻工作段的砌筑高度不得超过一个楼层高度，也不宜大于 4m

B. 在抗震设防烈度为 8 度地区，多孔砖砌体的斜槎长高比不应小于 1/2

C. 在抗震设防烈度为 8 度及 8 度以上地区，对不能同时砌筑而必须留置的临时间断处应砌成斜槎，斜槎高度不得超过一步脚手架的高度

D. 墙与构造柱应沿高度方向每 500mm 设 2ϕ6 钢筋（一砖墙），每边伸入墙内不应少于 800mm

9. 关于钢结构工程中防腐涂料与防火涂料涂装的说法，正确的是（　　）。

A. 涂层厚度等于或大于 30mm 的钢梁和桁架，宜在涂层内设置与钢构件相连的钢丝网或其他相应的措施

B. 施涂防腐涂料和防火涂料时，操作者必须有特殊工种作业操作证（上岗证）和劳动防护

C. 通常情况下，先进行防火涂料涂装，再进行防腐涂料涂装

D. 厚型防火涂料涂层的厚度，最薄处厚度不应低于设计要求的 75%

10. 关于钢筋套筒灌浆连接方式中灌浆作业的说法，错误的是（　　）。

A. 灌浆后 24h 内不得使构件与灌浆层受到振动、碰撞

B. 灌浆施工时环境温度不应低于 5℃

C. 灌浆作业应采用压浆法从上口灌注，浆料从下口流出后应及时封堵

D. 灌浆料拌合物应在制备后 30min 内用完

11. 关于屋面卷材防水细部施工的要求，说法错误的是（　　）。

A. 水落口周围直径 500mm 范围内坡度不应小于 5%

B. 女儿墙泛水处的卷材附加层在平面和立面的宽度均不应大于 250mm

C. 卷材防水屋面檐口 800mm 范围内的卷材应满粘

D. 檐口下端应做鹰嘴和滴水槽

12. 下列关于吊顶工程施工技术要求，说法正确的是（　　）。

A. 吊顶距主龙骨端部和距墙的距离不应小于 300mm

B. 当石膏板吊顶面积大于 100m^{2}时，纵横方向每 15m 距离处宜做伸缩缝处理

C. 上人的吊顶，吊杆可采用 ϕ6 钢筋

D. 吊杆长度为 1.2m 时，应设置反支撑

13. 主体结构施工中，因施工图设计有误，实际工程量增加，费用增加 3 万元，相应工序持续时间增加 2d，该工作的总时差为 3d，自由时差为 1d，以下说法正确的是（　　）。

A. 工期延误因设计有误，故可以索赔

B. 工期延误未超过总时差，故不可以索赔

C. 工期延误超过自由时差，故可以索赔

D. 因施工图设计有误，故工程量增加的费用由施工单位向设计单位索赔

14. 某基础工程有开挖与浇筑混凝土 2 个施工过程，在 4 个施工段组织流水施工，流水节拍值分别为 4d、3d、2d、5d 与 3d、2d、4d、3d，则流水步距与流水施工工期分别为（　　）d。

A. 5 和 17

B. 5 和 19

C. 4 和 16

D. 4 和 26

15. 结构施工自二层起，凡人员进出的通道口都应搭设符合规范要求的防护棚，高度超过（　　）m 的交叉作业，通道口应设双层防护棚进行防护。

A. 18

B. 24

C. 27

D. 50

扫码听课

16. 按照建筑安装工程造价的构成，措施项目费不包括（　　）。

A. 脚手架工程费

B. 夜间施工增加费

C. 安拆费与场外运费

D. 冬雨期施工增加费

扫码听课

17. 不良行为记录信息的公布时间为行政处罚决定作出之后（　　）内，公布期限一般为（　　）。

A. 3 日，3 年

B. 7 日，6 个月至 3 年

C. 3 日，6 个月至 3 年

D. 7 日，3 年

扫码听课

18. 在竣工图章中需列明的内容不包括（　　）。

A. 施工单位项目负责人

B. 现场监理工程师

C. 施工单位竣工图审核人

D. 总监理工程师

扫码听课

19. 下列选项中，不属于顶棚、墙面和地面的装修材料均应采用 A 级装修材料的是（　　）。

A. 消防控制室

B. 建筑物内的厨房

C. 地下民用建筑的疏散走道和安全出口门厅

D. 疏散楼梯间和前室

扫码听课

20. 按照装饰装修专业工程规模标准，下列符合中型工程要求的是（　　）。

A. 单项合同额 1500 万元

B. 单项合同额 200 万元

C. 单项合同额 90 万元

D. 单项合同额 50 万元

扫码听课

二、多项选择题（共 10 题，每题 2 分。每题的备选项中，有 2 个或 2 个以上符合题意，至少有 1 个错项。错选，本题不得分；少选，所选的每个选项得 0.5 分）

21. 关于钢化玻璃特性的说法，正确的有（　　）。

A. 抗冲击性能差

B. 可能发生自爆

C. 碎后不易伤人

D. 热稳定性差

E. 机械强度高

扫码听课

22. 下列选项中，属于建筑工程施工合同管理的原则有（　　）。

A. 依法履约原则

B. 合同归口管理原则

C. 诚实信用原则

D. 静态管理原则

E. 个性化原则

扫码听课

23. 下列符合节约用地规定的有（　　）。

A. 施工总平面布置应紧凑，并尽量减少占地

B. 应根据现场条件，合理设计场内交通道路

C. 施工现场临时道路布置应尽量少利用拟建道路

D. 应采用现浇混凝土

E. 应在经批准的临时用地范围内组织施工

24. 关于施工现场消防器材的配备，说法错误的有（　　）。

A. 一般临时设施区，每 $100m^2$ 配备 1 个 10L 的灭火器

B. 大型临时设施总面积超过 $1200m^2$ 时，应备有消防专用的器材设施

C. 高度超过 24m 的建筑工程，应安装临时消防竖管，管径不得小于 60mm

D. 临时木工加工车间、油漆作业间等，每 $25m^2$ 应配置一个种类合适的灭火器

E. 仓库、油库、危化品库或堆料厂内，每组灭火器之间的距离应大于 30m

25. 安全管理检查评定保证项目的内容有（　　）。

A. 安全标志

B. 分包单位安全管理

C. 应急救援

D. 安全技术交底

E. 安全教育

26. 建筑工程造价的特点包括（　　）。

A. 个体性

B. 动态性

C. 层次性

D. 差异性

E. 统一性

27. 施工现场质量管理检查记录的主要内容包括（　　）。

A. 分包方资质及对分包方的管理制度

B. 竣工验收备案管理

C. 现场材料、设备存放的管理

D. 工程过程质量检验制度

E. 主要专业工种操作上岗证书

28. 下列属于超过一定规模的危险性较大的分部分项工程的有（　　）。

A. 开挖深度为 4m 的土方开挖工程

B. 搭设高度为 10m 的模板支撑工程

C. 搭设高度 48m 的落地式钢管脚手架工程

D. 搭设跨度为 12m 的模板支撑工程

E. 开挖深度为 16m 的人工挖孔桩工程

29. 在正常使用条件下，房屋建筑工程的最低保修期限说法正确的有（　　）。

A. 地基基础工程和主体结构工程，为设计文件规定的该工程合理使用年限

B. 房间和外墙面的防渗漏为 2 年

C. 供热与供冷系统，为 2 个采暖期、供冷期

D. 电气管线、给排水管道、设备安装为 2 年

E. 保温工程为 2 年

30. 下列选项中，属于幕墙工程有关安全和功能检测项目的有（　　）。

A. 硅酮结构胶相容性和剥离粘结性

B. 耐风压性能

C. 玻璃遮阳系数

D. 中空玻璃露点

E. 后置埋件和槽式预埋件的现场拉拔力

扫码听课

扫码听课

三、实务操作和案例分析题（共 4 题，每题 20 分）

（一）

【背景资料】

某广场地下车库工程，建筑面积 18000m^2。建设单位和某施工单位根据《建设工程施工合同（示范文本）》签订了施工承包合同，合同工期 140 天。

工程实施过程中发生了下列事件：

事件一：项目部报送监理机构的单位工程进度计划编制依据包括：

（1）主管部门的批示文件及建设单位的要求。

（2）施工图纸及设计单位对施工的要求。

（3）施工企业年度计划对该工程的安排和规定的有关指标。

（4）施工组织总设计对该工程的有关部门规定和安排。

监理机构审查后发现编制依据不充分，要求补充内容。

事件二：施工单位将施工作业划分为 A，B，C，D 四个施工过程，分别由指定的专业班组进行施工，每天一班工作制，组织无节奏流水施工，流水施工参数见表 1-1。

表 1-1　流水施工参数

施工过程 / 流水节拍/天 / 施工段	A	B	C	D
Ⅰ	12	18	25	12
Ⅱ	12	20	25	13
Ⅲ	19	18	20	15
Ⅳ	13	22	22	14

事件三：在施工过程中，该工程所在地连续下了 6 天特大暴雨（超过了当地近 10 年来该季节的最大降雨量），洪水泛滥，给建设单位和施工单位造成了较大的经济损失。施工单位认为这些损失是由于特大暴雨（不可抗力事件）所造成的，提出下列索赔要求（以下索赔数据与实际情况相符）：

（1）工程清理、恢复费用 18 万元。

（2）施工机械设备重新购置和修理费用 29 万元。

（3）人员伤亡善后费用 62 万元。

（4）工期顺延 6 天。

【问题】

1. 事件一中，应补充哪些内容？

2. 事件二中，列式计算 A，B，C，D 四个施工过程之间的流水步距分别是多少天？

3. 事件三中，列式计算流水施工的计划工期是多少天？能否满足合同工期要求？

4. 事件三中，分别指出施工单位的索赔要求是否成立？说明理由。

（二）

【背景资料】

某高校新建一栋办公楼和一栋实验楼，均为现浇钢筋混凝土框架结构。办公楼地下1层、地上11层，建筑檐高48m；实验楼6层，建筑檐高22m。建设单位与某施工总承包单位签订了施工总承包合同。经项目监理机构审核和建设单位同意，施工总承包单位将深基坑工程分包给了具有相应资质的某分包单位。

扫码听课

施工过程中，发生了下列事件：

事件一：实验楼物料提升机安装总高度26m，采用一组缆风绳锚固。与各楼层连接处搭设卸料通道，与相应的楼层连通后，仅在通道两侧设置了临边安全防护设施，地面进料口处仅设置安全防护门，且在相应位置挂设了安全警示标志牌。监理工程师认为安全设施不齐全，要求整改。

事件二：在办公楼七层单独设置的移动式操作平台，面积$12m^2$，高2.5m。

事件三：深基坑工程开工前，分包单位组织编制了深基坑工程专项施工方案，经该单位技术部门组织审核、技术负责人签字确认后，报项目监理机构审批。

【问题】

1. 指出事件一中的错误之处，并分别给出正确做法。
2. 施工现场安全警示牌的设置应遵循哪些原则？
3. 指出事件二中错误之处，写出正确做法。
4. 分别指出事件三中专项施工方案编制、审批程序的不妥之处，并写出正确做法。

（三）

【背景资料】

某市中心区新建一座商业中心，建筑面积$26000m^2$，地下2层，地上16层，一至三层有裙房，结构形式为钢筋混凝土框架结构，其中二层南侧有通长悬挑露台。某施工总承包单位承接了该商业中心工程的施工任务。该施工总承包单位进场后，立即着手进行施工现场平面布置。

扫码听课

（1）在临市区主干道的南侧采用1.6m高的砖砌围墙作围挡。

（2）为节约成本，施工总承包单位决定直接利用原土便道作为施工现场主要道路。

（3）为满足模板加工的需要，搭设了一间$50m^2$的木工加工间，并配置了一支灭火器。

（4）关于低架物料提升机的基础，设计无具体要求。

（5）主体结构施工阶段，为赶在雨季来临之前完成基槽回填土任务，施工总承包单位在露台同条件混凝土试块抗压强度达到设计强度的80%时，拆除了露台下模板支撑。

【问题】

1. 指出施工总承包单位现场平面布置（1）～（3）中的不妥之处，并说明正确做法。
2. 当设计无具体要求时，低架物料提升机的基础有何要求？
3. 完成表1-2中a，b，c的内容（无需复制表格，按顺序写出答案即可）。

表1-2 底模拆除时的混凝土强度要求

构件类型	构件跨度/m	达到设计的混凝土立方体抗压强度标准值的百分率/%
梁	7.2	$\geq a$
	8.4	$\geq b$
悬挑露台	3.0	$\geq c$

4. 请列出模板及支架设计应包括的主要内容。

（四）

扫码听课

【背景资料】

某投资公司建造一幢办公楼，采用公开招标方式选择施工单位。招标文件要求：提交投标文件和投标保证金的截止时间为 2018 年 5 月 30 日。该投资公司于 2018 年 3 月 6 日发出招标公告，共有 5 家建筑施工单位参加了投标。开标会于 2018 年 6 月 3 日由该省建委主持。经过综合评选，最终确定第 2 家施工单位中标。投资公司（甲方）与中标单位（乙方）双方在中标单位收到中标通知书之日起 30d 内签订了施工承包合同，合同约定开工日期为 2018 年 8 月 16 日。工程开工后发生了如下事件：

事件一：因拆迁工作拖延，甲方于 2018 年 8 月 18 日才向乙方提供施工场地，导致乙方 A，B 两项工作延误了 2d，并分别造成人工窝工 6 个和 8 个工日；但乙方工作 C 未受影响。

事件二：乙方与机械设备租赁商约定，工作 D 施工用的某机械应于 2018 年 8 月 28 日进场，但因出租方原因推迟到当月 29 日才进场，造成工作 D 延误 1d 和人工窝工 7 个工日。

事件三：因甲方设计变更，乙方在工作 E 施工时，导致人工增加 14 个工日，相关费用增加了 1.5 万元，并使施工时间增加了 2d。

事件四：在工作 F 施工时，因甲供材料出现质量缺陷，乙方施工增加用工 6 个工日，其他费用 1000 元，并使工作 H 时间延长 1d，人工窝工 24 个工日。

上述事件中，工作 A，D，H 均为关键工作，没有机动时间，其余工作均有足够的机动时间。

【问题】

1. 投资公司（甲方）与中标单位（乙方）双方签订施工承包合同做法是否正确？说明理由。

2. 上述招标投标过程中，有哪些不妥之处？请说明理由。

3. 乙方能否就上述每项事件向甲方提出工期索赔和费用索赔？请说明理由。

4. 合同约定人工费标准为 30 元/工日，应由甲方给予补偿的窝工人工费标准为 18 元/工日；施工管理费、利润等均不予以补偿。在该工程中，乙方可得到的合理费用索赔有哪几项，费用索赔是多少？

《建筑工程管理与实务》全真模拟试卷（二）

一、单项选择题（共20题，每题1分，每题的备选项中，只有1个最符合题意）

1. 下列关于民用建筑分类的说法，正确的是（　　）。

A. 民用建筑按使用功能分为居住建筑和工业建筑两类

B. 27m的单层火车站建筑为高层建筑

C. 高度大于24m且不大于100m的3层宾馆为高层建筑

D. 通常将建筑高度大于80m的民用建筑称为超高层建筑

2. 下列不属于应急照明光源的是（　　）。

A. 备用照明

B. 疏散照明

C. 延时照明

D. 安全照明

3. 在室内增加封闭阳台属于（　　）。

A. 增加了面荷载

B. 增加了集中荷载

C. 增加了线荷载

D. 减小了集中荷载

4. 建筑钢材拉伸性能的指标不包括（　　）。

A. 屈服强度

B. 抗拉强度

C. 强屈比

D. 伸长率

5. 关于混凝土外加剂的说法，错误的是（　　）。

A. 掺入适量减水剂能改善混凝土的耐久性

B. 高温季节大体积混凝土施工应掺速凝剂

C. 掺入引气剂可提高混凝土的抗渗性和抗冻性

D. 早强剂可加速混凝土早期强度增长

6. 湿胀会使木材（　　）。

A. 表面鼓凸

B. 开裂

C. 接榫松动

D. 拼缝不严

7. 用于一般工程测量的水准仪型号是（　　）。

A. DS05

B. DS1

C. DS2

D. DS3

8. 施工期间最高气温为25°C时，砌筑用普通水泥砂浆拌成后最迟必须在（　　）h内使用完毕。

扫码听课

A. 1

B. 2

C. 3

D. 4

9. 关于高强度螺栓连接施工的说法，错误的是（　　）。

扫码听课

A. 安装环境气温不宜低于−10℃

B. 高强螺栓不得兼做安装螺栓

C. 高强度螺栓现场安装可采用自由穿入和强行穿入两种

D. 不得采用气割扩孔

10. 普通石膏条板隔墙及其他有防水要求的条板隔墙用于潮湿环境时，下端应做（　　）细石混凝土条形墙垫，墙垫高度不应小于100mm。

扫码听课

A. C15

B. C20

C. C25

D. C30

11. 玻璃幕墙密封胶的施工厚度应大于3.5mm，一般应控制在4.5mm以内。密封胶的施工宽度不宜小于厚度的（　　）倍。

扫码听课

A. 1

B. 2

C. 3

D. 4

12. 关于招标投标的说法，正确的是（　　）。

扫码听课

A. 招标分为公开招标、邀请招标和议标

B. 投标人少于三个应重新招标

C. 多个法人不可以联合投标

D. 投标截止之后投标人撤销投标文件，招标人应在5d内退还投标保证金

13. 下列属于二级动火情况的是（　　）。

扫码听课

A. 各种受压设备

B. 危险性较大的登高焊、割作业

C. 比较密封的室内、容器内、地下室等场所

D. 小型油箱等容器

14. 施工现场综合考评的对象是（　　）。

扫码听课

A. 监理和总包单位

B. 总包单位和专业分包单位

C. 参建各方

D. 总包单位

15. 同一生产厂家、同一品种、同一等级且连续进场的水泥袋装不超过（　　）t 为一检验批，散装不超过（　　）t 为一检验批。

A. 200，200

B. 150，500

C. 200，300

D. 200，500

16. 在已浇筑混凝土强度未达到（　　）N/mm^2 以前，不得在其上踩踏或安装模板及支架等。

A. 1.2

B. 1.5

C. 2.0

D. 2.5

17. 关于脚手架设置纵、横向扫地杆的说法，正确的是（　　）。

A. 脚手架必须设置纵、横向扫地杆

B. 纵向扫地杆应采用旋转扣件固定

C. 纵向扫地杆固定在距底座下皮不大于 200mm 处的立杆上

D. 横向扫地杆采用直角扣件固定在紧靠纵向扫地杆上方的立杆上

18. 单位工程完工后，（　　）应组织各专业监理工程师对工程质量进行竣工预验收。

A. 项目经理

B. 项目技术负责人

C. 质量负责人

D. 总监理工程师

19. 当高层建筑的玻璃幕墙安装与主体结构施工交叉作业时，在主体结构的施工层下方应设置防护网；在距离地面约 3m 高度处，应设置挑出宽度不小于（　　）m 的水平防护网。

A. 2

B. 4

C. 6

D. 3

20. 对采用自然通风的民用建筑工程，进行室内环境污染物浓度（TVOC）检测时，应在外门窗关闭至少（　　）h 后进行。

A. 1

B. 5

C. 12

D. 24

二、多项选择题

（共 10 题，每题 2 分。每题的备选项中，有 2 个或 2 个以上符合题意，至少有 1 个错项。错选，本题不得分；少选，所选的每个选项得 0.5 分）

21. 钢筋混凝土结构的优点有（　　）。

A. 耐久性好

B. 整体性好

C. 耐火性好

D. 可模性好

E. 抗裂性好

22. 钎探是根据（　　）来判断土的软硬情况及有无古井、古墓、洞穴、地下掩埋物等。

A. 钎孔大小

B. 钎锤重量

C. 锤击次数

D. 入土深度

E. 入土难易程度

23. 关于混凝土小型空心砌块砌体工程的说法，正确的有（　　）。

A. 施工时所用小砌块的龄期不应小于 28d

B. 普通混凝土小型空心砌块遇天气干燥炎热，宜在砌筑前对其喷水湿润

C. 承重墙体使用的小砌块应完整、无破损、无裂缝

D. 砌筑时小砌块应底面朝上反砌

E. 小砌块墙体应错孔错缝搭砌

24. 地下防水工程采用外防外贴铺贴卷材防水层，下列说法正确的有（　　）。

A. 先铺立面，后铺平面，交接处应交叉搭接

B. 临时性保护墙宜采用石灰砂浆砌筑，内表面宜做找平层

C. 从底面折向立面的卷材与永久性保护墙的接触部位，应采用空铺法施工

D. 合成高分子类卷材接槎的搭接长度宜为 150mm

E. 高聚物改性沥青类卷材接槎的搭接长度宜为 100mm

25. 混凝土在高温施工环境下施工，可采取的措施有（　　）。

A. 在早间施工

B. 在晚间施工

C. 喷雾

D. 连续浇筑

E. 当水分蒸发速率大于 $1kg/(m^2 \cdot h)$ 时，在施工作业面吹风

26. 下列情形不属于违法分包的有（　　）。

A. 施工总承包单位将主体结构的钢结构工程分包给其他单位

B. 劳务分包单位将其承包的劳务再分包的

C. 施工单位将工程分包给不具备相应资质或安全生产许可的单位的

D. 专业分包单位将其承包的专业工程中非劳务作业部分再分包的

E. 专业分包单位将其承包的专业工程中劳务作业部分进行分包的

27. 进场材料质量验证的内容有（　　）。

A. 品种　　B. 型号

C. 外观检查　　D. 见证取样

E. 密度

28. 建筑安装工程费按照工程造价形成由（　　）组成。

A. 分部分项工程费

B. 措施项目费

C. 施工机具使用费

D. 人工费

E. 其他项目费

29. 检验批可按照（　　）进行划分。

A. 楼层　　B. 施工段

C. 变形缝　　D. 专业

E. 施工计划

30. 项目管理机构应对负面风险的措施有（　　）。

A. 风险规避

B. 风险消灭

C. 风险减轻

D. 风险转移

E. 风险自留

三、实务操作和案例分析题（共4题，每题20分）

（一）

【背景资料】

某学校活动中心工程，建筑面积5000m²，地下1层，地上9层，层高4.0m，基础埋深为自然地面以下6.5m。建设单位委托监理单位对工程实施全过程监理。建设单位和某施工单位根据《建设工程施工合同（示范文本）》签订了施工承包合同。工程施工过程中发生了下列事件：

事件一：施工单位进场并做好相应准备工作后，需进行建筑物施工放样，但因资料不全无法开展，有待补齐。

事件二：工程楼板组织分段施工，某一段各工序的逻辑关系见表2-1。

表2-1　各工序的逻辑关系

工作内容	材料准备	支撑搭设	模板铺设	钢筋加工	钢筋绑扎	混凝土浇筑
工作编号	A	B	C	D	E	F
紧后工作	B、D	C	E	E	F	—
工作时间/d	3	4	3	5	5	1

事件三：工程完工后施工单位自行组织有关人员进行检查评定，评定结论为合格，随后向监理单位提交了工程竣工验收报告。

事件四：该工程交付使用7d后，建设单位委托有资质的检测单位进行室内环境污染检测，在对室内环境的甲醛、苯、甲苯、二甲苯、氨、TVOC浓度进行检测时，检查人员将集中通风关闭后进行检测；在对室内环境的氡浓度检测时，检测人员将房间对外门窗关闭12h后进行检测。

【问题】

1. 事件一中，建筑物施工放样应具备哪些资料？
2. 根据事件二表中给出的逻辑关系，绘制双代号网络计划图，并计算该网络计划的工期。
3. 指出事件三中的不妥之处，并说明正确做法。
4. 事件四中，有哪些不妥之处？分别说明正确做法。

（二）

【背景资料】

某施工单位承建了市区主要路段的某学生活动中心工程，地下2层，地上16层，钢筋混凝土筏板基础，地上结构为钢筋混凝土框架结构，首层阶梯报告厅局部层高21m，模板直接支撑在地基土上。填充墙采用普通混凝土小型空心砌块。

施工过程中发生如下事件：

事件一： 基础工程施工完成后，施工单位自检合格、总监理工程师签署“质量控制资料符合要求”审查意见的基础上，施工单位项目经理组织施工单位项目负责人、项目技术负责人、建设单位项目负责人进行了地基与基础分部工程的验收。

事件二： 在首层阶梯报告厅顶板模板工程验收中，项目经理发现在最顶部两水平拉杆中间加设了一道水平拉杆；水平拉杆的端部与四周建筑物间隔 100mm。安全总监下达了整改通知。

事件三： 项目经理部为了搞好现场管理，加快施工进度，制定了一系列管理制度，并从现场实际条件出发，作了以下几项的具体安排：

（1）场地四周设置 1.5m 高的现场围挡，进行封闭管理。

（2）因临时建筑不足，安排部分工人住在在建工程地下室内。

（3）为保证消防用水，安装了一根管径 50mm 的消防竖管，兼做楼层施工供水。

事件四： 外装修施工时，施工单位搭设了扣件式双排钢管脚手架。全部立杆进行搭接。横向扫地杆采用对接扣件固定在紧靠纵向扫地杆上方的立杆上。脚手架立杆基础不在同一高度的地方，将高处的纵向扫地杆向低处延长一跨与立杆固定。外侧立面两端设置一道剪刀撑，中间各道剪刀撑净距为 15m，剪刀撑斜杆与地面的倾角为 30°。架体搭设完成后，进行了验收检查，监理工程师提出了整改意见。

【问题】

1. 事件一中，施工单位项目经理组织基础工程验收是否妥当？说明理由。本工程地基基础分部工程验收还应包括哪些人员参加？

2. 指出事件二中的不妥之处，分别写出正确做法。水平拉杆无处可顶时的措施有哪些？

3. 事件三中的工作安排是否妥当？并指出正确的做法。

4. 指出事件四中脚手架搭设的不妥之处并说明正确做法。哪些情况需对脚手架及其地基基础进行检查验收？

（三）

扫码听课

【背景资料】

某综合楼工程，地下 3 层，地上 20 层，地基基础设计等级为甲级，灌注桩筏板基础，主体为现浇钢筋混凝土框架-剪力墙结构，建设单位与施工单位按照相关规定签订了施工合同，约定施工过程中部分材料由建设单位采购。

施工过程中发生如下事件：

事件一： 施工单位编制的桩基施工方案中列明，基础桩共计 900 根，采用泥浆护壁成孔，导管法水下灌注混凝土；灌注时桩顶混凝土面超过设计标高 500mm，对工程桩的桩身完整性按 1%进行抽检。监理工程师审查时认为方案存在错误，要求施工单位改正后重新上报。

事件二： 在基坑施工过程中，施工单位进行了基坑监测，监测中发现数据达到了监测报警值，立即向建设单位上报。

事件三： 基坑开挖完毕后，施工单位和监理单位对基坑进行验槽，并对基底进行了钎探，发现地基东南角有约 350m^2 软土区，监理工程师随即指令施工单位进行换填处理。

事件四： 基坑施工过程中，因工期较紧，专业分包单位夜间连续施工，挖掘机、桩机等施工机械噪音较大，附近居民意见很大，到有关部门投诉。有关部门责成总承包单位严格遵守文明施工作业时间段规定，现场噪音不得超过国家标准《建筑施工场界噪声限值》的规定。

【问题】

1. 指出桩基施工方案中的错误之处，并分别写出相应的正确做法。

2. 事件二中，基坑监测出现哪些征兆应立即报警？

3. 事件三中，施工单位和监理单位的做法有哪些不妥之处？并说明理由。

4. 根据文明施工的要求，在居民密集区进行强噪音施工，作业时间段有什么具体规定？特殊情况需要昼夜连续施工，需做好哪些工作？

(四)

【背景资料】

某大学城工程，包括结构形式与建筑规模一致的四栋单体建筑，每栋建筑面积为21000m²，地下2层，地上18层，层高4.2m，钢筋混凝土框架-剪力墙结构。A施工单位与建设单位签订了施工总承包合同，工程合同总价为14520万元。合同约定：除主体结构外的其他分部分项工程施工，总承包单位可以自行依法分包；建设单位负责供应油漆等部分材料。

合同履行过程中，发生了下列事件：

事件一：由于工期较紧，A施工单位将其中两栋单体建筑的室内精装修和幕墙工程分包给具备相应资质的B施工单位。B施工单位经A施工单位同意后，将其承包范围内的幕墙工程分包给具备相应资质的C施工单位组织施工，油漆劳务作业分包给具有相应资质的D劳务单位组织施工。

事件二：施工总承包单位进场后，采购了110t带肋钢筋，钢筋出厂合格证明资料齐全。施工总承包单位将同一炉罐号的钢筋组批，在监理工程师见证下，取样复试。复试合格后，施工总承包单位在现场采用冷拉方法调直钢筋，冷拉率控制为3%。监理工程师责令施工总承包单位停止钢筋加工工作。

事件三：油漆作业完成后，发现油漆成膜存在质量问题，经鉴定，原因是油漆材质不合格。B施工单位就由此造成的返工损失向A施工单位提出索赔。A施工单位以油漆属建设单位供应为由，认为B施工单位应直接向建设单位提出索赔。B施工单位直接向建设单位提出索赔，建设单位认为油漆在进场时已由A施工单位进行了质量验证并办理接收手续，其对油漆材料的质量责任已经完成，因油漆不合格而返工的损失由A施工单位承担，建设单位拒绝受理此索赔。

事件四：合同中约定，根据人工费和四项主要材料的价格指数对总造价按调值公式法进行调整。各调值因素的比重、基准和现行价格指数见表1-3。

表1-3 各调值因素的比重、基准和现行价格指数

可调项目	人工费	材料Ⅰ	材料Ⅱ	材料Ⅲ	材料Ⅳ
因素比重	0.15	0.30	0.12	0.15	0.08
基期价格指数	0.99	1.01	0.99	0.96	0.78
现行价格指数	1.12	1.16	0.85	0.80	1.05

【问题】

1. 分别判断事件一中A施工单位、B施工单位、C施工单位、D劳务单位之间的分包行为是否合法？并逐一说明理由。

2. 指出事件二中施工总承包单位做法的不妥之处，分别写出正确做法。

3. 分别指出事件三中的错误之处，并说明理由。

4. 事件四中，列式计算经调整后的实际结算价款应为多少万元？（计算结果保留两位小数）

参考答案与解析

2A310000　建筑工程施工技术

2A311000—2A311010

考点 1　民用建筑构造要求

1. 【答案】B

【解析】非实行建筑高度控制区内的建筑高度，坡屋顶应按建筑物室外地面至屋檐和屋脊的平均高度计算。题目中室外地面标高为－0.3m，坡屋顶屋檐标高为24.0m，屋顶标高为26.0m，则该工程的建筑高度＝(26.0＋24.0)/2＋0.3＝25.3(m)。

2. 【答案】D

【解析】本题考查的是民用建筑分类。单层或多层民用建筑：建筑高度不大于27.0m的住宅建筑，选项A正确；建筑高度不大于24m的公共建筑及建筑高度大于24m的单层公共建筑，选项B、C正确，选项D错误。

3. 【答案】D

【解析】本题考查的是民用建筑分类。民用建筑按使用功能可分为居住建筑和公共建筑两大类，居住建筑包括住宅建筑和宿舍建筑。

4. 【答案】C

【解析】本题考查的是民用建筑分类。公共建筑是供人们进行各类社会、文化、经济、政治等活动的建筑物，如图书馆、车站、办公楼、电影院、宾馆、医院等。居住建筑包括住宅建筑和宿舍建筑。

5. 【答案】D

【解析】本题考查的是民用建筑分类。高层民用建筑：建筑高度大于27.0m的住宅建筑和建筑高度大于24.0m，且不大于100.0m的非单层公共建筑。

6. 【答案】C

【解析】围护体系由屋面、外墙、门、窗等组成，选项A错误。一般将结构体系分为上部结构和地下结构：上部结构是指基础以上部分的建筑结构，包括墙、柱、梁、屋顶等；地下结构指建筑物的基础结构，选项B错误。设备体系包括防盗报警、灾害探测、自动灭火等智能系统，选项C正确。建筑物由结构体系、围护体系和设备体系组成，选项D错误。

【名师点拨】与结构受力相关的是结构体系，建筑最外层起到遮挡和隔离作用的是围护体系，与居住人正常生活相关的是设备体系。重点区分“屋顶”与“屋面”、“墙”与“外墙”。

7. 【答案】C

【解析】本题考查的是建筑的组成。结构体系包括墙、柱、梁、屋顶、基础结构，选项A、D错误。建筑物的围护体系由屋面、外墙、门、窗等组成，内墙将建筑物内部划分为不同的单元，选项B错误，选项C正确。

8. 【答案】B

【解析】本题考查的是建筑的组成。建筑物由结构体系、围护体系和设备体系组成。结构体系一般分为上部结构和地下结构，上部结构指基础以上部分的建筑结构，包括墙、柱、梁、屋顶等，地下结构指建筑物的基础结构。围护体系由屋面、外墙、门、窗等组成。

9. 【答案】ABCE

【解析】本题考查的是建筑构造的影响因素。建筑构造的影响因素包括：荷载因素、环境因素、技术因素、建筑标准。

10. 【答案】ABC

【解析】本题考查的是民用建筑的构造。建

筑构造的影响因素包括：荷载因素、环境因素、技术因素、建筑标准。技术因素的影响主要指建筑材料、建筑结构、施工方法等技术条件对于建筑建造设计的影响。

11. 【答案】BCDE

【解析】本题考查的是建筑构造设计的原则。建筑构造设计的原则包括坚固实用、技术先进、经济合理、美观大方。

12. 【答案】B

【解析】局部突出屋面的楼梯间、电梯机房、水箱间等辅助用房占屋顶平面面积不超过1/4者，不计入建筑高度内，选项A错误；地下室、局部夹层、走道等有人员正常活动的最低处的净高不应小于2m，选项B正确；楼梯平台上部及下部过道处的净高不应小于2m，梯段净高不应小于2.20m，选项C错误；居住建筑的居室不应布置在地下室内，当布置在半地下室时，必须对采光、通风、日照、防潮、防霉及安全防护等采取措施，选项D错误。

13. 【答案】D

【解析】本题考查的是民用建筑主要构造要求。非实行建筑高度控制区内，同一座建筑物有多种屋面形式时，分别计算后取最大值，选项D错误。

14. 【答案】D

【解析】阳台、外廊、室内回廊、内天井、上人屋面及室外楼梯等临空处应设置防护栏杆，临空高度小于24m，栏杆高度不应低于1.05m，临空高度在24m及24m以上时，栏杆高度不应低于1.10m，选项D错误。

15. 【答案】D

【解析】本题考查的是民用建筑主要构造要求。在人行道上空，2.50m以上允许突出的凸窗、窗扇、窗罩，突出深度不应大于0.60m，选项D错误。

16. 【答案】ACDE

【解析】烟道或通风道应伸出屋面，平屋面伸出高度不得小于0.60m，选项A正确。公共建筑室内外台阶踏步宽度不宜小于0.30m，踏步高度不宜大于0.15m，并不宜小于0.10m，选项B错误。砌体墙应在室外地面以上，位于室内地面垫层处设置连续的水平防潮层，选项C正确。室内楼梯扶手高度自踏步前缘线量起不宜小于0.90m，靠楼梯井一侧水平扶手长度超过0.5m时，其高度不应小于1.05m，选项D正确。建筑高度大于100m的民用建筑，应设置避难层（间），选项E正确。

17. 【答案】A

【解析】本题考查的是民用建筑主要构造要求。并列小便器的中心距离不应小于0.7m，选项A错误。

18. 【答案】ABCE

【解析】上人屋面和交通、商业、旅馆、学校、医院等建筑临空敞开中庭的栏杆高度不应低于1.2m，选项A错误；阳台、外廊、室内回廊、内天井、上人屋面及室外楼梯等临空处应设置防护栏杆，临空高度在24m以下时，栏杆高度不应低于1.05m；临空高度在24m及24m以上时，栏杆高度不应低于1.10m，选项B、C错误；住宅、托儿所、幼儿园、中小学及少年儿童专用活动场所的栏杆必须采用防止攀登的构造，当采用垂直杆件做栏杆时，其杆间的净距不应大于0.11m，选项E错误。

考点2 建筑物理环境技术要求

1. 【答案】CE

【解析】本题考查的是室内光环境。老年人居住建筑和幼儿园的主要功能房间应有不小于75%的面积满足采光系数标准要求，选项C错误；屋顶透明部分的面积不大于屋顶总面积的20%，选项E错误。

2. 【答案】BCD

【解析】开关频繁、要求瞬时启动和连续调光等场所，宜选用热辐射光源，选项A错误；热辐射光源用在居住建筑、开关频繁、不允许有频闪现象的场所，选项B正确；有高速运转物体的场所，宜采用混合光源，选项C正确；气体放电光源有频闪现象、镇流噪声，选项D正确；安全照明的照度不宜低于一般照度的5%，备用照明的照度不宜低于一般照度的10%，选项E错误。

【名师点拨】开关频繁、要求瞬时启动和连续调光等场所，宜选用热辐射光源；此外，热辐射光源用在居住建筑、开关频繁、不允许有频闪现象的场所。

3. 【答案】BCD

【解析】外保温可降低墙或屋顶温度应力的起伏，提高结构的耐久性，可减少防水层破坏，对结构及房屋的热稳定性和防止或减少保温层内部产生水蒸气凝结有利，使热桥处的热损失减少，防止热桥内表面局部结露，选项A错误。内保温在内外墙连接以及外墙与楼板连接等处产生热桥，选项B正确。间歇空调的房间宜采用内保温；连续空调的房间宜采用外保温，旧房改造，外保温效果最好，选项C、D正确。体形系数越大，耗热量比值也越大，选项E错误。

4. 【答案】B

【解析】多孔吸声材料包括：麻棉毛毡、玻璃棉、岩棉、矿棉等，主要吸中高频声能，选项B错误。

5. 【答案】C

【解析】建筑物的高度相同，其平面形式为圆形时体形系数最小，依次为正方形、长方形以及其他组合形式。体形系数越大，耗热量比值也越大。

6. 【答案】C

【解析】建筑物的高度相同，其平面形式为圆形时体形系数最小，依次为正方形、长方形以及其他组合形式。体形系数越大，耗热量比值也越大，选项C错误。

7. 【答案】A

【解析】内保温在内外墙连接以及外墙与楼板连接等处产生热桥，选项A错误。

8. 【答案】ABCE

【解析】围护结构外墙隔热的方法有：外表面采用浅色处理，增设墙面遮阳以及绿化，设置通风间层，内设铝箔隔热层。

考点3 建筑抗震构造要求

1. 【答案】AE

【解析】我国规范抗震设防的目标简单地说就是“小震不坏、中震可修、大震不倒”。

2. 【答案】ACD

【解析】“三个水准”的抗震设防目标是指：当遭受低于本地区抗震设防烈度的多遇地震影响时，主体结构不受损坏或不需修理仍可继续使用，选项A正确、选项B错误、选项E错误；当遭受相当于本地区抗震设防烈度的地震影响时，可能损坏，经一般性修理仍可继续使用，选项C正确；当遭受高于本地区抗震设防烈度的罕遇地震影响时，不致倒塌或发生危及生命的严重破坏，选项D正确。

3. 【答案】CD

【解析】柱的箍筋加密范围应按下列规定采用：柱端取截面高度、柱净高的1/6和500mm的最大值，选项B正确；底层柱下端不小于柱净高的1/3，选项A正确，选项D错误；刚性地面上下各500mm，选项C错误，选项E正确。

4. 【答案】ACE

【解析】震害调查表明，框架结构震害的严重部位多发生在框架梁柱节点和填充墙处；一般是柱的震害重于梁，柱顶的震害重于柱底，角柱的震害重于内柱，短柱的震害重于一般柱。

5. 【答案】BC

【解析】梁的抗震构造要求：梁的截面尺寸：截面宽度不宜小于200mm，选项A正确；截面高宽比不宜大于4，选项B错误；净跨与截面高度之比不宜小于4，选项C错误；抗震等级一级，梁端箍筋加密区的长度采用$2h_b$（h_b为梁的截面高度）和500mm的最大值，箍筋最小直径为10mm，选项D、E正确。

6. 【答案】BCE

【解析】抗震墙竖向和横向分布钢筋的配置，应符合下列规定：抗震墙的竖向和横向分布钢筋的间距不宜大于300mm，部分框支抗震墙结构的落地抗震墙底部加强部位，竖向和横向分布钢筋的间距不宜大于200mm，选项A错误。抗震墙厚度大于140mm时，其竖向和横向分布钢筋应双排布置，双排分布钢筋间拉筋的间距不宜大于600mm，直径不应小于6mm，选项B正确。抗震墙竖向和横向分布钢筋的配筋，应符合下列要求：一、二、三级抗震墙的竖向和横向分布钢筋最小配筋率均不应小于0.25%，四级抗震墙分布钢筋最小配筋率不应小于0.20%，选项C正确，选项D错误。部分框支抗震墙结构的落地抗震墙底部加强部位，竖向和横向分布钢筋配筋率均不应小于0.3%，选项E正确。

7. **【答案】** BCE

【解析】 构造柱可不单独设置基础，但应伸入室外地面下500mm，或与埋深小于500mm的基础圈梁相连，选项B错误。马牙槎先退后进，选项C错误。构造柱与墙连接处应砌成马牙槎，沿墙高每隔500mm设2ϕ6水平钢筋和ϕ4分布短筋平面内点焊组成的拉结网片或ϕ4点焊钢筋网片，每边伸入墙内不宜小于1m，选项E错误。

8. **【答案】** BCE

【解析】 按规范要求增设的基础圈梁，截面高度不应小于180mm，配筋不应少于4ϕ12，选项B、C错误。构造柱与圈梁连接处，构造柱的纵筋应在圈梁纵筋内侧穿过，选项E错误。

9. **【答案】** ABCE

【解析】 装配式楼梯段应与平台板的梁可靠连接，8、9度时不应采用装配式楼梯段；不应采用墙中悬挑式踏步或踏步竖肋插入墙体的楼梯，不应采用无筋砖砌栏板，选项D错误。

10. **【答案】** BCE

【解析】 构造柱可不单独设置基础，但应伸入室外地面下500mm，或与埋深小于500mm的基础圈梁相连，选项A错误。基础圈梁应闭合，截面高度不应小于180mm，选项B正确。8、9度时不应采用装配式楼梯段，选项C正确。为提高墙体抗震受剪承载力而设置的芯柱，宜在墙体内均匀布置，最大净距不宜大于2.0m，选项D错误。构造柱沿墙高每隔500mm设拉结网片或点焊钢筋网片，选项E正确。

2A311000—2A311020

考点1 房屋结构平衡技术要求

1. **【答案】** D

【解析】 可变荷载包括楼面活荷载、屋面活荷载和积灰荷载、活动隔墙自重、安装荷载、车辆荷载、吊车荷载、风荷载、雪荷载、水位变化的水压力、温度变化等，选项A、B错误；撞击、爆炸、地震作用、龙卷风、火灾等属于偶然作用，选项C错误；永久荷载包括固定隔墙的自重、水位不变的水压力、预应力、地基变形、引起结构外加变形或约束变形的各种施工因素，选项D正确。

2. **【答案】** B

【解析】 安装荷载、吊车荷载属于可变荷载，选项A、D错误；撞击、爆炸、地震作用、龙卷风、火灾等属于偶然作用，选项B正确；地基变形属于永久荷载，选项C错误。

3. **【答案】** C

【解析】 固定隔墙自重、住宅与办公楼的楼面活荷载、雪荷载等属于静态作用，选项C错误。

4. **【答案】** B

【解析】 在室内增加隔墙、封闭阳台属于增加的线荷载，选项A错误；在楼面上加铺任何材料属于对楼板增加了面荷载，选项B正确；在室内增加装饰性的柱子，特别是石柱，悬挂较大的吊灯，房间局部增加假山盆景，这些装修做法就是对结构增加了集中荷载，选项C、D错误。

5. **【答案】** D

【解析】 按结构的反应分类是指荷载作用在结构上时，结构是否产生了不可忽略的加速度。静态作用或静力作用，不使结构或结构构件产生加速度或所产生的加速度可以忽略不计，如固定隔墙自重，住宅与办公楼的楼面活荷载、雪荷载等，选项A、B、C错误；动态作用或动力作用，使结构或结构构件产生不可忽略的加速度，如地震作用、吊车设备振动等，选项D正确。

6. **【答案】** A

【解析】 风荷载、水平地震作用等属于水平荷载，选项A正确；结构自重、雪荷载、积灰荷载属于垂直荷载，选项B、C、D错误。

7. 【答案】B

【解析】结构杆件的基本受力形式按其变形特点可归纳为以下五种：拉伸、压缩、弯曲、剪切和扭转，见下图。

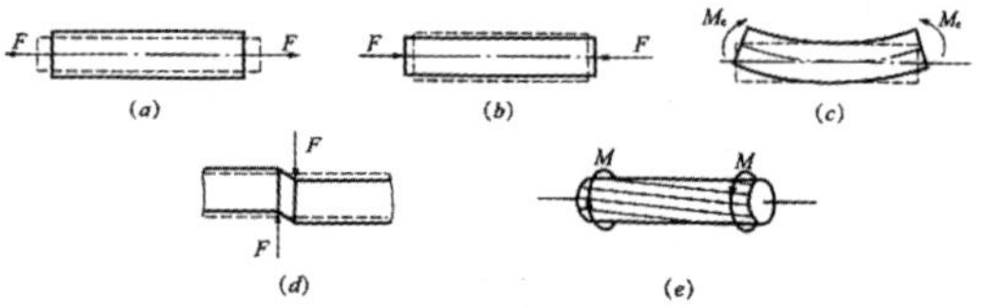

(a) 拉伸；(b) 压缩；(c) 弯曲；

(d) 剪切；(e) 扭转

8. 【答案】C

【解析】结构杆件的基本受力形式按其变形特点可归纳为以下五种：拉伸、压缩、弯曲、剪切和扭转，选项C错误。

9. 【答案】C

【解析】二力的平衡条件：两个力大小相等、方向相反、作用线相重合，选项C错误。一般平面力系的平衡条件是$\sum X=0$，$\sum Y=0$和$\sum M=0$（力矩平衡）。

10. 【答案】B

【解析】杆件可以用轴线来表示，因为细长杆件可以近似采用平面假定，因此截面上的应力可以由截面上的内力来确定，而内力只与杆件的长度有关，与截面的宽度和高度无关。

11. 【答案】C

【解析】固定铰支座：只能约束竖向和水平运动的支座，选项A错误；固定支座：能约束竖向、水平和转动的支座，选项B错误；可动铰支座：只能约束竖向运动的支座，选项C正确；自由支座：不能约束竖向运动，选项D错误。

12. 【答案】A

【解析】固定铰支座：只能约束竖向和水平运动的支座，如把屋架放在柱顶上，并与柱顶的预埋件连接，这样的支座就可简化成固定铰支座，选项A正确。

13. 【答案】B

【解析】固定支座：约束竖向、水平和转动的支座，如柱子与基础完全现浇在一起，而且柱子的钢筋插入基础一定距离，那么柱子的支座就可简化成固定支座，选项B正确。

14. 【答案】D

【解析】在工程结构中，受压杆件如果比较细长，受力达到一定的数值（这时一般未达到强度破坏）时，杆件突然发生弯曲，以致引起整个结构的破坏，这种现象称为失稳。

考点2 房屋结构的安全性、适用性及耐久性要求

1. 【答案】A

【解析】安全性是在正常施工和正常使用的条件下，结构应能承受可能出现的各种荷载作用和变形而不发生破坏；在偶然事件发生后，结构仍能保持必要的整体稳定性。例如，厂房结构平时受自重、吊车、风和积雪等荷载作用时，均应坚固不坏，而在遇到强烈地震、爆炸等偶然事件时，容许有局部的损伤，但应保持结构的整体稳定而不发生倒塌。

2. 【答案】C

【解析】某厂房结构遇到爆炸，有局部的损伤，但结构整体稳定并不发生倒塌，满足结构安全性要求，选项A错误；某水下构筑物在正常维护条件下，钢筋受到严重锈蚀，但满足使用年限，满足结构的耐久性要求，选项B错误；适用性是指在正常使用时，结构应具有良好的工作性能，如吊车梁变形过大会使吊车无法正常运行，水池出现裂缝便不能蓄水等，都影响正常使用，需要对变形、裂缝等进行必要的控制，选项C正确；某建筑物遇到强烈地震，虽有局部损伤，但结构整体稳定，满足结构安全性要求，选项D错误。

3. 【答案】B

【解析】结构的耐久性是指结构在规定的工作环境中，在预期的使用年限内，在正常维护条件下不需进行大修就能完成预定功能的能力，选项B正确。

4. 【答案】C

【解析】一般环境的腐蚀机理是保护层碳化引起的钢筋锈蚀，选项A错误；易于替换

的结构构件设计使用年限为25年，临时性建筑结构设计使用年限为5年，选项B错误；直接接触土体浇筑的构件，其混凝土保护层厚度不应小于70mm，选项D错误。

5.【答案】B

【解析】影响梁变形的因素除荷载外还有：

(1) 材料性能：与材料的弹性模量 E 成反比。

(2) 构件的截面：与截面的惯性矩 I 成反比，如矩形截面梁，其截面惯性矩 $I_Z = bh^3/12$。

(3) 构件的跨度：与跨度 l 的 n 次方成正比，此因素影响最大。

6.【答案】D

【解析】影响梁变形的因素除荷载外还有：

(1) 材料性能：与材料的弹性模量 E 成反比。

(2) 构件的截面：与截面的惯性矩 I 成反比，如矩形截面梁，其截面惯性矩 $I_Z = bh^3/12$。

(3) 构件的跨度：与跨度 l 的 n 次方成正比，此因素影响最大。

7.【答案】B

【解析】根据《混凝土结构耐久性设计标准》(GB/T 50476—2019)规定，结构所处环境类别为Ⅱ级时，是处在冻融环境，选项A错误；结构所处环境类别为Ⅲ级时，是处在海洋氯化物环境，选项B正确；结构所处环境类别为Ⅴ级时，是处在化学腐蚀环境，选项C错误；结构所处环境类别为Ⅳ级，是处在除冰盐等其他氯化物环境，选项D错误。

8.【答案】D

【解析】根据《混凝土结构耐久性设计标准》(GB/T 50476—2019)规定，环境对配筋混凝土结构的作用等级见下表：

环境作用等级环境类型	A 轻微	B 轻度	C 中度	D 严重	E 非常严重	F 极端严重
一般环境	Ⅰ－A	Ⅰ－B	Ⅰ－C			
冻融环境			Ⅱ－C	Ⅱ－D	Ⅱ－E	
海洋氯化物环境			Ⅲ－C	Ⅲ－D	Ⅲ－E	Ⅲ－F
除冰盐等其他氯化物环境			Ⅳ－C	Ⅳ－D	Ⅳ－E	
化学腐蚀环境			Ⅴ－C	Ⅴ－D	Ⅴ－E	

由表可知，选项D正确。

9.【答案】B

【解析】既有结构需要进行可靠性评定的情况：①结构的使用时间超过规定的年限；②结构的用途或使用要求发生改变；③结构的使用环境恶化；④结构存在较严重的质量缺陷；⑤出现材料性能劣化、构件损伤或其他不利状态；⑥对既有结构的可靠性有怀疑或有异议。

考点3 钢筋混凝土结构的特点及配筋要求

1.【答案】C

【解析】现浇钢筋混凝土板的最小厚度：单向受力屋面板和民用建筑楼板60mm，单向受力工业建筑楼板70mm，双向板80mm，无梁楼板150mm，现浇空心楼盖200mm。选项C说法不正确。

2.【答案】C

【解析】简支板或连续板下部纵向受力钢筋伸入支座的锚固长度不应小于钢筋直径的5倍，且宜伸过支座中心线。

3.【答案】B

【解析】在温度、收缩应力较大的现浇板区域，应在板的表面双向配置防裂构造钢筋，间距不宜大于200mm。

4.【答案】C

【解析】在室内干燥环境，设计使用年限50年的条件下，当混凝土强度等级大于C25时，板的钢筋保护层厚度为20mm；且不小于受力钢筋直径 d。

5.【答案】C

【解析】柱中箍筋直径不应小于 $d/4$，且不应小于6mm，d 为纵向钢筋的最大直径，选项C正确。

6. 【答案】B

【解析】钢筋混凝土柱中，全部纵向钢筋的配筋率不宜大于5%。

7. 【答案】B

【解析】柱中全部纵向受力钢筋的配筋率大于3%时，箍筋直径不应小于8mm，间距不应大于10d，且不应大于200mm，箍筋末端应做成135°弯钩，且弯钩末端平直段长度不应小于10d，d为纵向受力钢筋的最小直径，选项B正确。

8. 【答案】B

【解析】梁正截面破坏形式与配筋率、混凝土强度等级、截面形式等有关，影响最大的是配筋率。影响梁斜截面破坏形式的因素中，影响较大的是配箍率。

考点4 砌体结构的特点及技术要求

1. 【答案】D

【解析】砌体结构具有如下特点：

(1) 容易就地取材，比使用水泥、钢筋和木材造价低。

(2) 具有较好的耐久性、良好的耐火性。

(3) 保温隔热性能好，节能效果好。

(4) 施工方便，工艺简单。

(5) 具有承重与围护双重功能。

(6) 自重大，抗拉、抗剪、抗弯能力低。

(7) 抗震性能差。

(8) 砌筑工程量繁重，生产效率低。

2. 【答案】D

【解析】砌体结构中，预制钢筋混凝土板在混凝土圈梁上的支承长度不应小于80mm。

3. 【答案】A

【解析】在建筑工程中，砌体结构主要应用于以承受竖向荷载为主的内外墙体、柱子、基础、地沟等构件。

4. 【答案】ACD

【解析】砌体结构包括砖砌体结构、砌块砌体结构、石砌体结构等。框架剪力墙结构、剪力墙结构属于钢筋混凝土结构。

5. 【答案】C

【解析】砌体施工质量控制等级应根据现场质量管理水平、砂浆和混凝土质量控制、砂浆拌合工艺、砌筑工人技术等级四个要素从高到低分为A、B、C三级，设计工作年限为50年及以上的砌体结构，应为A级或B级。

考点5 钢结构的特点及技术要求

1. 【答案】C

【解析】钢结构的耐火性差，当温度达到250℃时，钢结构的材质将会发生较大变化；当温度达到500℃时，结构会瞬间崩溃，完全丧失承载能力。

2. 【答案】ABE

【解析】钢结构具有以下主要优点：

(1) 材料强度高，自重轻，塑性和韧性好，材质均匀。

(2) 便于工厂生产和机械化施工，便于拆卸，施工工期短。

(3) 具有优越的抗震性能。

(4) 无污染、可再生、节能、安全，符合建筑可持续发展的原则，可以说钢结构的发展是21世纪建筑文明的体现。

3. 【答案】CD

【解析】钢结构的缺点是易腐蚀，需经常油漆维护，故维护费用较高。钢结构的耐火性差，当温度达到250℃时，钢结构的材质将会发生较大变化；当温度达到500℃时，结构会瞬间崩溃，完全丧失承载能力。

4. 【答案】ABCE

【解析】建筑型钢通常指热轧成型的角钢、槽钢、工字钢、H型钢和钢管等。

5. 【答案】ABDE

【解析】承重结构采用的钢材应具有屈服强度、伸长率、抗拉强度、冲击韧性和硫、磷含量的合格证明，对焊接结构尚应具有碳含量（或碳当量）的合格保证。

6. 【答案】ACD

【解析】当施工方法对结构的内力和变形有较大影响时，应进行施工方法对主体结构影响的分析，并应对施工阶段结构的强度、稳定性和刚度进行验算。

2A311000—2A311030

考点 1 常用建筑金属材料的品种、性能和应用

1. 【答案】B

【解析】钢板材包括钢板、花纹钢板、建筑用压型钢板和彩色涂层钢板等。钢板规格表示方法为"宽度×厚度×长度"（单位为mm）。钢板分厚板（厚度＞4mm）和薄板（厚度≤4mm）两种。厚板主要用于结构，薄板主要用于屋面板、楼板和墙板等。在钢结构中，单块钢板一般较少使用，而是用几块板组合成工字形、箱形等结构形式来承受荷载。

2. 【答案】A

【解析】热轧钢筋是建筑工程中用量最大的钢材品种之一，主要用于钢筋混凝土结构和预应力钢筋混凝土结构的配筋，选项A正确。

3. 【答案】A

【解析】不锈钢是指含铬量在12%以上的铁基合金钢，选项A正确，选项C错误；铬的含量越高，钢的抗腐蚀性越好，选项B、D错误。

4. 【答案】BDE

【解析】国家标准规定，有较高要求的抗震结构适用的钢筋牌号，带肋钢筋牌号后加E（例如：HRB400E、HRBF400E）应满足：

(1) 钢筋实测抗拉强度与实测屈服强度之比不小于1.25，选项A错误，选项B正确。

(2) 钢筋实测屈服强度与规定的屈服强度标准值之比不大于1.30，选项C错误，选项D正确。

(3) 钢筋的最大力总伸长率不小于9%，选项E正确。

5. 【答案】ABD

【解析】建筑钢材拉伸性能的指标包括屈服强度、抗拉强度和伸长率，选项A、B、D正确；抗拉强度与屈服强度之比（强屈比）是评价钢材使用可靠性的一个参数，选项C错误；钢材的力学性能包括拉伸性能、冲击性能和疲劳性能，选项E错误。

6. 【答案】C

【解析】钢材在受力破坏前可以经受永久变形的性能，称为塑性。在工程应用中，钢材的塑性指标通常用伸长率表示。伸长率是钢材发生断裂时所能承受永久变形的能力。伸长率越大，说明钢材的塑性越大。

7. 【答案】B

【解析】钢材在受力破坏前可以经受永久变形的性能，称为塑性。在工程应用中，钢材的塑性指标通常用伸长率表示。伸长率是钢材发生断裂时所能承受永久变形的能力。伸长率越大，说明钢材的塑性越大。

8. 【答案】CD

【解析】伸长率越大，说明钢材的塑性越大，选项C错误；脆性临界温度的数值愈低，钢材的低温冲击性能愈好，选项D错误。

9. 【答案】ACD

【解析】工艺性能表示钢材在各种加工过程中的行为，包括弯曲性能和焊接性能等。钢材的主要性能包括力学性能和工艺性能。其中力学性能是钢材最重要的使用性能，包括拉伸性能、冲击性能、疲劳性能等，选项C错误；建筑钢材拉伸性能的指标包括屈服强度、抗拉强度和伸长率，选项A、D错误。

考点 2 水泥的性能和应用

1. 【答案】ABE

【解析】普通水泥的主要特性有：

(1) 凝结硬化较快、早期强度较高。

(2) 水化热较大。

(3) 抗冻性较好。

(4) 耐热性较差。

(5) 耐蚀性较差。

(6) 干缩性较小。

选项A、B、E正确。

2. 【答案】AE

【解析】硅酸盐水泥的主要特性有：

(1) 凝结硬化快、早期强度高。

(2) 水化热大。

(3) 抗冻性好。

(4) 耐热性差。

(5) 耐蚀性差。

(6) 干缩性较小。

选项A、E正确。

3. 【答案】BCD

【解析】矿渣水泥的主要特性有：

(1) 凝结硬化慢、早期强度低，后期强度增长较快。

(2) 水化热较小。

(3) 抗冻性差。

(4) 耐热性好。

(5) 耐蚀性较好。

(6) 干缩性较大。

(7) 泌水性大、抗渗性差。选项 B、C、D 正确。

4. 【答案】BCDE

【解析】火山灰水泥的主要特性有：

(1) 凝结硬化慢、早期强度低，后期强度增长较快。

(2) 水化热较小。

(3) 抗冻性差。

(4) 耐热性较差。

(5) 耐蚀性较好。

(6) 干缩性较大。

(7) 抗渗性较好。

选项 B、C、D、E 正确。

5. 【答案】C

【解析】六大水泥中，硅酸盐水泥水化热大、普通水泥的水化热较大，其他水泥的水化热较小。

6. 【答案】AD

【解析】常用水泥的主要特性见下表：

<table>
<tr><th></th><th>硅酸盐水泥</th><th>普通水泥</th><th>矿渣水泥</th><th>火山灰水泥</th><th>粉煤灰水泥</th><th>复合水泥</th></tr>
<tr><td rowspan="6">主要特性</td><td>凝结硬化快、早期强度高</td><td>凝结硬化较快、早期强度较高</td><td colspan="4" rowspan="3">凝结硬化慢、早期强度低，后期强度增长较快
水化热较小
抗冻性差
耐蚀性较好</td></tr>
<tr><td>水化热大</td><td>水化热较大</td></tr>
<tr><td>抗冻性好</td><td>抗冻性较好</td></tr>
<tr><td>耐热性差</td><td>耐热性较差</td><td>耐热性好</td><td colspan="2">耐热性较差</td><td>耐蚀性较好</td></tr>
<tr><td>耐蚀性差</td><td>耐蚀性较差</td><td>干缩性较大</td><td>干缩性较大</td><td>干缩性较小</td><td>—</td></tr>
<tr><td colspan="2">干缩性较小</td><td>泌水性大、抗渗性差</td><td>抗渗性较好</td><td>抗裂性较高</td><td>—</td></tr>
</table>

7. 【答案】D

【解析】高强（大于 C50 级）混凝土宜优先选用硅酸盐水泥，不宜使用火山灰水泥和粉煤灰水泥。

8. 【答案】C

【解析】国家标准规定，六大常用水泥的初凝时间均不得短于 45min，选项 A 错误；硅酸盐水泥的终凝时间不得长于 6.5h，选项 B 错误，选项 C 正确；其他五类常用水泥的终凝时间不得长于 10h，选项 D 错误。

9. 【答案】D

【解析】国家标准规定，六大常用水泥的初凝时间均不得短于 45min。硅酸盐水泥的终凝时间不得长于 6.5h，其他五类常用水泥的终凝时间不得长于 10h。

10. 【答案】B

【解析】国家标准规定，六大常用水泥的初凝时间均不得短于 45min，硅酸盐水泥的终凝时间不得长于 6.5h，其他五类常用水泥的终凝时间不得长于 10h。

11. 【答案】B

【解析】初凝时间不宜过短，否则不利于混凝土的运输，终凝时间不宜过长，否则会延长施工工期，选项 A 错误；初凝时间是从水泥加水拌合起至水泥浆开始失去可塑性所需的时间，选项 B 正确；终凝时间是从水泥加水拌合起至水泥浆完全失去可塑性并开始产生强度所需的时间，选项 C 错误；六大常用水泥的初凝时间均不得短于 45min，硅酸盐水泥的终凝时间不得长于 6.5h，其他五类常用水泥的终凝时间不得长于 10h，选项 D 错误。

12. 【答案】D

【解析】水泥的初凝时间是从水泥加水拌合至水泥浆开始失去可塑性所需的时间，选项 A 错误；六大常用水泥的初凝时间均不得短于 45min，选项 B 错误；水泥中的碱含量太高更容易产生碱骨料反应，选项 C

错误；水泥的体积安定性不良，会使混凝土构件产生膨胀性裂缝，选项D正确。

13. **【答案】**ABD

【解析】常用水泥的技术要求有：凝结时间、体积安定性、强度及强度等级、其他技术要求。其他技术要求包括标准稠度用水量、水泥的细度及化学指标。水泥的细度属于选择性指标。混凝土拌合物的和易性是一项综合的技术性质，包括流动性、黏聚性和保水性三方面的含义。选项A、B、D不属于常用水泥技术指标。

考点3 混凝土（含外加剂）的技术性能和应用

1. **【答案】**C

【解析】混凝土强度等级是按混凝土立方体抗压标准强度来划分的，采用符号C与立方体抗压强度标准值（单位为MPa）表示。C30即表示混凝土立方体抗压强度标准值30MPa$\leqslant f_{cu,k}<$35MPa。

2. **【答案】**C

【解析】影响混凝土强度的因素主要有原材料及生产工艺方面的因素。原材料方面的因素包括：水泥强度与水胶比，骨料的种类、质量和数量，外加剂和掺合料；生产工艺方面的因素包括：搅拌与振捣，养护的温度和湿度，龄期。

3. **【答案】**CE

【解析】影响混凝土强度的因素主要有原材料及生产工艺方面的因素。原材料方面的因素包括：水泥强度与水胶比，骨料的种类、质量和数量，外加剂和掺合料；生产工艺方面的因素包括：搅拌与振捣，养护的温度和湿度，龄期。

4. **【答案】**BDE

【解析】混凝土的技术性能包括混凝土的和易性、强度和耐久性。

5. **【答案】**AD

【解析】混凝土的耐久性是指混凝土抵抗环境介质作用并长期保持其良好使用性能和外观完整性的能力。它是一个综合性概念，包括抗渗、抗冻、抗侵蚀、碳化、碱骨料反应及混凝土中的钢筋锈蚀等性能，这些性能均决定着混凝土经久耐用的程度，故称为耐久性；混凝土拌合物的和易性是一项综合的技术性质，包括流动性、黏聚性和保水性三方面的含义。

6. **【答案】**BE

【解析】混凝土的技术性能包括混凝土的和易性、强度和耐久性。和易性是一项综合的技术性质，包括流动性、黏聚性和保水性三方面的含义。耐久性是指混凝土抵抗环境介质作用并长期保持其良好使用性能和外观完整性的能力，包括抗渗、抗冻、抗侵蚀、碳化、碱骨料反应及混凝土中的钢筋锈蚀等性能。

7. **【答案】**D

【解析】若减水的同时适当减少水泥用量，则可节约水泥，同时混凝土的耐久性也能得到显著改善，选项A、C错误；当减水而不减少水泥时，可提高混凝土强度而不是和易性，选项B错误；混凝土中掺入减水剂，若不减少拌合用水量，能显著提高拌合物的流动性，选项D正确。

8. **【答案】**BCD

【解析】泵送剂是改善混凝土拌合物流变性能的外加剂，选项A错误；改善混凝土耐久性的外加剂包括引气剂、防水剂和阻锈剂等，选项B、C、D正确；速凝剂是调节混凝土凝结时间、硬化性能的外加剂，选项E错误。

9. **【答案】**BCDE

【解析】缓凝剂主要用于高温季节混凝土、大体积混凝土、泵送与滑模方法施工以及远距离运输的商品混凝土等，不宜用于日最低气温5℃以下施工的混凝土，也不宜用于有早强要求的混凝土和蒸汽养护的混凝土。蒸养混凝土是为了混凝土的早强，和缓凝剂的功能相反，选项A错误。

10. **【答案】**AB

【解析】缓凝剂主要用于高温季节混凝土、大体积混凝土、泵送与滑模方法施工以及远距离运输的商品混凝土等，选项A、B错误；引气剂可改善混凝土拌合物的和易性，减少泌水离析，并能提高混凝土的抗渗性和抗冻性，选项C正确；早强剂可加速混凝土硬化和早期强度发展，缩短养护周期，加快施工进度，提高模板周转率，多用于冬期施工或紧急抢修工程，选项D正确；掺加减水剂，若减水的同时适当减少水泥用量，则可节约水泥，同时混凝土的耐久性也能得到显著改善，选项E正确。

11. 【答案】CE
【解析】用于混凝土中的掺合料可分为活性矿物掺合料和非活性矿物掺合料两大类。非活性矿物掺合料一般与水泥组分不起化学作用，或化学作用很小，如磨细石英砂、石灰石、硬矿渣之类的材料。活性矿物掺合料虽然本身不水化或水化速度很慢，但能与水泥水化生成的 $Ca(OH)_2$ 反应，生成具有水硬性的胶凝材料，如粒化高炉矿渣、火山灰质材料、粉煤灰、硅粉、钢渣粉、磷渣粉等，选项C、E正确。

考点4 砂浆、砌块的技术性能和应用

1. 【答案】C
【解析】砂浆的组成材料包括胶凝材料、细骨料、掺合料、水和外加剂。
2. 【答案】D
【解析】建筑砂浆常用的胶凝材料有水泥、石灰、石膏等。
3. 【答案】BCE
【解析】砂浆的主要技术性质包括流动性（稠度）、保水性、抗压强度与强度等级。
4. 【答案】A
【解析】砂浆强度等级是以边长为70.7mm的立方体试件，在标准养护条件下，用标准试验方法测得28d龄期的抗压强度值（单位为MPa）确定。
5. 【答案】C
【解析】砂浆的流动性指砂浆在自重或外力作用下流动的性能，用稠度表示。稠度是以砂浆稠度测定仪的圆锥体沉入砂浆内的深度（单位mm）表示。圆锥沉入深度越大，砂浆的流动性越大。
6. 【答案】C
【解析】砌筑水泥代号为M，强度等级分为12.5、22.5、32.5三个等级。
7. 【答案】ABDE
【解析】影响砂浆强度的因素很多，除了砂浆的组成材料、配合比、施工工艺、施工及硬化时的条件等因素外，砌体材料的吸水率也会对砂浆强度产生影响。
8. 【答案】A
【解析】砌筑砂浆的强度等级可分为M30、M25、M20、M15、M10、M7.5、M5七个等级。
9. 【答案】B
【解析】砌筑砂浆的强度用强度等级来表示。砂浆强度等级是以边长为70.7mm的立方体试件，在标准养护条件下，用标准试验方法测得28d龄期的抗压强度值（单位为MPa）确定，选项A正确。立方体试件以3个为一组进行评定，选项B错误。以三个试件测值的算术平均值作为该组试件的砂浆立方体试件抗压强度平均值（f_2）（精确至0.1MPa），选项C正确。当三个测值的最大值或最小值中如有一个与中间值的差值超过中间值的15%时，则把最大值及最小值一并舍去，取中间值作为该组试件的抗压强度值；如果两个测值与中间值的差值均超过中间值的15%时，则该组试件的试验结果无效，选项D正确。
10. 【答案】D
【解析】空心率大于或等于25%的砌块为空心砌块。
11. 【答案】CD
【解析】普通混凝土小型空心砌块作为烧结砖的替代材料，可用于承重结构和非承重结构，选项C错误；混凝土砌块的吸水率小（一般为14%以下），吸水速度慢，砌筑前不允许浇水，但在气候特别干燥炎热时，可在砌筑前稍喷水湿润，选项D错误。
12. 【答案】C
【解析】与普通混凝土小型空心砌块相比，轻骨料混凝土小型空心砌块密度较小、热工性能较好，但干缩值较大，使用时更容易产生裂缝。
13. 【答案】A
【解析】加气混凝土砌块广泛用于一般建筑物墙体，还用于多层建筑物的非承重墙及隔墙，也可用于低层建筑的承重墙。
14. 【答案】B

【解析】加气混凝土砌块广泛用于一般建筑物墙体，还用于多层建筑物的非承重墙及隔墙，也可用于低层建筑的承重墙。体积密度级别低的砌块还用于屋面保温。

考点 5 饰面石材、陶瓷的特性和应用

1. 【答案】B
   【解析】大理石由于耐酸腐蚀能力较差，除个别品种外，一般只适用于室内。
2. 【答案】CD
   【解析】花岗石构造致密、强度高、密度大、吸水率极低、质地坚硬、耐磨，为酸性石材；因此其耐酸、抗风化、耐久性好，使用年限长。
3. 【答案】ADE
   【解析】大理石质地较密实、抗压强度较高、吸水率低、质地较软，属中硬石材；大理石由于耐酸腐蚀能力较差，除个别品种外，一般只适用于室内。
4. 【答案】C
   【解析】天然大理石板材按板材的加工质量和外观质量分为A、B、C三级。
5. 【答案】B
   【解析】便器的名义用水量限定了各种产品的用水上限，其中坐便器的普通型和节水型分别为不大于6.4L和5.0L。
6. 【答案】A
   【解析】便器的名义用水量限定了各种产品的用水上限，其中节水型小便器和普通型小便器的用水上限分别为不大于3.0L和4.0L。
7. 【答案】C
   【解析】蹲便器普通型分别不大于8.0L（单冲式）和6.4L（双冲式）、节水型不大于6.0L。

考点 6 木材、木制品的特性和应用

1. 【答案】B
   【解析】湿胀干缩变形会影响木材的使用特性。干缩会使木材翘曲、开裂，接榫松动，拼缝不严。湿胀可造成表面鼓凸，选项B错误。所以木材在加工或使用前应预先进行干燥，使其含水率达到或接近与环境湿度相适应的平衡含水率。
2. 【答案】D
   【解析】木材的变形在各个方向上不同：顺纹方向最小，径向较大，弦向最大。
3. 【答案】B
   【解析】影响木材物理力学性质和应用的最主要的含水率指标是纤维饱和点和平衡含水率。平衡含水率是在一定的湿度和温度条件下，木材中的水分与空气中的水分不再进行交换而达到稳定状态时的含水率，纤维饱和点是木材物理力学性质是否随含水率而发生变化的转折点，选项B错误。
4. 【答案】B
   【解析】强化地板（浸渍纸层压木质地板）适用于会议室、办公室、高清洁度的实验室等，也可以用于中档、高档宾馆、饭店及民用住宅的地面装修，但不适用于浴室、卫生间等潮湿的场所。
5. 【答案】ABC
   【解析】软木地板按表面涂饰方式分为未涂饰软木地板、涂饰软木地板、油饰软木地板；按使用场所分为商用软木地板、家用软木地板。
6. 【答案】A
   【解析】软木地板其特点为绝热、隔振、防滑、防潮、阻燃、耐水、不霉变、不易翘曲和开裂、脚感舒适、有弹性。原料为栓皮栎橡树的树皮，可再生，属于绿色建材。
7. 【答案】B
   【解析】室内用胶合板按甲醛释放限量为0.124mg/m^3，限量标识为E_1。

考点 7 玻璃的特性和应用

1. 【答案】B
   【解析】3～5mm的净片玻璃一般直接用于有框门窗的采光，8～12mm的平板玻璃可用于隔断、橱窗、无框门。
2. 【答案】AE
   【解析】安全玻璃包括钢化玻璃、均质钢化玻璃、防火玻璃和夹层玻璃。未经深加工的平板玻璃，也称净片玻璃，可产生明显的“暖房效应”，选项A错误；镀膜玻璃属于节能装饰型玻璃，选项E错误。
3. 【答案】ABC
   【解析】安全玻璃包括钢化玻璃、均质钢化

玻璃、防火玻璃和夹层玻璃；节能装饰型玻璃包括着色玻璃、镀膜玻璃和中空玻璃。

4. 【答案】D

【解析】夹层玻璃透明度好，抗冲击性能高，玻璃破碎不会散落伤人。适用于高层建筑的门窗、天窗、楼梯栏板和有抗冲击作用要求的商店、银行、橱窗、隔断及水下工程等安全性能高的场所或部位等。

5. 【答案】C

【解析】夹层玻璃适用于高层建筑的门窗、天窗、楼梯栏板和有抗冲击作用要求的商店、银行、橱窗、隔断及水下工程等安全性能高的场所或部位等。

6. 【答案】D

【解析】着色玻璃不仅可以有效吸收太阳的辐射热，产生“冷室效应”，达到蔽热节能的效果，并使透过的阳光变得柔和，避免眩光，而且还能较强地吸收太阳的紫外线，有效防止室内物品的褪色和变质。

7. 【答案】ABE

【解析】低辐射膜玻璃一般不单独使用，往往与净片玻璃、浮法玻璃、钢化玻璃等配合，制成高性能的中空玻璃。

考点 8 防水材料的特性和应用

1. 【答案】D

【解析】SBS、APP 改性沥青防水卷材具有不透水性能强，抗拉强度高，延伸率大，耐高低温性能好，施工方便等特点。TPO 防水卷材具有超强的耐紫外线、耐自然老化能力，优异的抗穿刺性能，高撕裂强度、高断裂延伸性等特点，主要适用于工业与民用建筑及公共建筑的各类屋面防水工程。

2. 【答案】C

【解析】SBS、APP 改性沥青防水卷材具有不透水性能强，抗拉强度高，延伸率大，耐高低温性能好，施工方便等特点；TPO 防水卷材具有超强的耐紫外线，耐自然老化能力，优异的抗穿刺性能，高撕裂强度、高断裂延伸性等特点，主要适用于工业与民用建筑及公共建筑的各类屋面防水工程；自粘复合防水卷材具有强度高、延伸性强，自愈性好，施工简便、安全性高等特点，选项 C 正确；聚乙烯丙纶（涤纶）防水卷材具有优良的机械强度、抗渗性能、低温性能、耐腐蚀性和耐候性。

3. 【答案】C

【解析】水泥基渗透结晶型防水涂料是一种刚性防水材料，而非柔性防水材料，选项 C 错误。具有独特的呼吸、防腐、耐老化、保护钢筋能力，环保、无毒、无公害，施工简单、节省人工等特点。

4. 【答案】B

【解析】刚性防水材料包括：防水混凝土、防水砂浆，水泥基渗透结晶型防水涂料也是一种刚性防水材料。聚氨酯防水涂料素有“液体橡胶”的美誉，使用聚氨酯防水涂料进行防水工程施工，涂刷后形成的防水涂膜耐水、耐碱、耐久性优异，粘结良好，柔韧性强。

5. 【答案】B

【解析】建筑密封材料是一些能使建筑上的各种接缝或裂缝、变形缝（沉降缝、伸缩缝、抗震缝）保持水密、气密性能，并且具有一定强度，能连接结构件的填充材料。常用的建筑密封材料有硅酮、聚氨酯、聚硫、丙烯酸酯等密封材料。

考点 9 保温与防火材料的特性和应用

1. 【答案】B

【解析】影响保温材料导热系数的因素包括：材料的性质；表观密度与孔隙特征；湿度；温度；热流方向。

2. 【答案】A

【解析】聚氨酯泡沫塑料主要性能特点有：保温性能好；防水性能优异；防火阻燃性能好；使用温度范围广；耐化学腐蚀性好；使用方便。改性酚醛泡沫塑料主要性能特点包括绝热性。

3. 【答案】D

【解析】改性酚醛泡沫塑料主要性能特点有：绝热性；耐化学溶剂腐蚀性；吸声性能；吸湿性；抗老化性；阻燃性；抗火焰穿透性。聚氨酯泡沫塑料主要性能特点有防水性能优异。

4. 【答案】C

【解析】聚苯乙烯泡沫塑料具有重量轻、隔热性能好、隔声性能优、耐低温性能强的特点，还具有一定弹性、低吸水性和易加工等优点，广泛应用于建筑外墙外保温和屋面的隔热保温系统。

5. 【答案】ACD

【解析】大部分矿岩棉制品燃烧性能为不燃材料，选项 B 错误；岩棉、矿渣棉制品的性能特点有：优良的绝热性、使用温度高、防火不燃、较好的耐低温性、长期使用稳定性、吸声、隔声、对金属无腐蚀性等，选项 E 错误。

6. 【答案】ABE

【解析】根据防火涂料所用基料的性质，可分为有机型防火涂料、无机型防火涂料和有机无机复合型三类。

7. 【答案】CE

【解析】有机防火堵料又称可塑性防火堵料，在使用过程中长期不硬化，可塑性好，容易封堵各种不规则形状的孔洞，能够重复使用，选项 A 错误、选项 E 正确；适合需要经常更换或增减电缆、管道的场合，选项 B 错误；具有优异的防火、水密、气密性能，选项 C 正确；遇火时发泡膨胀，选项 D 错误。

8. 【答案】C

【解析】薄型和超薄型防火涂料的耐火极限一般与涂层厚度无关，而与膨胀后的发泡层厚度有关。

9. 【答案】A

【解析】厚质型防火涂料一般为非膨胀型的，厚度为 7～45mm，耐火极限根据涂层厚度有较大差别；薄型和超薄型防火涂料通常为膨胀型的，前者的厚度为 3～7mm，后者的厚度为小于等于 3mm。

10. 【答案】B

【解析】用防火阻燃液处理材料后，不影响原有材料的外貌、色泽和手感，对木材、织物和纸板还兼具有防蛀、防腐的作用。

2A312000—2A312010

考点 1 常用测量仪器的性能与应用

1. 【答案】C

【解析】钢尺主要作用是距离测量，钢尺量距是目前楼层测量放线最常用的距离测量方法。

2. 【答案】D

【解析】钢尺量距时应使用拉力计，拉力与检定时一致。距离丈量结果中应加入尺长、温度、倾斜等改正数。

3. 【答案】ACD

【解析】钢尺是采用经过一定处理的优质钢制成的带状尺，长度通常有 20m、30m 和 50m 等几种，卷放在金属架上或圆形盒内。钢尺按零点位置分为端点尺和刻线尺。

4. 【答案】ABC

【解析】水准仪主要由望远镜、水准器和基座三部分组成。

5. 【答案】CDE

【解析】经纬仪主要由照准部、水平度盘和基座三部分组成。

6. 【答案】C

【解析】水准仪主要功能是测量两点间的高差，它不能直接测量待定点的高程，但可由控制点的已知高程来推算测点的高程。另外，利用视距测量原理，它还可以测量两点间的大致水平距离。

7. 【答案】A

【解析】我国的水准仪系列分为 DS05、DS1、DS3 等几个等级。“D”是大地测量仪器的代号，“S”是水准仪的代号，数字表示仪器的精度。

8. 【答案】D

【解析】在工程中常用的经纬仪有 DJ2 和 DJ6 两种，“D”是大地测量仪器的代号，“J”是经纬仪的代号，数字表示仪器的精度。其中，DJ6 型进行普通等级测量，而 DJ2 型则可进行高等级测量工作。

9. 【答案】B

【解析】经纬仪是一种能进行水平角和竖直角测量的仪器，它还可以借助水准尺，利用视距测量原理，测出两点间的大致水平距离和高差，也可以进行点位的竖向传递测量。经纬仪虽然可以借助水准尺，利用视距测量原理测得选项A、C、D的内容，但并非该仪器的主要功能。

10.【答案】D

【解析】水准仪是进行水准测量的主要仪器，主要功能是测量两点间的高差，选项A错误；经纬仪是一种能进行水平角和竖直角测量的仪器，它还可以借助水准尺，利用视距测量原理，测出两点间的大致水平距离和高差，也可以进行点位的竖向传递测量，选项B错误；全站仪又称全站型电子速测仪，是一种可以同时进行角度测量和距离测量的仪器，几乎是在同一时间测得平距、高差、点的坐标和高程，选项C错误；激光铅直仪主要用来进行点位的竖向传递，如高层建筑施工中轴线点的竖向投测等，选项D正确。

11.【答案】B

【解析】经纬仪是一种能进行水平角和竖直角测量的仪器，它还可以借助水准尺，利用视距测量原理，测出两点间的大致水平距离和高差，也可以进行点位的竖向传递测量，选项A错误。全站仪又称全站型电子速测仪，是一种可以同时进行角度测量和距离测量的仪器，选项B正确。水准仪是进行水准测量的主要仪器，主要功能是测量两点间的高差，它不能直接测量待定点的高程，但可由控制点的已知高程来推算测点的高程。另外，利用视距测量原理，它还可以测量两点间的大致水平距离，选项C错误。激光铅直仪主要用来进行点位的竖向传递，如高层建筑施工中轴线点的竖向投测等，选项D错误。

12.【答案】D

【解析】水准仪是进行水准测量的主要仪器，主要功能是测量两点间的高差，利用视距测量原理，它还可以测量两点间的大致水平距离，选项A错误；经纬仪是一种能进行水平角和竖直角测量的仪器，它还可以借助水准尺，利用视距测量原理，测出两点间的大致水平距离和高差，也可以进行点位的竖向传递测量，选项B错误；激光铅直仪主要用来进行点位的竖向传递，选项C错误；全站仪几乎是在同一时间测得平距、高差、点的坐标和高程，选项D正确。

13.【答案】ACD

【解析】全站仪又称全站型电子速测仪，是一种可以同时进行角度测量和距离测量的仪器，由电子测距仪、电子经纬仪和电子记录装置三部分组成。

考点2 施工测量的内容与方法

1.【答案】C

【解析】一般建筑工程，通常先布设施工控制网，再以施工控制网为基础，开展建筑物轴线测量和细部放样等施工测量工作。

2.【答案】ABCE

【解析】施工测量现场主要工作有：对已知长度的测设、已知角度的测设、建筑物细部点平面位置的测设、建筑物细部点高程位置及倾斜线的测设等。

3.【答案】A

【解析】建筑物高程控制，应采用水准测量。主要建筑物附近的高程控制点，不应少于2个。

4.【答案】A

【解析】高程控制点的高程值一般采用工程±0.000高程值。±0.000高程测设是施工测量中常见的工作内容，一般用水准仪进行。

5.【答案】C

【解析】列式计算水准仪前视P点木桩水准尺的读数b，则$b=H_A+a-H_P$，将各数据代入上式得：$b=81.345+1.458-81.500=1.303$（m）。

6.【答案】D

【解析】根据题意列式，$H_B+a=H_A+b$，则$H_B=H_A+b-a$。

【名师点拨】前视点高程+前视读数=后视高程+后视读数。高程测量的计算，选择题和案例题都可以考查。

7.【答案】C

【解析】前视点高程+前视读数=后视高程+后视读数，则$12.000+4.500=H_N+$

3.500，$H_N=13.000$（m）。

8.【答案】D

【解析】随着全站仪的普及，用极坐标法进行异形结构放样更加方便快捷。

9.【答案】ABCD

【解析】结构施工测量的主要内容包括：主轴线内控基准点的设置、施工层的放线与抄平、建筑物主轴线的竖向投测、施工层标高的竖向传递等。

10.【答案】A

【解析】标高的竖向传递，宜采用钢尺从首层起始标高线垂直量取，规模较小的工业建筑或多层民用建筑宜从2处分别向上传递，规模较大的工业建筑或高层建筑宜从3处分别向上传递。

11.【答案】B

【解析】轴线竖向投测前，应检测基准点，确保其位置正确，每层投测的允许偏差应在3mm以内，并逐层纠偏。

2A312000—2A312020

考点1 土方工程施工技术

1.【答案】C

【解析】土方工程施工前，应采取有效的地下水控制措施。基坑内地下水位应降至拟开挖下层土方的底面以下不小于0.5m。

2.【答案】B

【解析】有支护土方工程可采用中心岛式（也称墩式）挖土、盆式挖土和逆作法挖土等方法。无支护土方工程采用放坡挖土。

3.【答案】C

【解析】采用盆式挖土方法时周边预留的土坡对围护结构有支撑作用，有利于减少围护结构的变形。其缺点是大量的土方不能直接外运，需集中提升后装车外运。

4.【答案】A

【解析】当基坑开挖深度不大、周围环境允许，经验算能确保土坡的稳定性时，可采用放坡开挖。

5.【答案】ABC

【解析】当基坑开挖深度不大、周围环境允许，经验算能确保边坡的稳定性时，可采用放坡开挖。

6.【答案】BE

【解析】盆式挖土是先开挖基坑中间部分的土，周围四边留土坡，选项A错误。中心岛式挖土可利用中间的土墩作为支点搭设栈桥，挖土机可利用栈桥下到基坑挖土，运土的汽车亦可利用栈桥进入基坑运土，具有挖土和运土速度快的优点，选项B、E正确。中心岛式挖土由于首先挖去基坑四周的土，支护结构受荷时间长，在软黏土中时间效应显著，有可能增大支护结构的变形量，对于支护结构受力不利，选项C错误。中心岛式挖土宜用于支撑形式为角撑、环梁式或边桁（框）架式，中间具有较大空间情况下的大型基坑土方开挖，选项D错误。

7.【答案】C

【解析】基坑边缘堆置土方和建筑材料，或沿挖方边缘移动运输工具和机械，一般应距基坑上部边缘不少于2.0m，堆置高度不应超过1.5m。

8.【答案】ABC

【解析】开挖时应对平面控制桩、水准点、基坑平面位置、水平标高、边坡坡度等经常进行检查。

9.【答案】BCDE

【解析】机械挖土时，如深度在5m以内，能够保证基坑安全的前提条件下，可一次开挖，在接近设计坑底高程时应预留20～30cm厚的土层，用人工开挖和修坡，边挖边修坡，保证高程符合设计要求。基坑开挖不可采用机械直接开挖至基底标高，选项A错误。基坑开挖应进行全过程监测和采用信息化施工方法，根据基坑支护体系和周边环境的监测数据，适时调整基坑开挖的施工顺序和施工方法，选项B正确。挖土前，应预先设置轴线控制桩及水准点桩，并要定期进行复测和校验控制桩的位置和水准点标高，选项C正确。土方开挖一般从上往下分层分段依次进行，随时做成一定的坡度，以利泄水及边坡的稳定，选项D正确。基坑开挖完成后，应及时清底、验槽，减少暴露时间，防止暴晒和雨水浸刷破坏地基土的原状结构，选项E正确。

10.【答案】C

【解析】填方土料应符合设计要求，保证填方的强度和稳定性。一般不能选用淤泥、淤泥质土、膨胀土、有机质大于5%的土、含水溶性硫酸盐大于5%的土、含水量不符合压实要求的黏性土。碎石土、砂土以及含水量符合压实要求的黏性土都可以用作土方回填。

11.【答案】D

【解析】每层虚铺厚度应根据夯实机械确定，一般情况下每层虚铺厚度见下表：

压实机具	分层厚度/mm	每层压实遍数
平碾	250～300	6～8
振动压实机	250～350	3～4
柴油打夯机	200～250	3～4
人工打夯	<200	3～4

12.【答案】ABCD

【解析】填土应从场地最低处开始，由下而上整个宽度分层铺填，选项A正确。填土应尽量采用同类土填筑，选项B正确。填方应在相对两侧或周围同时进行回填和夯实，选项C正确。填方的边坡坡度应根据填方高度、土的种类和其重要性确定，选项D正确。对使用时间较长的临时性填方边坡坡度，当填方高度小于10m时，可采用1∶1.5；超过10m，可作成折线形，上部采用1∶1.5，下部采用1∶1.75，选项E错误。

考点2 人工降排地下水施工技术

1.【答案】A

【解析】在软土地区基坑开挖深度超出3m时，一般可采用井点降水。

2.【答案】B

【解析】排水明沟宜布置在拟建建筑基础边0.4m以外，沟边缘离开边坡坡脚应不小于0.5m。排水明沟的底面应比挖土面低0.3～0.4m。集水井底面应比沟底面低0.5m以上，并随基坑的挖深而加深，以保持水流畅通。

3.【答案】A

【解析】基坑内明排水应设置排水沟及集水井，排水沟纵坡宜控制在1‰～2‰。

4.【答案】A

【解析】采用回灌井点时，回灌井点与降水井点的距离不宜小于6m。回灌井点的间距应根据降水井点的间距和被保护建（构）筑物的平面位置确定。

5.【答案】ABC

【解析】为防止或减少降水对周围环境的影响，避免产生过大的地面沉降，可采取下列技术措施：采用回灌技术；采用砂沟、砂井回灌；减缓降水速度。

考点3 基坑验槽与局部不良地基处理方法

1.【答案】ABCD

【解析】验槽程序：在施工单位自检合格的基础上进行，施工单位确认自检合格后提出验收申请；由总监理工程师或建设单位项目负责人组织建设、监理、勘察、设计及施工单位的项目负责人、技术质量负责人，共同按设计要求和有关规定进行。

2.【答案】BD

【解析】基坑验槽由总监理工程师或建设单位项目负责人组织建设、监理、勘察、设计及施工单位的项目负责人、技术质量负责人，共同按设计要求和有关规定进行。

3.【答案】C

【解析】打钎时，同一工程应钎径一致、锤重一致、用力（落距）一致。每贯入30cm，记录一次锤击数。

4.【答案】A

【解析】地基验槽内容：槽壁、槽底的土质情况，验证基槽开挖深度，初步验证基槽底部土质是否与勘察报告相符，观察槽底土质结构是否受到人为破坏；验槽时应重点观察柱基、墙角、承重墙下或其他受力较大部位，如有异常部位，要会同勘察、设计等有关单位进行处理。

【名师点拨】槽壁、槽底的土质情况；基槽开挖深度；槽底土质结构是否被人为破坏都是观察法需要进行观察验证的，但是题目中说的是重点观察，注意审题。

5.【答案】B

【解析】地基验槽通常采用观察法。对于基底以下的土层不可见部位，通常采用钎探法。

6.【答案】ABE

【解析】遇到下列情况之一时，应在基底进行轻型动力触探：持力层明显不均匀；局部有软弱下卧层；有浅埋的坑穴、古墓、古井等，直接观察难以发现时；勘察报告或设计文件规定应进行轻型动力触探时。

考点 4 砖、石基础施工技术

1.【答案】A

【解析】基础墙的防潮层，当设计无具体要求时，宜用1∶2水泥砂浆加适量防水剂铺设，其厚度宜为20mm。防潮层位置宜在室内地面标高以下一皮砖处。

2.【答案】B

【解析】基础墙的防潮层，当设计无具体要求时，宜用1∶2水泥砂浆加适量防水剂铺设，其厚度宜为20mm。

3.【答案】C

【解析】砖基础的水平灰缝厚度和垂直灰缝宽度宜为10±2mm。

4.【答案】C

【解析】砖基础的水平灰缝砂浆饱满度不得小于80%，垂直灰缝的砂浆饱满度不得小于90%。

5.【答案】A

【解析】石基础的墙基需留搓时，不得留在外墙转角或纵墙与横墙的交接处，至少应离开1.0～1.5m的距离。

6.【答案】AC

【解析】为保证毛石基础的整体刚度和传力均匀，每一台阶应不少于2～3皮毛石，选项A正确；每阶宽度应不小于20cm，每阶高度不小于40cm，选项B、D错误；毛石基础的扩大部分做成阶梯形时，上级阶梯的石块应至少压砌下级阶梯石块的1/2，相邻阶梯的毛石应相互错缝搭砌，选项C正确，选项E错误。

考点 5 混凝土基础与桩基施工技术

1.【答案】D

【解析】混凝土基础的主要形式有条形基础、单独基础、筏形基础和箱形基础等。

2.【答案】A

【解析】条形基础浇筑应根据基础深度宜分段分层连续浇筑混凝土，一般不留施工缝。各段层间应相互衔接，每段间浇筑长度控制在2000～3000mm距离，做到逐段逐层呈阶梯形向前推进。

3.【答案】C

【解析】条形基础浇筑应根据基础深度宜分段分层连续浇筑混凝土，一般不留施工缝。各段层间应至少在初凝前相互衔接，每段间浇筑长度控制在2000～3000mm距离，做到逐段逐层呈阶梯形向前推进，选项C错误。

4.【答案】AC

【解析】设备基础浇筑一般应分层浇筑，并保证上下层之间不形成施工缝，选项A正确、选项B错误；混凝土初凝后再进行振捣，会破坏已经凝结的混凝土结构，因此应在下层混凝土初凝前将上层混凝土浇筑完毕，选项C正确、选项D错误；每层混凝土的厚度为300～500mm，选项E错误；每层浇筑顺序应从低处开始，沿长边方向自一端向另一端浇筑，也可采取中间向两端或两端向中间浇筑的顺序。

5.【答案】B

【解析】条形基础一般根据基础深度分段分层连续浇筑，设备基础一般应分层浇筑，并保证上下层之间不形成施工缝，每层混凝土的厚度为300～500mm。

6.【答案】ABC

【解析】大体积混凝土浇筑时，为保证结构的整体性和施工的连续性，采用分层浇筑时，应保证在下层混凝土初凝前将上层混凝土浇筑完毕。浇筑方案根据整体性要求、结构大小、钢筋疏密及混凝土供应等情况，可以选择全面分层、分段分层、斜面分层等方式之一。

7.【答案】ABE

【解析】提高水胶比会增加水泥用量；硅酸盐水泥水化热较高，会导致产生较多的水化热，不利于大体积混凝土施工。选项C、D错误。在拌合混凝土时，还可掺入适量的微膨胀剂或膨胀水泥，使混凝土得到补偿收缩，减少混凝土的收缩变形。大体积混凝土可采用二次抹面工艺，减少表面收缩裂缝。大体积混凝土裂缝控制时，要降低混凝土的入模温度，控制混凝土内外的温差（当设计无要求时，控制在25℃以内），如降低拌合水温度（拌合水中加冰屑或用地下水），骨料用水冲洗降温，避免暴晒。

【名师点拨】大体积混凝土最大的通病就是裂缝问题，大体积混凝土裂缝控制措施是施工的难题之一，作为重点考查。

8. 【答案】ACD

【解析】大体积混凝土裂缝控制：可在基础内预埋冷却水管，通入循环水，强制降低混凝土水化热产生的温度，选项A正确；在保证混凝土设计强度等级前提下，适当降低水胶比，减少水泥用量，选项B错误；优先选用低水化热的矿渣水泥拌制混凝土，并适当使用缓凝减水剂，选项C正确；在拌合混凝土时，还可掺入适量的微膨胀剂或膨胀水泥，使混凝土得到补偿收缩，减少混凝土的收缩变形，选项D正确；降低混凝土的入模温度，控制混凝土内外的温差，选项E错误。

【名师点拨】大体积混凝土是一个重要的考点，要充分理解，强化记忆。

9. 【答案】ACD

【解析】在初凝以前对混凝土进行二次振捣，排除混凝土因泌水在粗骨料、水平钢筋下部生成的水分和空隙，提高混凝土与钢筋的握裹力，防止因混凝土沉落而出现的裂缝，减少内部微裂缝（不是减少表面微裂，选项E容易被误选），提高混凝土密实度，使混凝土抗压强度提升，从而提高抗裂性。可在基础内预埋冷却水管，通入循环水，强制降低混凝土水化热产生的温度，而不是通过振捣来降低水化热，选项B错误。

10. 【答案】ABC

【解析】钢筋混凝土预制桩打（沉）桩施工方法通常有：锤击沉桩法、静力压桩法及振动法等，以锤击沉桩法和静力压桩法应用最为普遍。

11. 【答案】D

【解析】泥浆护壁法钻孔灌注桩施工工艺流程：场地平整→桩位放线→开挖浆池、浆沟→护筒埋设→钻机就位、孔位校正→成孔、泥浆循环、清除废浆、泥渣→第一次清孔→质量验收→下钢筋笼和钢导管→第二次清孔→水下浇筑混凝土→成桩。

12. 【答案】B

【解析】静力压桩法一般的施工程序：测量定位→桩机就位→吊桩、插桩→桩身对中调直→静压沉桩→接桩→再静压沉桩→送桩→终止压桩→检查验收→转移桩机。

考点6 基坑监测技术

1. 【答案】C

【解析】基坑支护结构的安全等级分为一级、二级、三级，对应的重要性系数分别是1.10、1.00、0.90。

2. 【答案】A

【解析】基坑工程施工前，应由建设方委托具备相应资质第三方对基坑工程实施现场检测。

3. 【答案】ACD

【解析】监测单位应编制监测方案，经建设方、监理方、设计方等认可后方可实施。

4. 【答案】ABDE

【解析】基坑监测出现下列危险征兆时应立即报警：

(1) 支护结构位移达到设计规定的位移限值。

(2) 支护结构位移速率增长且不收敛。

(3) 支护结构构件的内力超过其设计值。

(4) 基坑周边建（构）筑物、道路、地面的沉降达到设计规定的沉降、倾斜限值；基坑周边建（构）筑物道路、地面开裂。

(5) 支护结构构件出现影响整体结构安全的损坏。

(6) 基坑出现局部坍塌。

(7) 开挖面出现隆起现象。

(8) 基坑出现流土、管涌现象。

5. 【答案】ACE

【解析】基坑围护墙或基坑边坡顶部的水平和竖向位移监测点应沿基坑周边布置，周边中部、阳角处应布置监测点。监测点水平间距不宜大于15～20m，选项B错误；每边监测点数不宜少于3个。水平和竖向监测点宜为共用点，选项 D 错误；监测点宜设置在围护墙或基坑坡顶上。

6. 【答案】B

【解析】地下水位量测精度不宜低于 10mm。

7. 【答案】C

【解析】基坑围护墙或基坑边坡顶部的水平和竖向位移监测点应沿基坑周边布置，周边中部、阳角处应布置监测点。监测点水平间距不宜大于 15～20m，每边监测点数不宜少于 3 个。水平和竖向监测点宜为共用点，监测点宜设置在围护墙或基坑坡顶上。

8. 【答案】BCDE

【解析】基坑监测项目的监测频率应综合考虑基坑类别、基坑及地下工程的不同施工阶段以及周边环境、自然条件的变化和当地经验确定。

9. 【答案】ABCE

【解析】当出现下列情况之一时，应提高基坑监测频率：

(1) 监测数据达到报警值。

(2) 监测数据变化较大或者速率加快。

(3) 存在勘察未发现的不良地质。

(4) 超深、超长开挖或未及时加撑等违反设计工况施工。

(5) 基坑附近地面荷载突然增大或超过设计限值。

(6) 周边地面突发较大沉降、不均匀沉降或出现严重开裂。

(7) 支护结构出现开裂。

(8) 邻近建筑突发较大沉降、不均匀沉降或出现严重开裂。

(9) 基坑及周边大量积水、长时间连续降雨、市政管道出现泄漏。

(10) 基坑底部、侧壁出现管涌、渗漏或流沙等现象。

(11) 基坑发生事故后重新组织施工。

(12) 出现其他影响基坑及周边环境安全的异常情况。

10. 【答案】AC

【解析】基坑工程监测报警值应由监测项目的累计变化量和变化速率值共同控制。

2A312000—2A312030

考点 1 钢筋混凝土结构工程施工技术

1. 【答案】ABD

【解析】安全性：要具有足够的强度、刚度和稳定性，保证施工中不变形、不破坏、不倒塌。

2. 【答案】B

【解析】模板工程设计的主要原则为实用性、安全性、经济性。耐久性属于混凝土的技术要求。

3. 【答案】AB

【解析】木模板体系较适用于外形复杂或异形混凝土构件，以及冬期施工的混凝土工程，制作量大，木材资源浪费大，选项 C、E 错误；早拆模板体系部分模板可早拆，加快周转，节约成本，选项 D 错误。

4. 【答案】CDE

【解析】模板及支架设计应包括的主要内容：

(1) 模板及支架的选型及构造设计。

(2) 模板及支架上的荷载及其效应计算。

(3) 模板及支架的承载力、刚度验算。

(4) 模板及支架的抗倾覆验算。

(5) 绘制模板及支架施工图。

5. 【答案】C

【解析】控制模板起拱高度，消除在施工中因结构自重、施工荷载作用引起的挠度。对不小于 4m 的现浇钢筋混凝土梁、板，其模板应按设计要求起拱。设计无要求时，起拱高度宜为跨度的 1/1000 ～ 3/1000，即 0.9～2.7cm。

6. 【答案】C

【解析】本题考查的是模板工程施工技术。当设计无要求时，拆模强度不应小于设计的混凝土强度标准值的 75%。30 × 75% = 22.5 (MPa)，第 11d 满足要求。

7. 【答案】ABDE

【解析】当混凝土强度能保证其表面及棱角不受损伤时，方可拆除侧模，选项 A 正确；跨度不大于 8m 的梁、拱、壳底模拆除时，其混凝土强度应达到设计的混凝土立方体抗压强度标准值的 75% 以上，选项 B 正确；模板拆除时，拆模的顺序和方法应按模板的设计规定进行，当设计无规定时，采取先支的后拆、后支的先拆，先拆非承重模板、后拆承重模板的顺序，并应从上而下进行拆除，选项C错误；在浇筑混凝土前，木模板应浇水润湿，但模板内不应有积水，选项D正确；后浇带的模板及支架应独立设置，选项E正确。

8. 【答案】ABD

【解析】在混凝土浇筑前，木模板应浇水润湿，但模板内不应有积水，选项C错误；在确保工程质量、安全和工期的前提下，尽量减少一次性投入，增加模板周转次数，减少支拆用工，实现文明施工，选项E错误。

9. 【答案】AE

【解析】各种钢筋下料长度计算如下：直钢筋下料长度＝构件长度－保护层厚度＋弯钩增加长度，选项A正确；弯起钢筋下料长度＝直段长度＋斜段长度－弯曲调整值＋弯钩增加长度，选项B错误；为使钢筋满足设计要求的形状和尺寸，需要对钢筋进行弯折，而弯折后钢筋各段的长度总和并不等于其在直线状态下的长度，所以要对钢筋剪切下料长度加以计算，选项C错误，选项E正确；箍筋下料长度＝箍筋周长＋箍筋调整值，选项D错误。

10. 【答案】D

【解析】钢筋绑扎连接的情况：当受拉钢筋直径大于25mm，受压钢筋直径大于28mm时，不宜采用绑扎搭接接头；轴心受拉及小偏心受拉杆件（如桁架和拱架的拉杆等）的纵向受力钢筋均不得采用绑扎搭接接头。

11. 【答案】BDE

【解析】热轧钢筋按屈服强度（MPa）分为300级、400级、500级和600级，选项A错误；当受拉钢筋直径大于25mm，受压钢筋直径大于28mm时，不宜采用绑扎搭接接头，选项C错误。

12. 【答案】C

【解析】钢筋宜采用无延伸功能的机械设备进行调直，也可采用冷拉调直，选项A错误；钢筋除锈：一是在钢筋冷拉或调直过程中除锈，二是可采用机械除锈机除锈、喷砂除锈、酸洗除锈和手工除锈等，选项B错误；钢筋下料切断可采用钢筋切断机或手动液压切断器进行，选项D错误。

13. 【答案】D

【解析】钢筋除锈：一是在钢筋冷拉或调直过程中除锈；二是可采用机械除锈机除锈、喷砂除锈、酸洗除锈和手工除锈等，选项A错误；当采用冷拉调直时，HPB300光圆钢筋的冷拉率不宜大于4%，HRB400、HRB500带肋钢筋的冷拉率不宜大于1%，选项B错误；钢筋的切断口不得有马蹄形或起弯现象，选项C错误。

14. 【答案】D

【解析】板、次梁与主梁交叉处，板的钢筋在上，次梁的钢筋居中，主梁的钢筋在下；当有圈梁或垫梁时，主梁的钢筋在上。

15. 【答案】BCE

【解析】框架梁、牛腿及柱帽等钢筋，应放在柱子纵向钢筋的内侧，选项A错误；箍筋转角与纵向钢筋交叉点均应扎牢（钢筋平直部分与纵向钢筋交叉点可间隔扎牢）。板的钢筋网绑扎，四周两行钢筋交叉点应每点扎牢，中间部分交叉点可相隔交错扎牢，但必须保证受力钢筋不移位。板上部的负筋要防止被踩下，特别是雨篷、挑檐、阳台等悬臂板，要严格控制负筋位置，以免拆模后断裂，选项D错误。

16. 【答案】B

【解析】粗骨料宜选用粒形良好、质地坚硬的洁净碎石或卵石。粗骨料最大粒径不应超过构件截面最小尺寸的1/4，且不应超过钢筋最小净间距的3/4；对实心混凝土板，粗骨料的最大粒径不宜超过板厚的1/3，且不应超过40mm（选项B错误）。粗骨料宜采用连续粒级，也可用单粒级组合成满足要求的连续粒级，其含泥量、泥块含量指标应符合规范要求。

17. 【答案】BDE

【解析】泵送混凝土配合比设计：泵送混凝土的入泵坍落度不宜低于100mm，选项A错误；用水量与胶凝材料总量之比不宜大于0.6；泵送混凝土的胶凝材料总量不宜小于300kg/m³，选项C错误；泵送混凝土宜掺用适量粉煤灰或其他活性矿物掺合料，掺粉煤灰的泵送混凝土配合比设计，必须经过试配确定，并应符合相关规范要求；泵送混凝土掺加的外加剂品种和掺量宜由试验确定，不得随意使用；当掺用引气型外加剂时，其含气量不宜大于4%。

18. 【答案】A

【解析】混凝土在运输中不应发生分层、离析现象，否则应在浇筑前二次搅拌。尽量减少混凝土的运输时间和转运次数，确保混凝土在初凝前运至现场并浇筑完毕（选项A错误）。采用搅拌运输车运送混凝土，运输途中及等候卸料时，不得停转；卸料前，宜快速旋转搅拌20s以上后再卸料。当坍落度损失较大不能满足施工要求时，可在运输车罐内加入适量的与原配合比相同成分的减水剂。减水剂加入量应事先由试验确定，并应做出记录。加入减水剂后，混凝土罐车应快速旋转搅拌均匀，并应达到要求的工作性能后再泵送或浇筑。

19. 【答案】B

【解析】当采用插入式振捣器振捣混凝土时，振捣器插入下层混凝土内的深度应不小于50mm。

20. 【答案】D

【解析】采用泵送混凝土施工时，混凝土粗骨料最大粒径不大于25mm时，可采用内径不小于125mm的输送泵管。

21. 【答案】ADE

【解析】单向板施工缝应留设在平行于板短边的任何位置，选项B错误；有主次梁的楼板垂直施工缝应留设在次梁跨度中间的1/3范围内，选项C错误；柱、墙水平施工缝可留设在基础、楼层结构顶面，选项A正确；墙的垂直施工缝宜设置在洞口过梁跨中1/3范围内，也可留设在纵横墙交接处，选项D、E正确。

22. 【答案】B

【解析】后浇带通常根据设计要求留设，并保留一段时间（若设计无要求，则至少保留14d并经设计确认）后再浇筑，将结构连成整体。后浇带应采取钢筋防锈或阻锈等保护措施。填充后浇带，可采用微膨胀混凝土，强度等级比原结构强度提高一级，并保持至少14d的湿润养护。后浇带接缝处按施工缝的要求处理。

23. 【答案】B

【解析】超长大体积混凝土施工，应选用下列方法控制结构不出现有害裂缝：①留置变形缝；②后浇带施工；③跳仓法施工。跳仓的最大分块尺寸不宜大于40m，跳仓间隔施工的时间不宜小于7d，跳仓接缝处按施工缝的要求设置和处理。选项B错误。

考点2 砌体结构工程施工技术

1. 【答案】B

【解析】M15以上强度等级的砌筑砂浆宜选用42.5级普通硅酸盐水泥，选项B错误。

2. 【答案】B

【解析】不得在下列墙体或部位设置脚手眼：

(1) 120mm厚墙、清水墙、料石墙、独立柱和附墙柱。

(2) 过梁上与过梁成60°角的三角形范围及过梁净跨度1/2的高度范围内。

(3) 宽度小于1m的窗间墙。

(4) 门窗洞口两侧石砌体300mm，其他砌体200mm范围内；转角处石砌体600mm，其他砌体450mm范围内。

(5) 梁或梁垫下及其左右500mm范围内。

(6) 设计不允许设置脚手眼的部位。

(7) 轻质墙体。

(8) 夹心复合墙外叶墙。

3. 【答案】C

【解析】现场拌制的砂浆应随拌随用，拌制的砂浆应在3h内使用完毕；当施工期间最高气温超过30℃时，应在2h内使用完毕。

4. 【答案】B

【解析】砖过梁底部的模板及其支架拆除时，灰缝砂浆强度不应低于设计强度的75%。

5. 【答案】C

【解析】在砌筑材料为粗糙多孔且吸水较大的块料或在干热条件下砌筑时，应选用较大稠度值的砂浆，反之应选用稠度值较小的砂浆，选项C错误。

6. 【答案】C

【解析】设钢筋混凝土构造柱的抗震多层砖

房，应先绑扎钢筋，后砌砖墙，最后浇筑混凝土。

7. 【答案】D

【解析】设计要求的洞口、管道、沟槽应于砌筑时正确留出或预埋，未经设计同意，不得打凿墙体和在墙体上开凿水平沟槽。宽度超过 300mm 的洞口上部，应设置钢筋混凝土过梁，选项 A 错误。不同品种的水泥，不得混合使用，选项 B 错误。小砌块应底面朝上反砌于墙上，选项 C 错误。砌筑填充墙时，轻骨料混凝土小型空心砌块和蒸压加气混凝土砌块的产品龄期不应小于 28d，选项 D 正确。

8. 【答案】A

【解析】砌筑填充墙时应错缝搭砌，蒸压加气混凝土砌块搭砌长度不应小于砌块长度的 1/3。轻骨料混凝土小型空心砌块搭砌长度不应小于 90mm；竖向通缝不应大于 2 皮。

9. 【答案】C

【解析】当砌筑材料为粗糙多孔且吸水较大的块料或在干热条件下砌筑时，应选用较大稠度值的砂浆，反之，应选用较小稠度值的砂浆，选项 A 错误。砂浆应采用机械搅拌，搅拌时间自投料完算起，选项 B 错误。砖柱砌筑应保证砖柱外表面上下皮垂直灰缝相互错开 1/4 砖长，砖柱不得采用包心砌法，选项 C 正确。设有钢筋混凝土构造柱的抗震多层砖房，应先绑扎钢筋，后砌砖墙，最后浇筑混凝土，选项 D 错误。

10. 【答案】ABCD

【解析】砂浆应采用机械搅拌，搅拌时间自投料完算起：水泥砂浆和水泥混合砂浆不得少于 120s；水泥粉煤灰砂浆和掺用外加剂的砂浆不得少于 180s，选项 A、B 正确；砌筑砂浆应按要求随机取样，留置试块送试验室做抗压强度试验，每一检验批且不超过 250m^3 砌体的各类、各强度等级的普通砌筑砂浆，每台搅拌机应至少抽检一次。由边长为 7.07cm 的正方体试件，经过 28d 标准养护，测得一组三块试件的抗压强度值来评定。预拌砂浆中的湿拌砂浆稠度应在进场时取样检验，选项 C、D 正确，选项 E 错误。

11. 【答案】BDE

【解析】普通混凝土小型空心砌块砌体，砌筑前不需对小砌块浇水湿润，但遇天气干燥炎热，宜在砌筑前对其浇水湿润，而不是湿透，选项 A 错误。砖、砌块在砌筑前，应清除表面污物、冰雪等，选项 B 正确。小砌块应将生产时的底面朝上反砌于墙上，小砌块墙体宜逐块坐（铺）浆砌筑，选项 C 错误，选项 D 正确。施工采用的小砌块的产品龄期不应小于 28d，选项 E 正确。

12. 【答案】BCD

【解析】蒸压加气混凝土砌块采用专用砂浆或普通砂浆砌筑时，应在砌筑当天对砌块砌筑面浇水湿润，故选项 A 错误。轻骨料混凝土小型空心砌块和蒸压加气混凝土砌块的产品龄期不应小于 28d，蒸压加气混凝土砌块的含水率宜小于 30%，故选项 B 正确。在厨房、卫生间、浴室等处采用轻骨料混凝土小型空心砌块、蒸压加气混凝土砌块砌筑墙体时，墙底部宜现浇混凝土坎台，其高度宜为 150mm，故选项 C 正确。砌块进场后应按品种、规格堆放整齐，堆置高度不宜超过 2m；蒸压加气混凝土砌块在运输及堆放中应防止雨淋，故选项 D 正确。砌筑填充墙时应错缝搭砌，蒸压加气混凝土砌块搭砌长度不应小于砌块长度的 1/3。轻骨料混凝土小型空心砌块搭砌长度不应小于 90mm。竖向通缝不应大于 2 皮，故选项 E 错误。

13. 【答案】BCE

【解析】轻骨料混凝土小型空心砌块或蒸压加气混凝土砌块墙如无切实有效措施，不得使用于下列部位或环境：①建筑物防潮层以下墙体；②长期浸水或化学侵蚀环境；③砌块表面温度高于 80℃ 的部位；④长期处于有振动源环境的墙体。

14. 【答案】ACD

【解析】半盲孔多孔砖应侧立砌筑，封底面应朝上砌筑，选项 B 错误。蒸压加气混凝土砌块填充墙砌筑时应上下错缝，搭砌长度不宜小于砌块长度的 1/3，且不应小于 150mm，选项 E 错误。各种砌体的砌筑形式见下表：

砌体种类	砌筑形式
多孔砖	多孔砖的孔洞应垂直于受压面砌筑
半盲孔多孔砖	封底面应朝上砌筑
混凝土小型空心砌块	将生产时的底面朝上反砌于墙上，孔对孔、肋对肋错缝搭砌
烧结空心砖	应侧立砌筑，孔洞应呈水平方向

考点 3 钢结构工程施工技术

1. 【答案】ACD

【解析】钢结构的连接方法有焊接、普通螺栓连接、高强度螺栓连接和铆接，选项A、C、D正确；机械连接、绑扎连接属于钢筋的连接方法，选项B、E错误。

2. 【答案】A

【解析】普通螺栓的紧固次序应从中间开始，对称向两边进行。对大型接头应采用复拧，即两次紧固方法，保证接头内各个螺栓能均匀受力。

3. 【答案】BC

【解析】高强螺栓不能作为临时螺栓使用，选项B错误；高强度螺栓现场安装时应能自由穿入螺栓孔，不得强行穿入，选项C错误。

4. 【答案】ABE

【解析】防火涂料按涂层厚度可分为CB、B和H三类：

(1) CB类：超薄型钢结构防火涂料，涂层厚度小于或等于3mm。

(2) B类：薄型钢结构防火涂料，涂层厚度一般为3～7mm。

(3) H类：厚型钢结构防火涂料，涂层厚度一般为7～45mm。

考点 4 钢筋混凝土装配式工程施工技术

1. 【答案】ABCE

【解析】我国建设行政主管部门按照适用、经济、安全、绿色、美观的总体要求，规范了装配式混凝土建筑的施工。

2. 【答案】A

【解析】装配式混凝土结构施工前，施工单位应按照装配式结构施工的特点和要求，对作业人员进行安全技术交底。

3. 【答案】ABDE

【解析】吊装设备应满足吊装重量、构件尺寸及作业半径等施工要求，并调试合格。

4. 【答案】D

【解析】预制构件进场时，构件生产单位应提供相关质量证明文件，质量证明文件应包括以下内容：①出厂合格证；②混凝土强度检验报告；③钢筋复验单；④钢筋套筒等其他构件钢筋连接类型的工艺检验报告；⑤合同要求的其他质量证明文件。

5. 【答案】ABCD

【解析】质量证明文件应包括：①出厂合格证；②混凝土强度检验报告；③钢筋复验单；④钢筋套筒等其他构件钢筋连接类型的工艺检验报告；⑤合同要求的其他质量证明文件。

6. 【答案】A

【解析】装配式预制构件进场前，混凝土强度应符合设计要求。当设计无具体要求时，混凝土同条件立方体抗压强度不应小于混凝土强度等级值的75%。

7. 【答案】C

【解析】采用钢筋套筒灌浆连接形式时，浆料应在制备后30min内用完，灌浆作业应采取压浆法从下口灌注，当浆料从上口流出时应及时封堵，持压30s后再封堵下口，灌浆后24h内不得使构件与灌浆层受到振动、碰撞。

8. 【答案】D

【解析】灌浆作业应及时做好施工质量检查记录，并按要求每工作班应制作1组且每层不应少于3组40mm×40mm×160mm的长方体试件，标准养护28d后进行抗压强度试验。

9. 【答案】C

【解析】灌浆施工时环境温度不应低于5℃；当连接部位温度低于10℃时，应对连接处采取加热保温措施。

10. 【答案】ABC

【解析】预制构件间钢筋连接宜采用套筒灌浆连接、浆锚搭接连接以及直螺纹套筒连接等形式。

11.【答案】AE

【解析】预制柱安装要求宜按照角柱、边柱、中柱顺序进行安装，与现浇部分连接的柱宜先行安装。

12.【答案】A

【解析】装配式梁安装顺序应遵循先主梁后次梁，先低后高的原则。

13.【答案】B

【解析】预制构件接缝混凝土浇筑完成后可采取洒水、覆膜、喷涂养护剂等养护方式，养护时间不应少于14d。

2A312000—2A312040

考点1 地下防水工程施工技术

1.【答案】A

【解析】地下工程的防水等级分为四级，防水混凝土的适用环境温度不得高于80℃。

2.【答案】A

【解析】防水混凝土的适用环境温度不得高于80℃，故选项A错误。

3.【答案】D

【解析】防水混凝土的水泥品种宜采用硅酸盐水泥、普通硅酸盐水泥，采用其他品种水泥时应经试验确定。

4.【答案】BE

【解析】墙体水平施工缝不应留在剪力最大处或底板与侧墙的交接处，应留在高出底板表面不小于300mm的墙体上，选项A错误。垂直施工缝应避开地下水和裂隙水较多的地段，并宜与变形缝相结合，选项C错误。水平施工缝浇筑混凝土前，应将其表面浮浆和杂物清除，然后铺设净浆或涂刷混凝土界面处理剂、水泥基渗透结晶型防水涂料等材料，再铺30～50mm厚的1：1水泥砂浆，并应及时浇筑混凝土，选项D错误。

5.【答案】C

【解析】冬期施工时，气温不应低于5℃；夏季施工时，气温不宜在30℃以上或烈日照射下施工；终凝后养护温度不宜低于5℃。

6.【答案】D

【解析】结构底板垫层混凝土部位的卷材可采用空铺法或点粘法施工，侧墙采用外防外贴法的卷材及顶板部位的卷材应采用满粘法施工。

考点2 室内防水工程施工技术

1.【答案】D

【解析】防水混凝土终凝后应立即进行养护，养护时间不得少于14d，选项A错误。防水混凝土冬期施工时，其入模温度不应低于5℃，选项B错误。防水混凝土墙体留设水平施工缝时，应留在高出楼板表面不小于300mm的墙体上，选项C错误。防水混凝土应采用高频机械分层振捣密实，振捣时间宜为10～30s。当采用自密实混凝土时，可不进行机械振捣，选项D正确。

2.【答案】C

【解析】防水砂浆当需留槎时，上下层接槎位置应错开100mm以上，离转角200mm内不得留接槎。

考点3 屋面防水工程施工技术

1.【答案】A

【解析】屋面防水等级目前仅有Ⅰ级和Ⅱ级。其中两道防水设防的屋面防水等级为Ⅰ级。

2.【答案】C

【解析】屋面防水应以防为主，以排为辅，故选项A错误；混凝土结构层宜采用结构找坡，坡度不应小于3%，当采用材料找坡时，坡度宜为2%，故选项B错误；保温层上的找平层纵横缝的间距不宜大于6m，故选项D错误。

3.【答案】A

【解析】屋面涂膜防水层的上下层胎体增强材料不得相互垂直铺设，故选项A错误。

4.【答案】B

【解析】涂抹施工应先做好细部处理，再进行大面积涂布，故选项A错误。卷材防水层周边800mm范围内应满粘，故选项C错误；厚度小于3mm的高聚物改性沥青防水卷材，严禁采用热熔法施工，故选项D错误。

5.【答案】ACE

【解析】卷材搭接缝应符合下列规定：

(1) 平行屋脊的搭接缝应顺流水方向。

(2) 同一层相邻两幅卷材短边搭接缝错开不应小于500mm。

(3) 上下层卷材长边搭接缝应错开，且不应小于幅宽的1/3。

(4) 叠层铺贴的各层卷材，在天沟与屋面的交接处，应采用叉接法搭接，搭接缝应错开，搭接缝宜留在屋面与天沟侧面，不宜留在沟底；搭接缝口用密封材料封严。

6. 【答案】ABE

【解析】涂膜防水层的基层应坚实、平整、干净，应无孔隙、起砂和裂缝。基层的干燥程度应根据所选用的防水涂料特性确定；当采用溶剂型、热熔型和反应固化型防水涂料时，基层应干燥。防水涂料应多遍涂布，并应待前一遍涂布的涂料干燥成膜后，再涂布后一遍涂料，且前后两遍涂料的涂布方向应相互垂直。胎体增强材料的铺设应由屋面最低处向上进行。上下层胎体增强材料不得相互垂直铺设。屋面转角及立面的涂膜应薄涂多遍，不得流淌和堆积。

7. 【答案】D

【解析】水落口周围直径500mm范围内坡度不应小于5%，防水层下应增设涂膜附加层；防水层和附加层伸入水落口杯内不应小于50mm，并应粘结牢固。

考点 4 保温工程施工技术

1. 【答案】BCE

【解析】保温材料的品种较多，按材质可分为无机保温材料、有机保温材料和金属保温材料。

2. 【答案】ACD

【解析】外墙外保温优点：①适用范围广；②保护主体结构延长建筑物寿命；③基本消除了热桥的影响；④使墙面潮湿情况得到改善；⑤有利于室温保持稳定，改善室内热环境质量；⑥有利于提高墙体防水和气密性；⑦便于旧建筑物进行节能改造；⑧可相对减少保温材料用量；⑨不占用房屋的使用面积。缺点：①对保温系统材料的要求较严格；②对保温材料的耐候性和耐久性提出了较高要求；③材料要求配套，对系统的抗裂、防火、拒水、透气、抗震和抗风压能力要求较高；④要有严格的施工队伍和技术支持。

3. 【答案】B

【解析】伸出外墙的消防梯、水落管、各种进户管线和空调器等的预埋件、连接件应安装完毕，并给保温留出空隙。

4. 【答案】B

【解析】泡沫混凝土的浇筑出料口离基层的高度不宜超过1m。

5. 【答案】C

【解析】一个作业面应分遍喷涂完成，每遍喷涂厚度不宜大于15mm。

2A312000—2A312050

考点 1 吊顶工程施工技术

1. 【答案】C

【解析】吊杆距主龙骨端部和距墙的距离不应大于300mm，选项A错误。主龙骨上吊杆之间的距离应小于1000mm；主龙骨间距不应大于1200mm，选项B错误，选项C正确。当吊杆长度大于1.5m时，应设置反支撑，选项D错误。

2. 【答案】D

【解析】吊顶工程工艺流程：弹吊顶标高水平线→画主龙骨分档线→吊顶内管道、设备的安装、调试及隐蔽验收→吊杆安装→龙骨安装（边龙骨安装、主龙骨安装、次龙骨安装）→填充材料的安装→安装饰面板→安装收口、收边压条。

3. 【答案】B

【解析】固定板材的次龙骨间距不得大于600mm；潮湿地区和场所，间距宜为300～400mm。

4. 【答案】ABC

【解析】明龙骨吊顶饰面板的安装方法有：搁置法、嵌入法、卡固法等。暗龙骨吊顶饰面板的安装方法有：钉固法、粘贴法、嵌入法、卡固法等。

考点 2 轻质隔墙工程施工技术

1. 【答案】D

【解析】当单层条板隔墙采取接板安装且在限高以内时，竖向接板不宜超过一次，选项D错误。

2. 【答案】DE

【解析】当非抗震设防地区的条板隔墙安装长度超过6m时，应根据其材质、构造、部位采取加强防裂措施，选项A错误。当防水型石膏条板隔墙及其他有防水、防潮要求的条板隔墙用于潮湿环境时，下端应做C20细石混凝土条形墙垫，选项B错误。防潮墙垫宜采用细石混凝土现浇，不宜采用预制墙垫，选项C错误。

3. 【答案】B

【解析】安装石膏板时，应从板的中部开始向板的四边固定。石膏板应竖向铺设，长边接缝应落在竖向龙骨上。石膏板应采用自攻螺钉固定。

考点 3 地面工程施工技术

1. 【答案】B

【解析】水泥混凝土散水、明沟和台阶等与建筑物连接处应设缝处理，其缝宽度为15～20mm，缝内填嵌柔性密封材料，防止沉降和冻胀开裂渗水。

2. 【答案】C

【解析】楼板四周除门洞外应做混凝土翻边，高度不应小于200mm，宽同墙厚，混凝土强度等级不应小于C20。

考点 4 饰面板（砖）工程施工技术

1. 【答案】D

【解析】饰面板工程应对下列材料及其性能指标进行复验：①室内用花岗石板的放射性、室内用人造木板的甲醛释放量；②水泥基粘结料的粘结强度；③外墙陶瓷板的吸水率；④严寒和寒冷地区外墙陶瓷板的抗冻性。

2. 【答案】ACDE

【解析】饰面板工程应对下列隐蔽工程项目进行验收：①预埋件（或后置埋件）；②龙骨安装；③连接节点；④防水、保温、防火节点；⑤外墙金属板防雷连接节点。

考点 5 门窗工程施工技术

【答案】B

【解析】砖墙洞口应用膨胀螺钉固定，不得固定在砖缝处，故选项B错误。

考点 6 涂料涂饰、裱糊、软包与细部工程施工技术

1. 【答案】B

【解析】厨房、卫生间墙面处在潮湿环境，必须使用耐水腻子。

2. 【答案】BCDE

【解析】细部工程包括橱柜制作与安装，窗帘盒、窗台板制作与安装，门窗套制作与安装，护栏和扶手制作与安装，花饰制作与安装五个分项工程。

考点 7 建筑幕墙工程施工技术

【答案】D

【解析】连接角码、不锈钢螺栓均是受力的构件，需要考虑承载能力，故选项A、C错误；硅酮结构密封胶属于结构胶，能承受较大荷载、受力好，多用于隐框玻璃幕墙，需要考虑承载能力，故选项B错误；防火密封胶主要是用来密封的，不需要考虑承载能力，故选项D正确。

2A312000—2A312060

考点 1 冬期施工技术

1. 【答案】ABC

【解析】室外的基槽（坑）或管沟可采用含有冻土块的土回填，冻土块粒径不得大于150mm，含量不得超过15%，且应均匀分布。填方边坡的表层1m以内，不得采用含有冻土块的土填筑。管沟底以上500mm范围内不得用含有冻土块的土回填。室内的基槽（坑）或管沟不得采用含有冻土块的土回填，室内地面垫层下回填的土方，填料中不得含有冻土块，故选项D、E错误。

2. 【答案】D

【解析】冬期砂浆拌合水温不宜超过80℃，砂加热温度不宜超过40℃，且水泥不得与80℃以上热水直接接触。

3. 【答案】ABCD

【解析】下列情况不得采用掺氯盐的砂浆砌筑砌体：

(1) 对装饰工程有特殊要求的建筑物。

(2) 配筋、钢埋件无可靠防腐处理措施的砌体。

(3) 接近高压电线的建筑物（如变电所、发电站等）。

(4) 经常处于地下水位变化范围内，以及在地下未设防水层的结构。

故选项ABCD正确。

4. 【答案】BC

【解析】外墙外保温工程施工：

(1) 建筑外墙外保温工程冬期施工最低温度不应低于−5℃。外墙外保温工程施工期间以及完工后24h内，基层及环境空气温度不应低于5℃。

(2) 胶粘剂和聚合物抹面胶浆拌合温度皆应高于5℃，聚合物抹面胶浆拌合水温度不宜大于80℃，且不宜低于40℃；拌合完毕的EPS板胶粘剂和聚合物抹面胶浆每隔15min搅拌一次，1h内使用完毕；EPS板粘贴应保证有效粘贴面积大于50%。

考点2 雨期施工技术

1. 【答案】B

【解析】砌筑砂浆应通过适配确定配合比，要根据砂的含水量变化随时调整水胶比。适当减少稠度，过湿的砂浆不宜上墙，避免砂浆流淌。

2. 【答案】D

【解析】梁板同时浇筑时应沿次梁方向浇筑。选项D错误。

考点3 高温天气施工技术

1. 【答案】C

【解析】涂装环境温度和相对湿度应符合涂料产品说明书的要求，产品说明书无要求时，环境温度不宜高于38℃，相对湿度不应大于85%。

2. 【答案】BCDE

【解析】防水材料应随用随配，配制好的混合料宜在2h内用完，选项A错误。

2A320000　建筑工程项目施工管理

2A320000—2A320010

考点1　施工招标投标管理要求

1. 【答案】A

【解析】在中华人民共和国境内进行下列工程建设项目包括项目的勘察、设计、施工、监理以及与工程建设有关的重要设备、材料等的采购，必须进行招标：

(1) 大型基础设施、公用事业等关系社会公共利益、公众安全的项目。

(2) 全部或者部分使用国有资金投资或者国家融资的项目。

(3) 使用国际组织或者外国政府贷款、援助资金的项目。

2. 【答案】B

【解析】在中华人民共和国境内进行下列工程建设项目包括项目的勘察、设计、施工、监理以及与工程建设有关的重要设备、材料等的采购，必须进行招标：

(1) 大型基础设施、公用事业等关系社会公共利益、公众安全的项目。

(2) 全部或者部分使用国有资金投资或者国家融资的项目。

(3) 使用国际组织或者外国政府贷款、援助资金的项目。

招标人具有编制招标文件和组织评标能力的，可以自行办理招标事宜。任何单位和个人不得强制其委托招标代理机构办理招标事宜，选项C错误。招标代理机构不得在所代理的招标项目中投标或者代理投标，也不得为所代理的招标项目的投标人提供咨询，选项D错误。

3. 【答案】D

【解析】涉及国家安全、国家秘密、抢险救灾或者属于利用扶贫资金实行以工代赈、需要使用农民工等特殊情况不适宜进行招标的项目，按照国家有关规定可以不进行招标。有下列情形之一的，可以不进行招标：

(1) 需要采用不可替代的专利或者专有技术。

(2) 采购人依法能够自行建设、生产或者提供。

(3) 已通过招标方式选定的特许经营项目投资人依法能够自行建设、生产或者提供。

(4) 需要向原中标人采购工程、货物或者服务，否则将影响施工或者功能配套要求。

(5) 国家规定的其他特殊情形。

4. 【答案】C

【解析】招标人可以对已发出的资格预审文件或者招标文件进行必要的澄清或者修改，选项A错误。依法必须进行招标的项目的招标人不得利用划分标段规避招标，招标人对招标工程量清单的准确性、完整性负责，选项B错误。招标人不得组织单个或者部分潜在投标人踏勘项目现场，选项D错误。

5. 【答案】ABD

【解析】招标人收到投标文件后，应当签收保存，不得开启，选项C错误。投标人在招标文件要求提交投标文件的截止时间前，可以补充、修改或者撤回已提交的投标文件，并书面通知招标人，选项E错误。

考点2　施工招标条件与程序

1. 【答案】ADE

【解析】依法必须招标的工程建设项目，应当具备下列条件才能进行施工招标：

(1) 招标人已经依法成立。

(2) 初步设计及概算应当履行审批手续的，已经批准。

(3) 招标范围、招标方式和招标组织形式等应当履行核准手续的，已经核准。

(4) 有相应资金或资金来源已经落实。

(5) 有招标所需的设计图纸及技术资料。

2. 【答案】B

【解析】报建的主要内容包括工程名称、建设地点、投资规模、当年投资额、工程规模、结构类型、发包方式、开竣工日期等。

考点 3　施工投标条件与程序

1. 【答案】ABE

【解析】由同一专业的单位组成的联合体，按照资质等级较低的单位确定资质等级，选项 C 错误。联合体各方应当签订共同投标协议，明确约定各方拟承担的工作和责任，并将共同投标协议连同投标文件一并提交招标人，选项 D 错误。

2. 【答案】C

【解析】对于参加建设项目设计、建筑安装以及主要设备、材料供应等投标的单位，必须具备下列条件：

(1) 具有招标条件要求的资质证书、营业执照、组织机构代码证、税务登记证、安全施工许可证，并为独立的法人实体。

(2) 承担过类似建设项目的相关工作，并有良好的工作业绩和履约记录。

(3) 财产状况良好，没有处于财产被接管、破产或其他关、停、并、转状态。

(4) 在最近三年没有骗取合同以及其他经济方面的严重违法行为。

(5) 近几年有较好的安全纪录，投标当年内没有发生重大质量和特大安全事故。

(6) 荣誉情况。

3. 【答案】A

【解析】综合单价中要考虑招标人规定的风险内容、范围和风险费用，选项 B 错误。投标人的优惠必须体现在清单的综合单价或相关的费用中，不得以总价下浮方式进行报价，否则以废标处理，选项 C 错误。措施项目费由投标人自主确定，投标人的安全防护、文明施工措施费的报价，不得低于依据工程所在地工程造价主管部门公布计价标准所计算得出总费用的 90%，选项 D 错误。

2A320000—2A320020

考点 1　施工合同管理原则

【答案】B

【解析】建设工程施工合同管理的原则是：依法履约原则、诚实信用原则、全面履行原则、协调合作原则、维护权益原则、动态管理原则、合同归口管理原则、全过程合同风险管理原则、统一标准化原则。

考点 2　施工合同的组成与内容

1. 【答案】B

【解析】本题考查的是施工合同的组成与内容。施工合同文件的组成及解释顺序：①施工合同协议书；②中标通知书；③投标函及其附录；④专用合同条款及其附件；⑤通用合同条款；⑥技术标准和要求；⑦图纸；⑧已标价工程量清单或预算书；⑨其他合同文件。

2. 【答案】A

【解析】施工合同文件的组成及解释顺序：①施工合同协议书；②中标通知书；③投标函及其附录；④专用合同条款及其附件；⑤通用合同条款；⑥技术标准和要求；⑦图纸；⑧已标价工程量清单或预算书；⑨其他合同文件。

考点 3　施工合同的签订与履行

1. 【答案】B

【解析】谈判过程中经常遇到的问题处理：

(1) 合同的“标的”是合同最基本的要素。

(2) 发包人提出增减的工程项目或要求调整的工程量和工程内容时，务必在技术和商务等方面重新核实，确有把握方可应允。同时以书面文件、工程量表或图纸予以确认，其价格应通过谈判确认并填入工程量清单。

(3) 发包人提出的改进方案或发包人提出的某些修改和变动或发包人接受承包人的建议方案等。首先应认真对其技术合理性、经济可行性以及在商务方面的影响等进行综合分析，权衡利弊后方能表态接受、有条件接受甚至拒绝。更改变动必对价格和工期产生影响，应利用这一时机争取变更价格或要求发包人改善合同条件以谋求更好的效益。

(4) 对于原招标文件中的“可供选择的项目”和“临时项目”应力争说服发包人在合同签订前予以确认，或商定一个确认最后期限。

(5) 对于一般的单价合同，如发包人在原招标文件中未明确工程量变更部分的限度，则谈判时应要求与发包人共同确定一个“增减量幅度”(FIDIC 建议为 15%)，当超过该幅度时，承包人有权要求对工程单价进行调整。

(6) 关于技术要求、技术规范和施工技术方案，双方必须明确约定。建筑工程技术规范的国家标准是强制性标准，企业生产中必须遵守。

(7) 对于施工程序比较复杂的项目，在承包人提交的投标文件中都应提交施工组织设计方案及施工方法特别说明，并力争在投标答辩中使发包人赞同该方法以显示公司的实力和实施该项工程的能力。

2. **【答案】** B

【解析】 合同价款是双方共同约定的条款，是承包方的利益所在，价款数额及付款日期应当明确具体，同时要注意：

(1) 合同价款需明确是否含税、税款总额、税率、发票类型(增值税专用发票或增值税普通发票)。

(2) 采用固定价格应注意明确包干价的种类，如采用总价包干、单价包干或部分总价包干，以免履约过程中发生争议。

(3) 采用固定价格必须把风险范围约定清楚。

(4) 应当把风险费用的计算方法约定清楚。双方应约定一个百分比系数，也可采用绝对值法。

(5) 约定支付方式。例如按月实际完成工作量的百分比支付、按照完成工程节点支付等。

(6) 竣工结算方式和时间的约定。以避免结算工作遥遥无期。

(7) 工期条款。考虑到实践中因为工期的开始日期与交付日期出现差异，造成发包人和承包人进行工期和费用的索赔与反索赔。因此在合同签订时对开竣工时间标准、影响工期需承担的责任予以具体明确。

(8) 违约条款。按照发包人、承包人的责任和义务确定违约金与赔偿金。明确约定具体数额和具体计算方法，要越具体越好，具有可操作性，以防止事后产生争议。

(9) 质量保证金：不得超过工程价款结算总额的 3%，在工程项目竣工前已缴纳履约保证金的，建设单位不得同时预留工程质量保证金，并按规定退还保证金及银行同期存款利息。

3. **【答案】** A

【解析】 在执行政府定价或政府指导价的情况下，在履行合同过程中，当价格发生变化时：

(1) 执行政府定价或者政府指导价格的，在合同约定的交付期限内政府价格调整时，按照交付的价格计价。

(2) 逾期交付标的物的，遇到价格上涨时，按照原价履行；价格下降时，按照新价格履行。

(3) 逾期提取标的物或者逾期付款的，遇到价格上涨时，按照新价格履行；价格下降时，按照原价格履行。

考点 4 总承包合同的应用

1. **【答案】** C

【解析】 总承包合同一经签订，总承包单位需要对建设单位承担整个工程项目的质量、安全、进度、文明施工、成本、保修等全部责任，即便总承包单位没有向专业分包单位收取管理费，并不影响总承包单位的承担义务。

2. **【答案】** B

【解析】《建筑法》第二十九条规定：“建筑工程总承包单位可以将承包工程中的部分工程发包给具有相应资质条件的分包单位；但是，除总承包合同中约定的分包外，必须经建设单位认可。”同样，建设单位在法律允许条件下进行的专业分包(需要在招标文件中明示，否则无效)，总承包单位需要对专业分包单位的资质、施工能力等提出书面意见进行确认，对不能承担专业分包工程者使用否决权，故选项 A 正确，选项 B 错误。总承包合同一经签订，总承包单位需要对建设单位承担整个工程项目的质量、安全、进度、文明施工、成本、保修等全部责任，即便总承包单位没有向专业分包单位收取管理费，并不影响总承包单位的承担义务，故选项 C、D 正确。

考点 5 分包合同的应用

1. 【答案】CDE

【解析】专业分包人的工作：分包人应按照分包合同的约定，对分包工程进行设计（分包合同有约定时）、施工、竣工和保修。在合同专用条款约定的时间内，向承包人提供年、季、月度工程进度计划及相应进度统计报表。遵守政府有关主管部门对施工场地交通、施工噪声以及环境保护和安全文明生产等的管理规定，按规定办理有关手续，并以书面形式通知承包人，承包人承担由此发生的费用，因分包人责任造成的罚款除外。已竣工工程未交付承包人之前，分包人应负责已完分包工程的成品保护工作，保护期间发生损坏，分包人自费予以修复。

2. 【答案】C

【解析】承包人的工作如下：按《建设工程施工专业分包合同（示范文本）》专用条款约定的时间，组织分包人参加发包人组织的图纸会审，向分包人进行设计图纸交底，故选项 A 错误；提供专用条款中约定的设备和设施，并承担因此发生的费用，故选项 B 错误；随时为分包人提供确保分包工程的施工所要求的施工场地和通道等，满足施工运输的需要，保证施工期间的畅通，故选项 C 正确；分包人应允许承包人、发包人、工程师及其三方中任何一方授权的人员在工作时间内合理进入分包工程施工场地或材料存放的地点，以及施工场地以外与分包合同有关的分包人的任何工作或准备地点，分包人应提供方便，故选项 D 错误。

3. 【答案】C

【解析】“专业承包”即为业界通常俗称的专业分包，其中常用类别有：地基与基础、起重设备安装、预拌混凝土、电子与智能化、消防设施、防水防腐保温、钢结构、模板脚手架、建筑装饰装修、建筑机电安装、建筑幕墙、古建筑、环保工程、特种工程等。

4. 【答案】D

【解析】施工总承包单位不可以将建设工程主体结构的施工分包给其他单位，故选项 A 错误。建筑工程总承包单位可以将承包工程中的部分工程发包给具有相应资质条件的分包单位；但是，除总承包合同中约定的分包外，必须经建设单位认可，故选项 B 错误。分包单位不可以将其分包的建设工程再分包，故选项 C 错误。施工劳务企业可承担各类施工劳务作业，故选项 D 正确。

5. 【答案】ABCE

【解析】专业分包人的工作：分包人应允许承包人、发包人、工程师及其三方中任何一方授权的人员在工作时间内，合理进入分包工程施工场地或材料存放的地点，以及施工场地以外与分包合同有关的分包人的任何工作或准备地点，分包人应提供方便，选项 D 错误。

6. 【答案】A

【解析】按时提交报表、完整的原始技术经济资料，配合工程承包人办理交工验收，属于劳务分包人的义务，因此选项 A 正确。选项 B、C、D 属于工程承包人的义务。

考点 6 施工合同变更与索赔

1. 【答案】D

【解析】承包人可以向监理或发包人提出变更请求，故选项 A 错误。变更指示均通过监理人发出，故选项 B 错误。未经许可，承包人不得擅自对工程的任何部分进行变更，故选项 C 错误。涉及设计变更的，应由设计人提供变更后的图纸和说明。如变更超过原设计标准或批准的建设规模时，发包人应及时办理规划、设计变更等审批手续，故选项 D 正确。

2. 【答案】C

【解析】合同变更程序：①发包人提出变更；②监理人提出变更建议；③变更执行；④变更估价；⑤承包人的合理化建议；⑥变更引起的工期调整。

3. 【答案】C

【解析】承包人应在收到变更指示后 14 天内，向监理人提交变更估价申请。监理人应在收到承包人提交的变更估价申请后 7 天内审查完毕并报送发包人，监理人对变更估价申请有异议，通知承包人修改后重新提交。发包人应在承包人提交变更估价申请后 14

天内审批完毕。发包人逾期未完成审批或未提出异议的，视为认可承包人提交的变更估价申请。

4. 【答案】B

【解析】由于业主或非施工单位的原因造成的停工、窝工，业主只负责停窝工人工费补偿标准，而不是当地造价部门颁布的工资标准，只负责租赁费或摊销费而不是机械台班费。

5. 【答案】ACD

【解析】索赔的基本条件包括：①客观性；②合法性；③合理性。索赔的发生只体现事情发生的客观性即可，而实际真实性不是其基本条件。及时性为索赔证据的基本要求之一。

6. 【答案】A

【解析】工期索赔的计算方法：

(1) 网络分析法：网络分析法通过分析延误前后的施工网络计划，比较两种工期计算结果，计算出工程应顺延的工程工期。

(2) 比例分析法：在实际工程中，干扰事件常常仅影响某些单项工程、单位工程或分部分项工程的工期，分析它们对总工期的影响。用这种方法分析比较简单。

(3) 其他方法：工程现场施工中，可以按照索赔事件实际增加的天数确定索赔的工期；通过发包方与承包方协议确定索赔的工期。

故选项B、C、D属于工期索赔；总费用法是费用索赔的计算方法。

7. 【答案】D

【解析】罕见特大暴雨是一个有经验的承包商所无法合理预见的，认定为不可抗力，选项A正确；因不可抗力造成的工期延误可以进行索赔，故选项C正确；承包人的施工机械设备损坏及停工损失，由承包人承担，故选项B正确、选项D错误。

2A320000—2A320030

考点 1 施工组织设计的管理

1. 【答案】ACE

【解析】本题考查的是施工组织设计的管理。施工组织设计按编制对象，可分为施工组织总设计、单位工程施工组织设计和施工方案。

2. 【答案】B

【解析】单位工程施工组织设计是一个工程的战略部署，是宏观定性的，体现指导性和原则性，是一个将建筑物的蓝图转化为实物的指导组织各种活动的总文件，是对项目施工全过程管理的综合性文件。

3. 【答案】ABDE

【解析】施工组织设计的编制原则：

(1) 符合施工合同或招标文件中有关工程进度、质量、安全、环境保护与节能、绿色施工、造价等方面的要求。

(2) 积极开发、使用新技术和新工艺，推广应用新材料和新设备。

(3) 坚持科学的施工程序和合理的施工顺序，采用流水施工和网络计划等方法，科学配置资源，合理布置现场，采取季节性施工措施，实现均衡施工，达到合理的经济技术指标。

(4) 采取技术和管理措施，推广建筑节能和绿色施工。

(5) 与质量、环境和职业健康安全三个管理体系有效结合。

4. 【答案】ABDE

【解析】单位工程施工组织设计编制的依据有：

(1) 与工程建设有关的法律、法规和文件。

(2) 国家现行有关标准和技术经济指标。

(3) 工程所在地区行政主管部门的批准文件，建设单位对施工的要求。

(4) 工程施工合同或招标投标文件。

(5) 工程设计文件。

(6) 工程施工范围内的现场条件，工程地质及水文地质、气象等自然条件。

(7) 与工程有关的资源供应情况。

(8) 施工企业的生产能力、机具设备状况、技术水平等。

非工程所在地行政主管部门的批准文件与施工组织设计的编制无关。

5. 【答案】BD

【解析】施工组织设计按编制对象分为施工组织总设计、单位工程施工组织设计和施工方案。施工组织设计应由项目负责人主持编制，可根据需要分阶段编制和审批。施工组织总设计应由总承包单位技术负责人审批；单位工程施工组织设计应由施工单位技术负责人或其授权的技术人员审批；施工方案应由项目技术负责人审批；重点、难点（分项）工程和专项工程施工方案应由施工单位技术部门组织相关专家评审，施工单位技术负责人批准。

6. 【答案】B

【解析】单位工程施工组织设计经施工单位技术负责人或其授权人审批后，应在工程开工前由施工单位项目负责人组织，对项目部全体管理人员及主要分包单位进行交底并做好交底记录。

7. 【答案】ABD

【解析】单位工程的施工组织设计在实施工程中应进行检查。过程检查可按照工程施工阶段进行。通常划分为地基基础、主体结构、装饰装修三个阶段。

8. 【答案】B

【解析】工程竣工后，项目经理按照国家、地方有关工程竣工资料编制的要求，将《单位工程施工组织设计》整理归档。

9. 【答案】BCDE

【解析】项目施工过程中，如发生以下情况之一时，施工组织设计应及时进行修改或补充：

(1) 工程设计有重大修改。

(2) 有关法律、法规、规范和标准实施、修订和废止。

(3) 主要施工方法有重大调整。

(4) 主要施工资源配置有重大调整。

(5) 施工环境有重大改变。

经修改或补充的施工组织设计应重新审批后才能实施。

考点 2 施工部署

1. 【答案】ABCD

【解析】施工部署是在对拟建工程的工程情况、建设要求、施工条件等进行充分了解的基础上，对项目实施过程涉及的任务、资源、时间、空间作出的统筹规划和全面安排。

2. 【答案】ABCD

【解析】“四新”技术包括：新技术、新工艺、新材料、新设备。

考点 3 施工顺序和施工方法的确定

【答案】ABE

【解析】一般工程的施工顺序：“先准备、后开工”，“先地下、后地上”，“先主体、后围护”，“先结构、后装饰"，“先土建、后设备”。

考点 4 施工平面布置图

【答案】ABCE

【解析】施工现场施工平面布置图应包括以下基本内容：

(1) 工程施工场地状况。

(2) 拟建建（构）筑物的位置、轮廓尺寸、层数等。

(3) 工程施工现场的加工设施、存贮设施、办公和生活用房等的位置和面积。

(4) 布置在工程施工现场的垂直运输设施、供电设施、供水供热设施、排水排污设施和临时施工道路等。

(5) 施工现场必备的安全、消防、保卫和环境保护等设施。

(6) 相邻的地上、地下既有建（构）筑物及相关环境。

考点 5 材料、劳动力、施工机具计划

1. 【答案】A

【解析】材料配置计划根据施工进度计划确定，包括各施工阶段所需主要工程材料、设备的种类和数量。根据施工进度计划确定各施工阶段劳动力配置计划。

2. 【答案】C

【解析】施工机具配置计划根据施工部署和施工进度计划确定，包括各施工阶段所需主要周转材料、施工机具的种类和数量。

考点 6 绿色施工与新技术应用

1. 【答案】A

【解析】绿色施工时在全寿命周期内，最大

限度地节约资源（节能、节地、节水、节材）、保护环境、减少污染，为人们提供健康、适用和高效的使用空间，与自然和谐共生的建筑。

2.【答案】C

【解析】项目临时用水应使用节水型产品，对生活用水与工程用水确定用水定额指标，并分别计量管理，选项C错误。

2A320000—2A320040

考点1 现场消防管理

1.【答案】B

【解析】施工现场的消防安全工作应以“预防为主、防消结合”为方针，健全防火组织，认真落实防火安全责任制。

2.【答案】C

【解析】施工现场动火审批程序：

(1) 一级动火作业由项目负责人组织编制防火安全技术方案，填写动火申请表，报企业安全管理部门审查批准后，方可动火。

(2) 二级动火作业由项目责任工程师组织拟定防火安全技术措施，填写动火申请表，报项目安全管理部门和项目负责人审查批准后，方可动火。

(3) 三级动火作业由所在班组填写动火申请表，经项目责任工程师和项目安全管理部门审查批准后，方可动火。

(4) 动火证当日有效，如动火地点发生变化，则需重新办理动火审批手续。

3.【答案】A

【解析】动火证当日有效，如动火地点发生变化，则需重新办理动火审批手续。

4.【答案】ABDE

【解析】施工现场灭火器的摆放：顶部离地面高度应小于1.50m，底部离地面高度宜大于0.15m，选项C错误。

5.【答案】ACE

【解析】一般临时设施区，每100m^2配备2个10L的灭火器，选项A错误；大型临时设施总面积超过1200m^2时，应备有消防专用的消防桶、消防锹、盛水桶（池）、消防砂箱等器材设施，选项B正确；高度超过24m的建筑工程，应安装临时消防竖管，管径不得小于75mm，选项C错误；临时木工加工车间、油漆作业间等，每25m^2应配置一个种类合适的灭火器，选项D正确；仓库、油库、危化品库或堆料厂内，应配备足够组数、种类的灭火器，每组灭火器不应小于4个，每组灭火器之间的距离不应大于30m，选项E错误。

考点2 现场文明施工管理

1.【答案】D

【解析】宿舍必须设置可开启式外窗，床铺不得超过2层，通道宽度不得小于0.9m，故选项A正确；场地四周必须采用封闭围挡，围挡要坚固、稳定、整洁、美观，并沿场地四周连续设置，故选项B正确；现场必须实施封闭管理，现场出入口应设大门和保安值班室，故选项C正确；现场的施工区域应与办公、生活区划分清晰，并应采取相应的隔离防护措施，办公区和生活区不一定要分开设置，故选项D错误。

2.【答案】D

【解析】场地四周必须采用封闭围挡，围挡要坚固、整洁、美观，并沿场地四周连续设置，故选项A正确；现场必须实施封闭管理，现场出入口应设大门和保安值班室，大门或门头设置企业名称和企业标识，施工现场出入口应设置车辆冲洗设施，故选项B正确；现场出入口明显处应设置“五牌一图”，故选项C正确；现场的施工区域应与办公、生活区划分清晰，并应采取相应的隔离防护措施，在建工程内、伙房、库房不得兼作宿舍，故选项D错误。

3.【答案】ABD

【解析】现场出入口明显处应设置“五牌一图”：①工程概况牌；②管理人员名单及监督电话牌；③消防保卫牌；④安全生产牌；⑤文明施工和环境保护牌；⑥施工现场总平面图。

考点3 现场成品保护管理

【答案】C

【解析】“盖”就是表面覆盖，用表面覆盖

的办法防止堵塞或损伤。

考点 4 现场环境保护管理

1. 【答案】B

【解析】施工现场污水排放要与所在地县级以上人民政府市政管理部门签署污水排放许可协议，申领《临时排水许可证》。雨水排入市政雨水管网，污水经沉淀处理后二次使用或排入市政污水管网。现场产生的泥浆、污水未经处理不得直接排入城市排水设施、河流、湖泊、池塘。

2. 【答案】C

【解析】夜间施工一般指当日22时至次日6时，特殊地区可由当地政府部门另行规定，需办理夜间施工许可证明，并公告附近社区居民。

3. 【答案】A

【解析】施工现场产生的固体废弃物应在所在地县级以上地方人民政府环卫部门申报登记，分类存放。建筑垃圾和生活垃圾应与所在地垃圾消纳中心签署环保协议，及时清运处置。有毒有害废弃物应运送到专门的有毒有害废弃物中心消纳。

考点 5 职业健康安全管理

【答案】A

【解析】如发生法定传染病、食物中毒或急性职业中毒时，必须在2h内向所在地建设行政主管部门和有关部门报告，并应积极配合调查处理，故选项A错误。食堂必须有卫生许可证，炊事人员必须持身体健康证上岗。施工现场生活区内应设置开水炉、电热水器或饮用水保温桶，施工区应配备流动保温水桶，水质应符合饮用水安全卫生要求，故选项B、C、D正确。

考点 6 临时用电、用水管理

1. 【答案】C

【解析】施工现场所有用电设备必须有各自专用的开关箱，选项A错误。施工用电回路和设备必须加装两级漏电保护器，总配电箱（配电柜）中应加装总漏电保护器，选项B错误。施工现场临时用电设备在5台及以上或设备总容量在50kW及以上者，应编制用电组织设计，选项C正确。施工现场的动力用电和照明用电应形成两个用电回路，选项D错误。

2. 【答案】C

【解析】照明变压器必须使用双绕组型安全隔离变压器，严禁使用自耦变压器，故选项A错误；潮湿和易触及带电体场所的照明，电源电压不得大于24V，故选项B错误；隧道、人防工程、高温、有导电灰尘、比较潮湿或灯具离地面高度低于2.5m等场所的照明，电源电压不得大于36V，故选项C正确（24V不大于36V，满足要求）；特别潮湿场所、导电良好的地面、锅炉或金属容器内的照明，电源电压不得大于12V，故选项D错误。

3. 【答案】A

【解析】现场临时用水管理：①现场临时用水包括生产用水、机械用水、生活用水和消防用水。②现场临时用水必须根据现场工况编制临时用水方案，建立相关的管理文件和档案资料。③消防用水一般利用城市或建设单位的永久消防设施，选项B错误。如自行设计，消防干管直径应不小于100mm，选项C错误。消防栓处昼夜要有明显标志，配备足够的水龙带，周围3m内不准存放物品。④高度超过24m的建筑工程，应安装临时消防竖管，管径不得小于75mm，严禁消防竖管作为施工用水管线，选项A正确。⑤消防供水要保证足够的水源和水压。消防泵应使用专用配电线路，不间断供电，保证消防供水，选项D错误。

考点 7 安全警示牌布置原则

1. 【答案】ABDE

【解析】安全标志分为禁止标志、警告标志、指令标志和提示标志四大类型。

2. 【答案】B

【解析】警告标志是用来提醒人们对周围环境引起注意，以避免发生危险的图形标志，故选项B正确。

3. 【答案】B

【解析】多个安全警示牌在一起布置时，应按警告、禁止、指令、提示类型的顺序，先左后右、先上后下进行排列。各标志牌之间的距离至少应为标志牌尺寸的0.2倍。

考点 8 施工现场综合考评分析

【答案】ABCD

【解析】建设工程施工现场综合考评的内容，分为建筑业企业的施工组织管理、工程质量管理、施工安全管理、文明施工管理和建设、监理单位的现场管理等五个方面。

2A320000—2A320050

考点 1 施工进度计划的编制

1. 【答案】ABCD

【解析】施工进度计划按编制对象的不同可分为：施工总进度计划、单位工程进度计划、分阶段（或专项工程）工程进度计划、分部分项工程进度计划四种。

2. 【答案】A

【解析】施工程序和施工顺序随着施工规模、性质、设计要求、施工条件和使用功能的不同而变化，但仍有可供遵循的共同规律，在施工进度计划编制过程中，需注意如下基本原则：

(1) 安排施工程序的同时，首先安排其相应的准备工作。

(2) 首先进行全场性工程的施工，然后按照工程排队的顺序，逐个地进行单位工程的施工。

(3) "三通"工程应先场外后场内，由远而近，先主干后分支，排水工程要先下游后上游。

(4) 先地下后地上和先深后浅的原则。

(5) 主体结构施工在前，装饰工程施工在后，随着建筑产品生产工厂化程度的提高，它们之间的先后时间间隔的长短也将发生变化。

(6) 既要考虑施工组织要求的空间顺序，又要考虑施工工艺要求的工种顺序；必须在满足施工工艺要求的条件下，尽可能地利用工作面，使相邻两个工种在时间上合理且最大限度地搭接起来。

3. 【答案】A

【解析】施工总进度计划可采用网络图或横道图表示，并附必要说明，宜优先采用网络计划。

4. 【答案】ADE

【解析】单位工程进度计划的内容一般应包括：

(1) 工程建设概况。

(2) 工程施工情况。

(3) 单位工程进度计划，分阶段进度计划，单位工程准备工作计划，劳动力需用量计划，主要材料、设备及加工计划，主要施工机械和机具需要量计划，主要施工方案及流水段划分，各项经济技术指标要求等。

选项B、C属于单位工程进度计划的编制依据。

考点 2 流水施工方法在建筑工程中的应用

1. 【答案】A

【解析】流水施工参数包括：工艺参数、空间参数、时间参数。

2. 【答案】A

【解析】在无节奏流水施工中，通常用来计算流水步距的方法是累加数列错位相减取大差法。

考点 3 网络计划方法在建筑工程中的应用

1. 【答案】B

【解析】当计划工期等于计算工期时，判别关键工作的条件是总时差为零的工作。当计划工期不等于计算工期时，其总时差最小的工作为关键工作。

2. 【答案】C

【解析】工作自由时差，是指在不影响其所有紧后工作最早开始的前提下，本工作可以利用的机动时间。未超过该工作的自由时差，对后续工作均不影响。

3. 【答案】A

【解析】工作F的最早结束时间为15＋5＝20 (d)；其三个紧后工作的最迟开始时间分别为30d、30d、32d，总时差以不影响总工期为原则，也就是以不影响所有紧后工作最晚开始时间为原则，即工作F的总时差为

min（30，30，32）－20＝10（d）。工作 F 三个紧后工作的最早开始时间分别为 24d、26d、30d，自由时差以不影响所有紧后工作最早开始为原则，则工作 F 的自由时差 min（24，26，30）－20＝4（d）。

考点 4 施工进度计划的检查与调整

1. 【答案】B

【解析】工期优化也称时间优化，其目的是当网络计划计算工期不能满足要求工期时，通过不断压缩关键线路上的关键工作的持续时间等措施，达到缩短工期、满足要求的目的。选择优化对象应考虑下列因素：

（1）缩短持续时间对质量和安全影响不大的工作。

（2）有备用资源的工作。

（3）缩短持续时间所需增加的资源、费用最少的工作。

压缩直接费用率之和最小的工作组合，则赶工费用最低。如果压缩后工作可能变为非关键工作，则虽然压缩了该工作的持续时间，但却不一定能达到调整总工期的目的。

2. 【答案】C

【解析】工程网络计划的计划工期应不超过要求工期。

2A320000—2A320060

考点 1 建筑材料质量管理

1. 【答案】ABCE

【解析】建筑材料的质量控制主要体现在以下四个环节：材料的采购、材料进场试验检验、过程保管和材料使用。

2. 【答案】ABCD

【解析】施工检测试验计划应按检测试验项目分别编制，并应包括以下内容：①检测试验项目名称；②检测试验参数；③试样规格；④代表批量；⑤施工部位；⑥计划检测试验时间。

3. 【答案】B

【解析】建筑工程施工现场检测试验的组织管理和实施应由施工单位负责。

考点 2 地基基础工程施工质量管理

1. 【答案】B

【解析】灌注桩成孔的控制深度应符合下列要求：

（1）摩擦型桩：摩擦桩应以设计桩长控制成孔深度；端承摩擦桩必须保证设计桩长及桩端进入持力层深度。当采用锤击沉管法成孔时，桩管入土深度控制应以高程为主，以贯入度控制为辅，选项 B 错误。

（2）端承型桩：当采用钻（冲）、人工挖掘成孔时，必须保证桩端进入持力层的设计深度；当采用锤击沉管法成孔时，桩管入土深度控制应以贯入度为主，以高程控制为辅。

2. 【答案】C

【解析】用泥浆循环清孔时，清孔后的泥浆相对密度控制在 1.15～1.25。第一次清孔在提钻前，第二次清孔在沉放钢筋笼、下导管后。第一次浇筑混凝土必须保证底端能埋入混凝土中 0.8～1.3m，以后的浇筑中导管埋深宜为 2～6m。

考点 3 混凝土结构工程施工质量管理

1. 【答案】C

【解析】采用扣件式钢管作高大模板支架的立杆时，支架搭设应完整，并应符合下列规定：立杆上应每步设置双向水平杆，水平杆应与立杆扣接，故选项 A 正确；立柱接长严禁搭接，必须采用对接扣件连接，相邻两立柱的对接接头不得在同步内，且对接接头沿竖向错开的距离不宜小于 500mm，故选项 B 正确、选项 C 错误；严禁将上段的钢管立柱与下段钢管立柱错开固定在水平拉杆上，故选项 D 正确。

2. 【答案】B

【解析】成型钢筋检验批量可由合同约定，同一工程、同一原材料来源、同一组生产设备生产的成型钢筋，检验批量不宜大于 30t。

3. 【答案】B

【解析】在同一工程项目中，同一厂家、同一牌号、同一规格的钢筋（同一钢筋来源的成型钢筋）连续三批进场检验均一次检验合格时，其后的检验批量可扩大一倍。

4. 【答案】C

【解析】预应力混凝土结构、钢筋混凝土结构中，严禁使用含氯化物的水泥。预应力混凝土结构中严禁使用含氯化物的外加剂；钢筋混凝土结构中，当使用含有氯化物的外加剂时，混凝土中氯化物的总含量必须符合现行国家标准的规定。

考点 4 砌体结构工程施工质量管理

1. 【答案】D

【解析】填充墙砌体砌筑，应在承重主体结构检验批验收合格后进行；填充墙与承重主体结构之间的空（缝）隙部位施工，应在填充墙砌筑14d后进行。

2. 【答案】A

【解析】砌筑砂浆搅拌后的稠度以30～90mm为宜。

考点 5 钢结构工程施工质量管理

1. 【答案】C

【解析】对属于下列情况之一的钢材，应进行全数抽样复验：①国外进口钢材；②钢材混批；③板厚等于或大于40mm，且设计有Z向性能要求的厚板；④建筑结构安全等级为一级，大跨度钢结构中主要受力构件所采用的钢材；⑤设计有复验要求的钢材；⑥对质量有疑义的钢材。

2. 【答案】D

【解析】碳素结构钢应在焊缝冷却到环境温度后，低合金钢应在完成焊接24h后进行焊缝无损检测检验。

考点 6 建筑防水、保温工程施工质量管理

1. 【答案】A

【解析】建筑室内防水工程的施工，应建立各道工序的自检、交接检和专职人员检查的“三检”制度，并有完整的检查记录。对上道工序未经检查确认，不得进行下道工序的施工。

2. 【答案】D

【解析】进场的防水涂料和胎体增强材料应检验下列项目：

(1) 高聚物改性沥青防水涂料的固体含量、耐热性、低温柔性、不透水性、断裂伸长率或抗裂性。

(2) 合成高分子防水涂料和聚合物水泥防水涂料的固体含量、低温柔性、不透水性、拉伸强度、断裂伸长率。

(3) 胎体增强材料的拉力、延伸率。

选项A、B、C属于高聚物改性沥青防水涂料应检验的项目。

3. 【答案】A

【解析】本题考查的是喷涂硬泡聚氨酯保温层施工规定。喷涂硬泡聚氨酯保温层，一个作业面应分遍喷涂完成，每遍喷涂厚度不宜大于15mm，硬泡聚氨酯喷涂后20min内严禁上人。

考点 7 墙面、吊顶与地面工程施工质量管理

1. 【答案】B

【解析】安装双层石膏板时，面层板与基层板的接缝应错开，并不得在同一根龙骨上接缝。

2. 【答案】B

【解析】有防水要求的建筑地面子分部工程的分项工程施工质量每检验批抽查数量应按其房间总数随机检验不应少于4间，不足4间，应全数检查。

考点 8 门窗与细部工程施工质量管理

【答案】ACD

【解析】门窗工程应对下列材料及其性能指标进行复验：

(1) 人造木板的甲醛含量。

(2) 建筑外窗的气密性、水密性和抗风压性能。

2A320000—2A320070

考点 1 基坑工程安全管理

1. 【答案】C

【解析】应采取支护措施的基坑（槽）：

(1) 基坑（槽）深度较大，且不具备自然放坡施工条件。

(2) 地基土质松软，并有地下水或丰富的上层滞水。

（3）基坑（槽）开挖会危及邻近建（构）筑物、道路及地下管线的安全与使用。

2. 【答案】ABCD

【解析】地下水的控制方法主要有：集水明排、真空井点降水、喷射井点降水、管井降水、截水和回灌。

3. 【答案】D

【解析】悬臂式支护结构发生位移时，应采取加设支撑或锚杆、支护墙背卸土等方法及时处理。悬臂式支护结构发生深层滑动应及时浇筑垫层，必要时也可加厚垫层，以形成下部水平支撑。

考点 2 脚手架工程安全管理

1. 【答案】C

【解析】单排脚手架搭设高度不应超过 24m；双排脚手架搭设高度不宜超过 50m，高度超过 50m 的双排脚手架，应采用分段搭设的措施。

2. 【答案】ABCE

【解析】脚手架定期检查的主要项目包括：

（1）杆件的设置和连接，连墙件、支撑、门洞桁架等的构造是否符合要求。

（2）地基是否有积水，底座是否松动，立杆是否悬空。

（3）扣件螺栓是否有松动。

（4）高度在 24m 及以上的脚手架，其立杆的沉降与垂直度的偏差是否符合技术规范的要求。

（5）架体的安全防护措施是否符合要求。

（6）是否有超载使用的现象等。

3. 【答案】ABD

【解析】脚手架及其地基基础应在下列阶段进行检查和验收：

（1）基础完工后，架体搭设前。

（2）每搭设完 6～8m 高度后。

（3）作业层上施加荷载前。

（4）达到设计高度后。

（5）遇有六级及以上大风或大雨后。

（6）冻结地区解冻后。

（7）停用超过一个月的，在重新投入使用之前。

考点 3 模板工程安全管理

1. 【答案】CDE

【解析】模板设计主要包括模板面、支撑系统及连接配件等的设计。

2. 【答案】D

【解析】满堂支撑架搭设高度不宜超过 30m。

3. 【答案】D

【解析】立柱底部支承结构必须具有支承上层荷载的能力。立柱底部应设置木垫板，禁止使用砖及脆性材料铺垫，选项 D 错误。

4. 【答案】ABCD

【解析】保证模板安装施工安全的基本要求有：

（1）模板工程作业高度在 2m 及 2m 以上时，要有安全可靠的操作架子或操作平台。

（2）操作架子上、平台上不宜堆放模板，必须短时间堆放时，一定要码放平稳，数量必须控制在架子或平台的允许荷载范围内。

（3）雨期施工，高耸结构的模板作业，要安装避雷装置。

（4）五级以上大风天气，应停止进行大块模板拼装和吊装作业。

（5）在架空输电线路下方进行模板施工，如果不能停电作业，应采取隔离防护措施。

（6）夜间施工，必须有足够的照明。

5. 【答案】ABCE

【解析】现浇混凝土结构模板及其支架拆除时的混凝土强度应符合设计要求。当设计无要求时，应符合下列规定：

（1）承重模板，应在与结构同条件养护的试块强度达到规定要求时，方可拆除。

（2）后张预应力混凝土结构底模必须在预应力张拉完毕后，才能进行拆除。

（3）在拆模过程中，如发现实际混凝土强度并未达到要求，有影响结构安全的质量问题时，应暂停拆模，经妥善处理实际强度达到要求后，才可继续拆除。

（4）已拆除模板及其支架的混凝土结构，应在混凝土强度达到设计的混凝土强度标准值后，才允许承受全部设计的使用荷载。

（5）拆除芯模或预留孔的内模时，应在混凝土强度能保证不发生塌陷和裂缝时，方可拆除。

考点4 高处作业安全管理

1. 【答案】A

【解析】高处作业指凡在坠落高度基准面2m以上（含2m）有可能坠落的高处进行的作业。

2. 【答案】AB

【解析】施工单位应为从事高处作业的人员提供合格的安全帽、安全带、防滑鞋等必备的个人安全防护用具、用品。从事高处作业的人员应按规定正确佩戴和使用，故选项A正确。在进行高处作业前，应认真检查所使用的安全设施是否安全可靠，脚手架、平台、梯子、防护栏杆、挡脚板、安全网等设置应符合安全技术标准要求，故选项B正确。在六级及六级以上强风和雷电、暴雨、大雾等恶劣气候条件下，不得进行露天高处作业，故选项C错误。因作业需要，临时拆除或变动安全防护措施时，必须经施工负责人同意，并采取相应的可靠措施，作业后应立即恢复，故选项D错误。在雨雪天从事高处作业，应采取防滑措施，而不是严禁高处作业，故选项E错误。

3. 【答案】C

【解析】现场作业人员不允许在起重机臂架、脚手架杆件或其他施工设备上进行攀登上下，选项C错误。

4. 【答案】A

【解析】交叉作业人员不允许在同一垂直方向上操作，要做到上部与下部作业人员的位置错开，使下部作业人员的位置处在上部落物的可能坠落半径范围以外，当不能满足要求时，应设置安全隔离层进行防护，故选项A正确。拆下的模板等堆放时，不能过于靠近楼层边沿，应与楼层边沿留出不小于1m的安全距离，码放高度也不得超过1m，故选项B错误。结构施工自二层起，凡人员进出的通道口都应搭设符合规范要求的防护棚，高度超过24m的交叉作业，通道口应设双层防护棚进行防护，故选项C、D错误。

5. 【答案】A

【解析】移动式操作平台台面不得超过$10m^2$，高度不得超过5m。

考点5 洞口、临边防护管理

1. 【答案】A

【解析】电梯井口除设置固定的栅门外，还应在电梯井内每隔两层（不大于10m）设一道安全平网进行防护。

2. 【答案】C

【解析】楼板、屋面和平台等面上短边尺寸在2.5～25cm范围的孔口，必须用坚实的盖板盖严，盖板要有防止挪动移位的固定措施，选项A正确。边长为50～150cm的洞口，必须设置一层以扣件扣接钢管而成的网格栅，并在其上满铺竹笆或脚手板，也可采用贯穿于混凝土板内的钢筋构成防护网栅，钢筋网格间距不得大于20cm，选项B正确。边长在150cm以上的洞口，四周必须设防护栏杆，洞口下张设安全平网防护，选项C错误。垃圾井道和烟道，应随楼层的砌筑或安装而逐一消除洞口，或按照预留洞口的做法进行防护，选项D正确。

考点6 施工用电安全管理

【答案】A

【解析】施工用电配电系统应设置总配电箱（配电柜）、分配电箱、开关箱，并按照“总—分—开”顺序作分级设置，形成“三级配电”模式，故选项A正确。照明变压器必须使用双绕组型安全隔离变压器，严禁使用自耦变压器，故选项B错误。一般场所宜选用额定电压为220V的照明器，故选项C错误。施工现场临时用电设备在5台及以上或设备总容量在50kW及以上者，应编制用电组织设计。临时用电设备在5台以下和设备总容量在50kW以下者，应制定安全用电和电气防火措施，故选项D错误。

考点7 垂直运输机械安全管理

1. 【答案】A

【解析】外用电梯的安装和拆卸作业必须由取得相应资质的专业队伍进行，安装完毕经验收合格，取得政府相关主管部门核发的《准用证》后方可使用，选项A错误。外用电梯底笼周围2.5m范围内必须设置牢固的防护栏杆，进出口处的上部应根据电梯高度搭设足够尺寸和强度的防护棚，选项B正确。外用电梯与各层站过桥和运输通道，除应在两侧设置安全防护栏杆、挡脚板并用安全立网封闭外，进出口处尚应设置常闭型的防护门，选项C正确。外用电梯在大雨、大雾、六级及六级以上大风天气时，应停止使用，选项D正确。

2. 【答案】BC

【解析】塔吊的安装取得政府相关主管部门核发的《准用证》后方可投入使用，选项A错误。遇有风速在12m/s（或六级）及以上大风、大雨、大雪、大雾等恶劣天气，应停止作业，将吊钩升起，选项D、E错误。

考点8 施工机具安全管理

1. 【答案】BD

【解析】在一般作业场所应使用Ⅰ类手持电动工具，外壳应做接零保护，并加装防溅型漏电保护装置；潮湿场所或在金属构架等导电性良好的作业场所应使用Ⅱ类手持电动工具；在狭窄场所（锅炉、金属容器、地沟、管道内等）宜采用Ⅲ类工具。

2. 【答案】BCE

【解析】木工机具安全控制要点：

(1) 木工机具安装完毕，经验收合格后方可投入使用。

(2) 不得使用合用一台电机的多功能木工机具。

(3) 平刨的护手装置、传动防护罩、接零保护、漏电保护装置必须齐全有效，严禁拆除安全护手装置进行刨削，严禁戴手套进行操作。

(4) 圆盘锯的锯片防护罩、传动防护罩、挡网或棘爪、分料器、接零保护、漏电保护装置必须齐全有效。

(5) 机具应使用单向开关，不得使用倒顺双向开关。

考点9 施工安全检查与评定

1. 【答案】ACE

【解析】文明施工检查评定保证项目应包括：现场围挡、封闭管理、施工场地、材料管理、现场办公与住宿、现场防火。应急救援、施工组织设计及专项施工方案属于安全管理检查评定保证项目，选项B、D错误。

2. 【答案】C

【解析】建筑施工安全检查评定的等级划分应符合下列规定：

(1) 优良：分项检查评分表无零分，汇总表得分值应在80分及以上。

(2) 合格：分项检查评分表无零分，汇总表得分值应在80分以下，70分及以上。

(3) 不合格：①当汇总表得分值不足70分时；②当有一分项检查评分表得零分时。

2A320000—2A320080

考点1 工程造价的构成与计算

1. 【答案】B

【解析】建筑安装工程费按照费用构成要素划分，由人工费、材料（包含工程设备）费、施工机具使用费、企业管理费、利润、规费和税金组成；按照工程造价形成划分，由分部分项工程费、措施项目费、其他项目费、规费、税金组成。

2. 【答案】C

【解析】措施项目费是指为完成建设工程施工，发生于该工程施工前和施工过程中的技术、生活、安全、环境保护等方面的费用，内容包括：安全文明施工费（含环境保护费、文明施工费、安全施工费、临时设施费）、夜间施工增加费、二次搬运费、冬雨期施工增加费、已完工程及设备保护费、工程定位复测费、特殊地区施工增加费、大型机械设备进出场及安拆费、脚手架工程费。

考点2 工程成本的构成与成本计划

1. 【答案】ABCD

【解析】按照成本控制的不同标准划分为：目标成本、计划成本、标准成本、定额成本。

2. 【答案】D

【解析】定量预测法常用方法如下：简单平均法、时间序列法、回归分析法、量本利分析法、因素分析法。

3. 【答案】C

【解析】施工成本计划程序：①搜集和整理各类有关资料；②分解目标成本；③编制成本计划草案；④综合平衡，编制正式的成本计划。

考点 3 工程量清单计价规范的运用

1. 【答案】AD

【解析】全部使用国有资金投资或国有资金投资为主的建设工程施工发承包，必须采用工程量清单计价。非国有资金投资的建设工程，宜采用工程量清单计价。

2. 【答案】ABC

【解析】措施项目清单中的安全文明施工费应按照国家或省级、行业建设主管部门的规定计价，不得作为竞争性费用。规费和税金应按国家或省级、行业建设主管部门的规定计算，不得作为竞争性费用。

考点 4 合同价款的约定与调整

【答案】ABCD

【解析】引起工程合同价款的调整因素是多种多样的，例如国家政策调整、法律法规变化、市场价格波动、不可抗力发生、开发及设计变更、承建双方未尽责任与义务等。施工方自身原因造成的工期损失由施工单位承担。

考点 5 预付款与进度款的计算

1. 【答案】C

【解析】承包人应在签订合同或向发包人提供与预付款等额预付款保函（如合同中有此约定）后向发包人提交预付款支付申请。发包人应在收到申请后的7d内进行核实，然后向承包人发出工程预付款支付证书，并在签发支付证书后的7d内向承包人支付预付款。故选项C正确，选项A、D错误。工程预付款的比例不宜高于合同价款（不含其他项目费）的30%，故选项B错误。

2. 【答案】D

【解析】按月支付的费用见下表：

<table>
<tr><th>月份</th><th>1</th><th>2</th><th colspan="2">3</th><th>4</th><th>5</th></tr>
<tr><td rowspan="2">完成工程量/万元</td><td rowspan="2">100</td><td rowspan="2">200</td><td colspan="2">300</td><td rowspan="2">300</td><td rowspan="2">100</td></tr>
<tr><td>200</td><td>100</td></tr>
<tr><td>应扣回预付款/万元</td><td>0</td><td>0</td><td>0</td><td>40</td><td>120</td><td>40</td></tr>
<tr><td>应支付的费用/万元</td><td>100</td><td>200</td><td>200</td><td>60</td><td>180</td><td>60</td></tr>
<tr><td>累计付款/万元</td><td>100</td><td>300</td><td>500</td><td>560</td><td>740</td><td>800</td></tr>
</table>

考点 6 工程竣工结算

1. 【答案】BC

【解析】竣工结算原则：

(1) 任何工程的竣工结算，必须在工程全部完工、经提交验收并提出竣工验收报告以后方能进行。

(2) 工程竣工结算的各方，应共同遵守国家有关法律、法规、政策方针和各项规定，严禁高估冒算，严禁套用国家和集体资金，严禁在结算时挪用资金和谋取私利。

(3) 坚持实事求是，针对具体情况处理遇到的复杂问题。

(4) 强调合同的严肃性，依据合同约定进行结算。

(5) 办理竣工结算，必须依据充分，基础资料齐全。

2. 【答案】C

【解析】因为该工程固定要素的系数为0.2，所以可调部分的系数为0.8，又由于钢材费用占调值部分的50%，则钢材费用的系数应为0.4。根据公式得工程实际结算价为：1000×［0.2＋0.8×50%×（1＋10%）＋0.8×50%×1］＝1040（万元）。

考点7 成本控制方法在建筑工程中的应用

【答案】BCD

【解析】成本分析的依据有：统计核算、会计核算和业务核算的资料。

2A320000—2A320090

考点1 检验批及分项工程的质量验收

1. 【答案】A

【解析】检验批应由专业监理工程师组织施工单位项目专业质量检查员、专业工长等验收。

2. 【答案】B

【解析】分项工程应由专业监理工程师（建设单位项目专业技术负责人）组织施工单位项目专业技术负责人等进行验收。

考点2 分部工程的质量验收

【答案】D

【解析】分部工程应由总监理工程师（建设单位项目负责人）组织施工单位项目负责人和项目技术负责人等进行验收；勘察、设计单位项目负责人和施工单位技术、质量部门负责人应参加地基与基础分部工程的验收；设计单位项目负责人和施工单位技术、质量部门负责人应参加主体结构、节能分部工程的验收。

考点3 室内环境质量验收

1. 【答案】C

【解析】民用建筑工程验收时，环境污染物浓度现场检测点应距内墙面不小于0.5m，距楼地面高度0.8～1.5m；检测点应均匀分布；点位应避开通风道和通风口。

2. 【答案】B

【解析】当室内环境污染物浓度检测结果不符合规范规定时，应对不符合项目再次加倍抽样检测，并应包括原不合格的同类型房间及原不合格房间；当再次检测的结果符合规范规定时，应判定该工程室内环境质量合格。再次加倍抽样检测的结果不符合规范规定时，应查找原因并采取措施进行处理，直至检测合格。

考点4 节能工程质量验收

【答案】ACD

【解析】节能工程的检验批验收和隐蔽工程验收应由监理工程师主持，施工单位相关专业的质量检查员与施工员参加。施工单位技术负责人参加节能分项工程验收。项目经理参加节能分部工程验收。

考点5 消防工程竣工验收

1. 【答案】CDE

【解析】总面积大于20000m^2的体育场馆、总面积大于15000m^2的客运车站候车室属于特殊建设工程。

2. 【答案】A

【解析】建设单位依法对建设工程消防设计、施工质量负首要责任。设计、施工、工程监理、技术服务等单位依法对建设工程消防设计、施工质量负主体责任。

考点6 单位工程竣工验收

【答案】ABCD

【解析】单位工程质量验收合格应符合下列规定：

（1）所含分部工程的质量均应验收合格。

（2）质量控制资料应完整。

（3）所含分部工程中有关安全、节能、环境保护和主要使用功能的检验资料应完整。

（4）主要使用功能的抽查结果应符合相关专业验收规范的规定。

（5）观感质量应符合要求。

单位工程验收时不需要竣工图绘制完成，故选项E错误。

考点7 工程竣工资料的编制

1. 【答案】BCD

【解析】新建、改建、扩建的建筑工程均应编制竣工图；竣工图应真实反映竣工工程的实际情况。

2. 【答案】ABCE

【解析】工程资料移交应符合下列规定：

（1）监理单位应向建设单位移交监理资料。

（2）施工单位应向建设单位移交施工资料。

（3）实行施工总承包的，各专业承包单位应向施工总承包单位移交施工资料。

(4) 工程资料移交时应及时办理相关移交手续，填写工程资料移交书、移交目录。

(5) 建设单位应按国家有关法规和标准规定向城建档案管理部门移交工程档案，并办理相关手续。有条件时，向城建档案管理部门移交的工程档案应为原件。

2A330000 建筑工程项目施工相关法规与标准

考点 1 建筑工程相关法规

1. 【答案】AB

【解析】民用建筑节能，是指在保证民用建筑使用功能和室内热环境质量的前提下，降低使用过程中能源消耗的活动。选项 C、D、E 不属于节能范畴。

2. 【答案】B

【解析】建设单位组织竣工验收，应对民用建筑是否符合民用建筑节能强制性标准进行查验；对不符合民用建筑节能强制性标准的，不得出具竣工验收合格报告。

3. 【答案】C

【解析】在正常使用条件下，保温工程的最低保修期限为 5 年。保温工程的保修期，自竣工验收合格之日起计算。

4. 【答案】B

【解析】不良行为记录信息的公布时间为处罚决定作出之后 7 日内，公布期限一般为 6 个月至 3 年。

5. 【答案】ABC

【解析】诚信行为记录由各省、自治区、直辖市建设行政主管部门在当地建筑市场诚信信息平台上统一公布。

6. 【答案】B

【解析】危大工程实行分包的，专项施工方案可以由相关专业分包单位组织编制。

7. 【答案】B

【解析】超过一定规模的危险性较大的分部分项工程：开挖深度超过 5m（含 5m）的基坑（槽）的土方开挖、支护、降水工程，故选项 A 错误；搭设高度 8m 及以上的混凝土模板支撑工程，故选项 B 正确；搭设高度 50m 及以上落地式钢管脚手架工程，故选项 C 错误；搭设跨度 18m 及以上的混凝土模板支撑工程，故选项 D 错误。

8. 【答案】A

【解析】专项施工方案的审批流程：专项施工方案应当由施工单位技术负责人审核签字、加盖单位公章，并由总监理工程师审查签字、加盖执业印章后方可实施。危大工程实行分包并由分包单位编制专项施工方案的，专项施工方案应当由总承包单位技术负责人及分包单位技术负责人共同审核签字并加盖单位公章。

9. 【答案】AC

【解析】专家组成员：①诚实守信、作风正派、学术严谨；②从事专业工作 15 年以上或具有丰富的专业经验；③具有高级专业技术职称。专家组成员应由 5 名及以上符合相关专业要求的专家组成，与本工程有利害关系的人员不得以专家身份参加专家论证会。

10. 【答案】A

【解析】超过一定规模的危险性较大的分部分项工程专项方案应当由施工单位组织召开专家论证会。实行施工总承包的，由施工总承包单位组织召开专家论证会。

11. 【答案】ABCE

【解析】事故报告的原则：事故报告应当及时、准确、完整，任何单位和个人对事故不得迟报、漏报、谎报或者瞒报。

12. 【答案】A

【解析】事故发生后，事故现场有关人员应当立即向施工单位负责人报告；施工单位负责人接到报告后，应当于 1h 内向事故发生地县级以上人民政府建设主管部门和有关部门报告。

13. 【答案】ABDE

【解析】生产安全事故报告的内容：

（1）事故发生的时间、地点和工程项目、有关单位名称。

（2）事故的简要经过。

（3）事故已经造成或者可能造成的伤亡人数（包括下落不明的人数）和初步估计的直接经济损失。

（4）事故的初步原因。

（5）事故发生后采取的措施及事故控制

情况。

(6) 事故报告单位或报告人员。

(7) 其他应当报告的情况。

考点 2 建筑工程标准

1.【答案】BDE

【解析】项目管理机构应识别进度计划变更风险，并在进度计划变更前制定下列预防风险的措施：组织措施，技术措施，经济措施，沟通协调措施。

2.【答案】B

【解析】项目质量计划应包括下列内容：①质量目标和质量要求；②质量管理体系和管理职责；③法律法规和标准规范；④质量控制点的设置与管理；⑤项目生产要素的质量控制；⑥实施质量目标和质量要求所采取的措施；⑦项目质量文件管理。

3.【答案】B

【解析】组织应建立安全生产管理制度，坚持以人为本，预防为主，确保项目处于本质安全状态，选项A错误；项目质量管理应坚持缺陷预防的原则，选项B正确；施工现场的消防工作应坚持预防为主，防消结合的方针，选项C错误；施工现场安全警示牌的设置应遵循“标准、安全、醒目、便利、协调、合理”的原则，选项D错误。

4.【答案】ABDE

【解析】施工总平面布置应符合如下原则：

(1) 平面布置科学合理，施工场地占用面积少。

(2) 合理组织运输，减少二次搬运。

(3) 施工区域的划分和场地的临时占用应符合总体施工部署和施工流程的要求，减少相互干扰。

(4) 充分利用既有建（构）筑物和既有设施为项目施工服务，降低临时设施的建造费用。

(5) 临时设施应方便生产和生活，办公区、生活区和生产区宜分离设置。

(6) 符合节能、环保、安全和消防等要求。

(7) 遵守当地主管部门和建设单位关于施工现场安全文明施工的相关规定。

5.【答案】A

【解析】工程文件应采用碳素墨水、蓝黑墨水等耐久性强的书写材料，不得使用红色墨水、纯蓝墨水、圆珠笔、复写纸、铅笔等易褪色的书写材料。

6.【答案】BDE

【解析】归档的工程文件应为原件，内容必须真实、准确，与工程实际相符合，故选项A错误。竣工图章的基本内容应包括：“竣工图”字样、施工单位、编制人、审核人、技术负责人、编制日期、监理单位、现场监理、总监理工程师。注意是技术负责人而不是项目质量负责人，故选项C错误。

7.【答案】AB

【解析】文字材料按事项、专业顺序排列。同一事项的请示与批复、同一文件的印本与定稿、主件与附件不能分开，并按批复在前、请示在后，印本在前、定稿在后，主件在前、附件在后的顺序排列，故选项A、B正确，选项C、E错误。只规定可按事项进行排序，但没有要求按文件页数多少排序，故选项D错误。

8.【答案】C

【解析】灌注桩混凝土强度检验的试件应在施工现场随机抽取。来自同一搅拌站的混凝土，每浇筑$50m^3$必须至少留置1组试件。当混凝土浇筑量不足$50m^3$时，每连续浇筑12h必须留置1组试件。对单柱单桩，每根桩应至少留置1组试件。

9.【答案】D

【解析】用块体材料做保护层时，宜设置分格缝，分格缝纵横间距不应大于10m，分格缝宽度宜为20mm。

10.【答案】A

【解析】设计无要求时，架空隔热层高度宜为180～300mm。当屋面宽度大于10m时，应在屋面中部设置通风屋脊，通风口处应设置通风箅子。

11.【答案】B

【解析】混凝土结构层宜采用结构找坡，坡度不应小于3%，故选项A错误；防水涂料应多遍涂布，并应待前一遍涂布的涂料干燥成膜后，再涂布后一遍涂料，且前后两遍涂料的涂布方向应相互垂直，故选项

B正确；卷材防水层施工时，应先进行细部构造处理，然后由屋面最低标高向上铺贴卷材，宜平行屋脊铺贴，上下层卷材不得相互垂直铺贴，故选项C、D错误。

12. 【答案】ABD

【解析】屋面出入口的泛水高度不应小于250mm，故选项C错误；女儿墙和山墙的压顶向内排水坡度不应小于5%，故选项E错误。

13. 【答案】B

【解析】防水混凝土适用于抗渗等级不小于P6的地下混凝土结构。不适用于环境温度高于80℃的地下工程。

14. 【答案】D

【解析】防水混凝土抗渗性能应采用标准条件下养护混凝土抗渗试件的试验结果评定，试件应在混凝土浇筑地点随机取样后制作。连续浇筑的防水混凝土，每500m^3应留置一组6个抗渗试件，且每项工程不得少于两组；采用预拌混凝土的抗渗试件，留置组数应视结构的规模和要求而定。

15. 【答案】B

【解析】冷粘法铺贴时，卷材接缝部位应采用专用粘结剂或胶结带满粘，接缝口应用密封材料封严，其宽度不应小于10mm，故选项A错误；在转角处、变形缝、施工缝、穿墙管等部位应铺贴卷材加强层，加强层宽度不应小于500mm，故选项C错误；铺贴双层卷材时，上下两层和相邻两幅卷材的接缝应错开1/3～1/2幅宽，且两层卷材不得相互垂直铺贴，故选项D错误。

16. 【答案】D

【解析】防水混凝土垂直施工缝应避开地下水和裂隙水较多的地段，并宜与变形缝相结合。

17. 【答案】B

【解析】厕浴间和有防水要求的建筑地面必须设置防水隔离层。楼板四周除门洞外应做混凝土翻边，高度不应小于200mm，宽同墙厚，混凝土强度等级不应小于C20。

18. 【答案】ADE

【解析】不发火（防爆的）面层采用的碎石，其不发火性必须合格；砂应质地坚硬、表面粗糙，其粒径宜为0.15～5mm，含泥量不应大于3%，有机物含量不应大于0.5%；水泥应采用硅酸盐水泥、普通硅酸盐水泥；面层分格的嵌条应采用不发生火花的材料配制。配制时随时检查，不得混入金属或其他易发生火花的杂质。

19. 【答案】D

【解析】厚型防火涂料涂层的厚度，80%及以上面积应符合有关耐火极限的设计要求，且最薄处厚度不应低于设计要求的85%，故选项A错误、选项D正确；薄型防火涂料涂层表面裂纹宽度不应大于0.5mm，故选项B错误；厚型防火涂料涂层表面裂纹宽度不应大于1mm，故选项C错误。

20. 【答案】ACD

【解析】涂料、涂装遍数、涂层厚度均应符合设计要求。当设计对涂层厚度无要求时，涂层干漆膜总厚度：室外应为150μm，室内应为125μm，其允许偏差为−25μm。每遍涂层干漆膜厚度的允许偏差为−5μm。

21. 【答案】A

【解析】玻璃幕墙施工中，点支承玻璃幕墙玻璃之间的空隙宽度不应小于10mm，且应采用硅酮建筑密封胶嵌缝。

22. 【答案】ABDE

【解析】幕墙安装施工应对下列项目进行验收：

(1) 主体结构与立柱、立柱与横梁连接节点安装及防腐处理。

(2) 幕墙的防火、保温安装。

(3) 幕墙的伸缩缝、沉降缝、防震缝及阴阳角的安装。

(4) 幕墙的防雷节点的安装。

(5) 幕墙的封口安装。

23. 【答案】B

【解析】管道、设备工程的安装及调试应在装饰装修工程施工前完成，必须同步进行的应在饰面层施工前完成，选项B错误。

24. 【答案】ACD

【解析】消火栓门四周的装饰装修材料颜色应与消火栓门的颜色有明显区别，故选项B错误；使用油漆等挥发性材料时，应随时封闭其容器，擦拭后的棉纱等物品应集中存放且远离热源，故选项E错误。

25. 【答案】A

【解析】装修材料按其燃烧性能应划分为四级：①A级：不燃性；②B_1级：难燃性；③B_2级：可燃性；④B_3级：易燃性。

26. 【答案】CD

【解析】厨房的顶棚、配电室、消防控制室的墙面均应采用A级装修材料。储藏间、阳台应采用不低于B_1级的装修材料。

27. 【答案】A

【解析】工程质量验收应由建设单位项目负责人组织施工单位项目负责人、监理工程师和设计单位项目负责人等进行。

28. 【答案】A

【解析】既有建筑装饰装修工程设计涉及主体和承重结构变动时，必须在施工前委托原结构设计单位或者具体相应资质条件的设计单位提出设计方案，或由检测鉴定单位对建筑结构的安全性进行鉴定。

29. 【答案】ADE

【解析】门窗工程的检测项目包括：建筑外窗的气密性能、水密性能和抗风压性能。幕墙工程的检测项目包括：

（1）硅酮结构胶的相容性和剥离粘结性。

（2）幕墙后置埋件和槽式预埋件的现场拉拔力。

（3）幕墙的气密性、水密性、耐风压性能及层间变形性能。

30. 【答案】B

【解析】节能建筑的评价应包括建筑及其用能系统，涵盖设计和运营管理两个阶段。

31. 【答案】B

【解析】公共建筑节能改造应在保证室内热舒适环境的基础上，提高建筑的能源利用效率，降低能源消耗。公共建筑的节能改造应根据节能诊断结果，结合节能改造判定原则，从技术可靠性、可操作性和经济性等方面进行综合分析，选取合理可行的节能改造方案和技术措施。

32. 【答案】ACD

【解析】民用建筑工程根据控制室内环境污染的不同要求，划分为以下两类，Ⅰ类民用建筑工程：住宅、居住功能公寓、老年人照料房屋设施、幼儿园、学校教室、学生宿舍等；Ⅱ类民用建筑工程：办公楼、商店、旅馆、文化娱乐场所、书店、图书馆、展览馆、体育馆、公共交通等候室、餐厅等。

33. 【答案】ABCE

【解析】受控制的室内环境污染物有氡、甲醛、氨、苯、甲苯、二甲苯和总挥发性有机化合物（TVOC）。

考点3 二级建造师（建筑工程）注册执业管理规定及相关要求

1. 【答案】D

【解析】凡是担任建筑工程项目的施工负责人，根据工程类别必须在房屋建筑、装饰装修工程施工管理签章文件上签字并加盖本人注册建造师专用章。

2. 【答案】ACD

【解析】在《注册建造师执业工程范围》中明确规定，建筑工程专业工程范围分为房屋建筑、装饰装修、地基与基础、土石方、建筑装修装饰、建筑幕墙、预拌商品混凝土、混凝土预制构件、园林古建筑、钢结构、高耸建筑物、电梯安装、消防设施、建筑防水、防腐保温、附着升降脚手架、金属门窗、预应力、爆破与拆除、建筑智能化、特种专业。

案例专题模块

模块一　进度管理

案例一

1. (1) 事件一属于异节奏流水施工。

   (2) 流水施工的组织形式还有：等节奏流水施工、无节奏流水施工。

2. 按照累加数列错位相减取大差法确定流水步距。

   (1) 各施工过程流水节拍的累加数列：

   施工过程 A：2　4　6　8

   施工过程 B：4　8　12　16

   施工过程 C：6　12　18　24

   施工过程 D：4　8　12　16

   (2) 错位相减，取最大值得流水步距：

$K_{A,B}$	2	4	6	8	
—)		4	8	12	16
	2	0	−2	−4	−16

   所以，$K_{A,B}=2$。

$K_{B,C}$	4	8	12	16	
—)		6	12	18	24
	4	2	0	−2	−24

   所以，$K_{B,C}=4$。

$K_{C,D}$	6	12	18	24	
—)		4	8	12	16
	6	8	10	12	−16

   所以，$K_{C,D}=12$。

3. (1) 流水施工的计划工期 $T=\sum K_{i,i+1}+\sum t_n$ ＝(2＋4＋12)＋(4＋4＋4＋4)＝34（天）。

   (2) 满足合同工期的要求。

4. 施工现场平面布置图还包括以下内容：

   (1) 工程施工场地状况。

   (2) 拟建建（构）筑物的位置、轮廓尺寸、层数等。

   (3) 布置在工程施工现场的垂直运输设施、供电设施、供水供热设施、排水排污设施和临时施工道路等。

   (4) 施工现场必备的安全、消防、保卫和环境保护等设施。

   (5) 相邻的地上、地下既有建（构）筑物及相关环境。

案例二

1. (1) 计算工期＝4＋6＋5＝15（天）。

   (2) 关键工作有工作 B、E、H。

2. (1) 工作 J 的位置见下图。

   (2) 新关键线路：①→③→⑤→⑥→⑦。新工期：16 天。

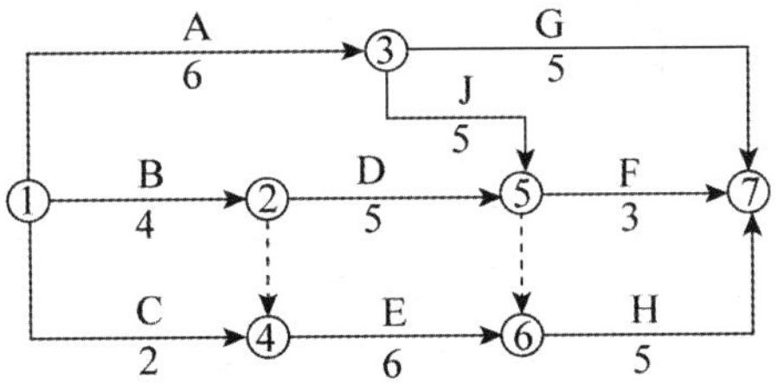

3. 可以把工作 G、D 停 2 天。因为工作 G 具有 5 天总时差，工作 D 有 2 天总时差，停工 2 天不影响总工期。工作 J 是关键工作，停工会影响工期。工作 E 仅有 1 天总时差，停工会影响工期。

4. 该工程施工管理目标应补充：环保、节能、绿色施工等管理目标。

案例三

1. (1) 计算工期＝9＋5＋7＋2＝23（周）＝161（天）。

   (2) 关键工作有工作 A、D、E、G。

2. 单位工程施工组织设计的基本内容：

   (1) 编制依据。

   (2) 工程概况。

   (3) 施工部署。

   (4) 施工进度计划。

   (5) 施工准备与资源配置计划。

   (6) 主要施工方法。

   (7) 施工现场平面布置。

   (8) 主要施工管理计划等。

3. (1) 施工单位提出的费用索赔合理，工期索赔不合理。

(2) 理由：①由于是建设单位供应材料的质量问题造成的费用损失由建设单位承担，费用索赔5万元成立。

②工作F有2周的总时差，延误了3周。应该索赔3－2＝1（周）。

4. (1) 关键线路：A→D→F→G。

(2) 工作B、E、F的总时差分别为8、1、0周。

案例四

1. (1) 不妥之处一：项目技术负责人组织编制施工组织设计。

正确做法：单位工程施工组织设计由项目负责人主持编制。

(2) 不妥之处二：经项目负责人审批后报监理机构。

正确做法：施工单位主管部门审核，施工单位技术负责人或其授权的技术人员审批。

2. 关键线路：B→E→G→J。

3. (1) 工作D实际进度拖后1周。

工作E实际进度提前1周。

工作F实际进度拖后2周。

(2) 如果后续工作按原计划施工并不影响总工期，本工程的实际完工工期是15周。

4. (1) 工作D的索赔不成立。

理由：工作D进度滞后1周，总时差为1周，并不影响总工期，故索赔不成立。

(2) 工作F索赔成立。

理由：工作F滞后2周，总时差为1周，影响总工期1周，所以可索赔1周。

模块二　质量和验收管理

案例一

1. 依据背景资料，需要进行专家论证的分部分项工程安全专项施工方案有：

(1) 基坑深度为12m。开挖深度超过5m（含5m）的基坑（槽）的土方开挖、支护、降水工程。

(2) 首层高度为12m的模板工程混凝土模板支撑工程（搭设高度8m及以上，搭设跨度18m及以上）。

(3) 建筑高度为65mm的玻璃幕墙工程施工高度50m及以上的建筑幕墙安装工程。

2. (1) 施工总承包单位做法不合理。

理由：施工总承包合同中约定防水工程保修期限为10年，所以施工单位提交的《工程质量保修书》中防水工程的保修期限应该为10年。

(2) 建设单位做法合理。

理由：施工单位提交竣工验收报告的同时，必须提交《工程质量保修书》。总承包单位提交的《工程质量保修书》不符合合同约定，建设单位拒绝接受竣工验收报告是合理的。

3. 基坑验槽由总监理工程师或建设单位项目负责人组织，建设、监理、勘察、设计的项目负责人及施工单位的项目负责人、技术质量负责人，共同进行验收。

4. 事件三中，施工单位的索赔成立。

理由：施工单位应在索赔事件发生后28d内向工程师（建设单位或监理单位）提出索赔意向通知并送交最终索赔报告相关资料。本工程连续停工25d，复工后施工单位立即送交了索赔报告和相关资料，但建设单位超期未答复，视为建设单位已经认可，所以施工单位的索赔已经生效。

案例二

1. (1) 不妥之处一：立杆底部用砖块进行了铺垫。

理由：模板立杆底部应该设置木垫板，禁止使用砖及脆性材料铺垫。

(2) 不妥之处二：因设计对起拱高度无明确要求，施工单位根据经验按3cm起拱。

理由：框架柱间距为8m×8m，设计无要求时起拱高度宜为跨度的1/1000～3/1000，即起拱高度约为8～24mm，所以按3cm起拱过大。

(3) 不妥之处三：与后浇带部位的模板一起整体安装。

理由：后浇带位置的模板与主体部分模板分开搭设。

2. (1) 问题一：施工总承包单位进场后，项目质量总监组织编制了项目检测试验计划。

正确做法：施工检测试验计划应在工程施工前由施工项目技术负责人组织有关人员编制。

问题二：经施工企业技术部门审批后实施。

正确做法：应报送监理单位进行审查和监督后实施。

(2) 钢筋进场时，应按国家现行有关标准抽样检验屈服强度、抗拉强度、伸长率及单位长度重量偏差。

3. 抗震结构钢筋应满足的要求有：

(1) 钢筋实测抗拉强度与实测屈服强度之比不小于1.25。

(2) 钢筋实测屈服强度与屈服强度标准值之比不大于1.30。

(3) 钢筋的最大力总伸长率不小于9%。

4. (1) 不妥之处一：试验员在标养室取了一组试块送检，测得试验强度达到设计强度的80%。

理由：应在申请拆模的同一部位取一组同条件养护试块进行检测，检测强度达到设计强度的75%即可拆模。

(2) 不妥之处二：项目经理同意拆模。

理由：应由项目技术负责人批准拆模。

案例三

1. (1) 不妥之处一：直接在涂有镀膜层的构件上进行防雷连接。

理由：在有镀膜层的构件上进行防雷连接，应除去其镀膜层。

(2) 不妥之处二：钢构件涂防锈油漆后进行防雷连接。

理由：防雷连接的钢构件在完成后都应进行防锈油漆处理。

2. (1) 不妥之处一：在填充墙砌筑时部分水泥是五个月前进场的。

理由：当在使用中对水泥质量有怀疑或水泥出厂超过三个月时，应复查试验，并按复验结果使用。

(2) 不妥之处二：砌块堆置高度按规定不超过3m。

理由：施工现场砌块应按品种、规格堆放整齐，堆置高度不宜超过2m。

(3) 不妥之处三：填充墙与承重主体结构间的空（缝）隙在填充墙砌筑7d后进行。

理由：填充墙与承重主体结构间的空（缝）隙部位施工，应在填充墙砌筑14d后进行。

3. 幕墙工程的有关安全和功能检测项目有：

(1) 硅酮结构胶的相容性和剥离粘结性。

(2) 幕墙后置埋件和槽式预埋件的现场拉拔力。

(3) 幕墙的气密性、水密性、耐风压性能及平面变形性能。

4. 分部工程质量验收合格的规定有：

(1) 所含分项工程的质量均应验收合格。

(2) 质量控制资料应完整。

(3) 有关安全、节能、环境保护和主要使用功能的抽样检验结果应符合相应规定。

(4) 观感质量应符合要求。

案例四

1. 门窗工程需进行复检的指标有：

(1) 人造木板的甲醛含量。

(2) 建筑外窗的气密性能、水密性能和抗风压性能。

2. 门窗工程隐蔽项目：

(1) 预埋件和锚固件。

(2) 隐蔽部位和防腐、填嵌处理。

(3) 高层金属窗防雷连接节点。

3. 材料进场的质量控制原则：材料进场时，应提供材料或产品合格证，并根据供料计划和有关标准进行现场质量验证和记录。质量验证包括材料品种、型号、规格、数量、外观检查和见证取样。验证结果记录后报监理工程师审批备案。

4. 建设单位做法不合理。

理由：工程质量保修期限不得低于法规规定的最低保修期限和合同约定的期限。合同中没有约定按照《工程质量保修书》中承诺保修期5年。

模块三　安全管理

案例一

1. (1) 旗杆与基座预埋件焊接需要开动火证。

(2) 属三级动火作业。

(3) 审批程序：三级动火作业由所在班组填

写动火申请表，经项目责任工程师和项目安全管理部门审查批准后，方可动火。

2. (1) 不妥之处一：在施工前分包单位自行编制专项施工方案，并组织专家论证。
理由：①分包单位编制的专项施工方案由分包单位技术负责人审核后，报总承包单位审核和总监理工程师审查；②专家论证由总承包单位组织。
(2) 不妥之处二：其中，设计单位项目负责人以专家的身份参加论证会。
理由：与本工程有利害关系的人员不得以专家身份参加专家论证会。

3. (1) 按造成直接经济损失的严重程度，事件三中，事故可划分为较大事故。
(2) 质量事故凡具备下列条件之一者可判定为较大事故：①3 人以上 10 人以下死亡；②10 人以上 50 人以下重伤；③直接经济损失 1000 万元以上 5000 万元以下。

4. 建设工程生产安全事故发生后，报告事故应包括的内容主要有：
(1) 事故发生的时间、地点和工程项目、有关单位名称。
(2) 事故的简要经过。
(3) 事故已经造成或者可能造成的伤亡人数（包括下落不明的人数）和初步估计的直接经济损失。
(4) 事故的初步原因。
(5) 事故发生后采取的措施及事故控制情况。
(6) 事故报告单位或报告人员。
(7) 其他应当报告的情况。

案例二

1. 地下水的控制方法主要有集水明排、真空井点降水、喷射井点降水、管井降水、截水和回灌等。

2. 基坑发生坍塌前的主要迹象有：
(1) 周围地面出现裂缝，并不断扩展。
(2) 支撑系统发出挤压等异常响声。
(3) 环梁或排桩、挡墙的水平位移较大，并持续发展。
(4) 支护系统出现局部失稳。
(5) 大量水土不断涌入基坑。
(6) 相当数量的锚杆螺母松动，甚至有的槽钢（围模）松脱等。

3. 验槽时必须具备的资料有：
(1) 岩土工程勘察报告。
(2) 轻型动力触探记录（可不进行轻型动力触探的情况除外）。
(3) 地基基础设计文件。
(4) 地基处理或深基础施工质量检测报告等。

4. (1) 不妥之处一：工程竣工验收后，建设单位指令设计、监理等参建单位将工程资料交施工单位汇总。
正确做法：设计、监理等参建单位将工程资料交建设单位汇总。
(2) 不妥之处二：施工单位把汇总资料提交给城建档案管理机构进行工程验收。
正确做法：建设单位应按国家有关法规和标准规定向城建档案管理部门移交工程档案，并办理相关手续。

案例三

1. 监理的做法正确。理由如下：
(1) “施工中采用单排脚手架防护”不符合要求。
理由：单排脚手架搭设高度不应超过 24m，双排脚手架一次搭设高度不宜超过 50m。此工程应采用双排脚手架进行搭设。
(2) “采用柔性连墙件进行可靠连接”不符合要求。
理由：高度在 24m 及以上的双排脚手架，必须采用刚性连墙件与建筑物可靠连接，连墙件必须采用可承受拉力和压力的构造。
(3) “连墙件采用 5 步 5 跨进行布置”不符合要求。
理由：50m 及以下脚手架连墙件应按 3 步 3 跨进行布置。

2. 脚手架定期检查的主要项目包括：
(1) 杆件的设置和连接，连墙件、支撑、门洞桁架等的构造是否符合要求。
(2) 地基是否有积水，底座是否松动，立杆是否悬空。
(3) 扣件螺栓是否有松动。
(4) 高度在 24m 及以上的脚手架，其立杆的沉降与垂直度的偏差是否符合技术规范的要求。

(5) 架体的安全防护措施是否符合要求。

(6) 是否有超载使用的现象等。

3. 现场高处作业检查评定项目：安全帽、安全网、安全带、临边防护、洞口防护、通道口防护、攀登作业、悬空作业、移动式操作平台。

4. 根据有关规定，现场出入口、施工起重机械、临时用电设施、脚手架、通道口、楼梯口、电梯井口、孔洞、基坑边沿、爆炸物及有毒有害物质存放处等属于存在安全风险的重要部位，应当设置明显的安全警示标牌。

案例四

1. (1) 项目经理的做法不正确。

理由：临时用电施工组织设计是由电气工程技术人员组织编制。

(2) "三级配电"模式是指总配电箱（配电柜）、分配电箱、开关箱。

2. 影响模板钢管支架整体稳定性的主要因素有立杆间距、水平杆的步距、立杆的接长、连墙件的连接、扣件的紧固程度。

3. (1) 不合理之处一：该操作平台的台面面积为 $15m^2$，台面距楼地面高 4.6m。

正确做法：移动式操作平台台面面积不得超过 $10m^2$，高度不得超过 5m。

(2) 不合理之处二：可以带人移动。

正确做法：平台移动时，作业人员必须下到地面，不允许带人移动平台。

(3) 不合理之处三：平台未标明承载物料的总重量，所以使用时可以不限荷载。

正确做法：操作平台上要严格控制荷载，应在平台上标明负责人员和物料的总重量，使用过程中不允许超过设计的容许荷载。

4. 操作平台作业安全控制要点：

(1) 移动式操作平台台面不得超过 $10m^2$，高度不得超过 5m，台面脚手板要铺满钉牢，台面四周设置防护栏杆。平台移动时，作业人员必须下到地面，不允许带人移动平台。

(2) 悬挑式操作平台的设计应符合相应的结构设计规范要求，周围安装防护栏杆。悬挑式操作平台安装时不能与外围护脚手架进行拉结，应与建筑结构进行拉结。

(3) 操作平台上要严格控制荷载，应在平台上标明操作人员和物料的总重量，使用过程中不允许超过设计的容许荷载。

模块四　合同、招投标及成本管理

案例一

1. (1) 不妥之处一：合格投标人为本省企业。

理由：不得排斥潜在投标人。

(2) 不妥之处二：自招标文件发出之日起 15d 后投标截止。

理由：自招标文件发出之日至投标截止时间至少 20d。

(3) 不妥之处三：投标人对招标人提出的疑问分别以书面形式回复给相应的提出疑问的投标人。

理由：招标人应将所有投标人提出的疑问以书面形式回复给所有的投标人。

2. (1) A 投标人的投标文件有效。

(2) B 投标人的投标文件无效。

理由：安全文明施工费不得作为竞争性费用。

(3) C 投标人的招标文件无效。

理由：组成联合体投标的，投标文件应附联合体各方共同投标协议。

3. 施工合同文件由协议书、通用条款、专用条款三部分组成。

4. 事件三中，A 单位的做法不妥，且协议无效。理由如下：

(1) 本工程的主体结构施工必须由 A 单位自行施工。

(2) 部分可以分包的分部分项工程必须分包给具有相应资质的单位。

(3) 工程实行施工总承包的，总承包单位对建设工程的质量安全负责，总承包单位与分包单位对分包工程的安全质量承担连带责任。

案例二

1. (1) A 施工总承包单位与 F 劳务分包公司签订合同，并约定将模板和脚手架费用计入承包总价，属于违法分包。

理由：不应该约定将模板和脚手架费用计入

承包总价。

(2) A施工总承包单位自行将通风空调工程分包给C专业分包单位施工，属于违法分包。

理由：建设工程总承包合同中未约定，又未经建设单位认可。

(3) C专业分包单位按照分包工程合同总价收取8%的管理费后分包给D专业分包单位。

理由：分包单位不得将其建设工程再次分包。

2. 大体积混凝土裂缝控制的常用措施：

(1) 优先选用低水化热的矿渣水泥拌制混凝土，并适当使用缓凝剂。

(2) 在保证混凝土设计强度等级的前提下，适当降低水灰比，减少水泥用量。

(3) 降低混凝土的入模温度，控制混凝土内外的温差。

(4) 及时对混凝土覆盖保温、保湿材料。

(5) 可预埋冷却水管，通入循环水将混凝土内部热量带出，进行人工导热。

(6) 二次抹面施工工艺。

(7) 采用后浇带及跳仓法施工。

(8) 可掺入适量的微膨胀剂或膨胀水泥。

3. 建筑工程合同价款还有：可调总价合同、固定单价合同、可调单价合同和成本加酬金合同。

4. 事件二中，施工单位申报的增加费用不符合约定。

理由：按照合同通用条款的规定，总承包方在确认设计变更后14d内不提出设计变更增加款项的，视为该项设计变更不涉及合同价款变更。总承包方是在设计变更施工2个月后才提出设计变更报价，已超过合同约定的14d期限，因此发包方有权拒绝该项报价的签认。

案例三

1. (1) 事件一中，甲方的做法合理。

理由：对分包商丙给甲方造成的损失承包商乙要承担连带责任。根据《建筑法》相关规定，建筑工程总承包单位按照总承包合同的约定对建设单位负责；分包单位按照分包合同的约定对总承包单位负责。总承包单位和分包单位就分包工程对建设单位承担连带责任。

(2) 事件二中，承包商乙做法不合理。

理由：该主体工程的分包在法律上属于违法分包行为。根据《建设工程质量管理条例》相关规定，下列行为均为违法分包：①总承包单位将建设工程分包给不具备相应资质条件的单位的；②建设工程总承包合同中未有约定，又未经建设单位认可，承包单位将其承包的部分建设工程交由其他单位完成的；③施工总承包单位将建设工程主体结构的施工分包给其他单位的；④分包单位将其承包的建设工程再分包的。

2. (1) 事件三中，施工单位的做法不妥当。

理由：在保修期内，施工单位应承担保修责任，及时修复质量问题。

(2) 所发生的维修费可以从乙方保修金中扣除。

3. 项目风险管理应包括下列程序：风险识别；风险评估；风险应对；风险监控。

4. 项目合同管理应遵循下列程序：合同评审；合同订立；合同实施计划；合同实施控制；合同管理总结。

案例四

1. (1) 中标造价＝4800＋576＋222＋64＋218＝5880（万元）。

2. 措施项目费通常包括：安全文明施工费（含环境保护费、文明施工费、安全施工费、临时设施费）、夜间施工增加费、二次搬运费、冬雨季施工增加费、已完成工程及设备保护费、工程定位复测费、特殊地区施工增加费、大型机械设备进出场及安拆费、脚手架工程费。

3. 事件二中，监理工程师不批准变更价款是合理的。

理由：施工单位在收到变更指令后的14d内，未向监理工程师提出变更价款申请，视为该变更工程不涉及价款变更。

4. 除专用合同条款另有约定外，变更价款按照下列约定处理：

(1) 已标价工程量清单或预算书中有相同项目的，按照相同项目单价认定。

(2) 已标价工程量清单或预算书中无相同项目，但有类似项目的，参照类似项目的单价认定。

(3) 变更导致实际完成的变更工程量与已标价工程量清单或预算书中列明的该项目工程量的变化幅度超过15%的，或已标价工程量清单或预算书中无相同项目及类似项目单价的，按照合理的成本与利润构成的原则，由合同当事人商定（或确定）变更工作的单价。

案例五

1. 预付款＝3000×10%＝300.00（万元）。
   起扣点＝3000－300/60%＝2500.00（万元）。
2. 需要修改施工组织设计的情况还有：
   (1) 工程设计有重大修改。
   (2) 有关法律、法规、规范和标准实施、修订和废止。
   (3) 主要施工方法有重大调整。
   (4) 主要施工资源配置有重大调整。
   (5) 施工环境有重大改变。
3. (1) 总承包单位的做法不正确。
   理由：按照建筑法、合同法的相关规定，承担总承包有责任接受专业分包单位的索赔报告，按照合同条款和事件情况对专业分包做出答复。然后总承包单位再向建设单位递交索赔报告。
   (2) 由于某工作在关键线路上，所以可获得8d的工期补偿；由于造成停工的责任属于建设单位，所以专业分包单位可以获得8万元的误工损失。
4. 防水工程防渗漏最低保修年限为5年；装饰装修工程最低保修年限为2年；给排水管道工程最低保修年限为2年。

模块五　现场管理

案例一

1. (1) 不妥之处一：每200m² 配置2个10L的灭火器。
   正确做法：每100m² 配置2个10L的灭火器。
   (2) 不妥之处二：在60m² 的木工棚内配备了2只灭火器。
   正确做法：在60m² 的木工棚内至少配备3只灭火器，因为临时木工间、油漆间、木机具间等，每25m² 必须配备一只灭火器。
   (3) 不妥之处三：对危险品料场周围按每组灭火器的间距不大于50m进行配置。
   正确做法：仓库、油库、危化品库或堆料厂内，应配备足够组数、种类的灭火器，每组灭火器不应少于4个，每组灭火器之间的距离不应大于30m。
2. “五牌一图”是指工程概况牌、管理人员名单及监督电话牌、消防保卫牌、安全生产牌、文明施工和环境保护牌及施工现场总平面图。
3. 现场临时用水包括生产用水、机械用水、生活用水和消防用水。
4. 事件三中，经调整后的实际结算价款＝14250×（0.2＋0.15×1.12/0.99＋0.30×1.16/1.01＋0.12×0.85/0.99＋0.15×0.80/0.96＋0.08×1.05/0.78）＝14962.13（万元）。

案例二

1. (1) 不妥之处一：项目在开工前14d向相关部门申报登记。
   正确做法：在城市市区范围内从事建筑工程施工，项目必须在工程开工前7d内向工程所在地县级以上地方人民政府环境保护管理部门申报登记。
   (2) 不妥之处二：施工现场污水顺着城市排水设施排走。
   正确做法：施工现场污水排放要与所在地县级以上人民政府市政管理部门签署污水排放许可协议、申领《临时排水许可证》。雨水排入市政雨水管网，污水经沉淀处理后二次使用或排入市政污水管网。现场产生的泥浆、污水未经处理不得直接排入城市排水设施、河流、湖泊、池塘。
   (3) 不妥之处三：工地按要求搭设1.8m围挡。
   正确做法：一般路段的围挡高度不得低于1.8m，市区主要路段的围挡高度不得低于 2.5m。

2. 裸露的场地和集中堆放的土方应采取覆盖、固化或绿化等措施。现场土方作业应采取防止扬尘措施。

3. (1) 不妥之处一：工人宿舍室内净高 2.3m，封闭式窗户，每个房间住 20 个工人。

正确做法：现场的施工区域应与办公、生活区划分清晰，并应采取相应的隔离防护措施。宿舍必须设置可开启式外窗，床铺不得超过 2 层，通道宽度不得小于 0.9m。宿舍室内净高不得小于 2.5m，住宿人员人均面积不得小于 $2.5m^2$，且每间宿舍居住人员不得超过 16 人。

(2) 不妥之处二：现场设置一个出入口，出入口设置办公用房。

正确做法：施工现场宜设置两个以上大门，办公用房宜设在工地入口处。

(3) 不妥之处三：场地附近设置 3.8m 宽环形载重单车主干道（兼消防车道）。

正确做法：施工现场的主要道路应进行硬化处理，主干道应有排水措施。消防车道宽度不小于 4m。

4. 安全管理检查评定的内容：

(1) 保证项目应包括：安全生产责任制、施工组织设计及专项施工方案、安全技术交底、安全检查、安全教育、应急救援。

(2) 一般项目应包括：分包单位安全管理、持证上岗、生产安全事故处理、安全标志。

《建筑工程管理与实务》全真模拟试卷（一）

一、单项选择题

1. 【答案】D

【解析】单层或多层民用建筑：建筑高度不大于27.0m的住宅建筑，选项A正确；建筑高度不大于24.0m的公共建筑及建筑高度大于24.0m的单层公共建筑，选项B正确、选项C正确、选项D错误。

2. 【答案】D

【解析】阳台、外廊、室内回廊、内天井、上人屋面及室外楼梯等临空处应设置防护栏杆，临空高度小于24m，栏杆高度不应低于1.05m，临空高度在24m及24m以上时，栏杆高度不应低于1.10m，上人屋面和交通、商业、旅馆、学校、医院等建筑临开敞中庭的栏杆高度不应低于1.20m，选项D错误。

3. 【答案】C

【解析】某厂房结构遇到爆炸，有局部的损伤，但结构整体稳定并不发生倒塌，满足结构安全性要求，选项A错误；某水下构筑物在正常维护条件下，钢筋受到严重锈蚀，但满足使用年限，满足结构的耐久性要求，选项B错误；如吊车梁变形过大会使吊车无法正常运行，水池出现裂缝便不能蓄水等，都影响正常使用，需要对变形、裂缝等进行必要的控制，选项C正确；厂房结构平时受自重、吊车、风和积雪等荷载作用时，均应坚固不坏，满足结构安全性要求，选项D错误。

4. 【答案】B

【解析】抗震结构钢筋应满足的要求有：①钢筋实测抗拉强度与实测屈服强度之比不小于1.25；②钢筋实测屈服强度与屈服强度标准值之比不大于1.30；③钢筋的最大力总伸长率不小于9%。

5. 【答案】B

【解析】对于砂浆立方体抗压强度的测定，《建筑砂浆基本性能试验方法标准》（JGJ/T 70—2009）作出如下规定：立方体试件以三个为一组进行评定，以三个试件测值的算术平均值作为该组试件的砂浆立方体试件抗压强度平均值（精确至0.1MPa）。当三个测值的最大值或最小值中如有一个与中间值的差值超过中间值的15%时，则把最大值及最小值一并舍去，取中间值作为该组试件的抗压强度值；如有两个测值与中间值的差值均超过中间值的15%时，则该组试件的试验结果无效。

6. 【答案】D

【解析】激光经纬仪能在夜间或黑暗的场地进行测量工作，不受照度的影响，选项D错误。

7. 【答案】A

【解析】遇到下列情况之一时，应在基底进行轻型动力触探：持力层明显不均匀；局部有软弱下卧层；有浅埋的坑穴、古墓、古井等，直接观察难以发现时；勘察报告或设计文件规定应进行轻型动力触探时。

8. 【答案】D

【解析】墙与构造柱应沿高度方向每500mm设2ϕ6钢筋（一砖墙），每边伸入墙内不应少于1m，选项D错误。

9. 【答案】B

【解析】涂层厚度等于或大于40mm的钢梁和桁架，宜在涂层内设置与钢构件相连的钢丝网或其他相应的措施，选项A错误；通常情况下，先进行防腐涂料涂装，再进行防火涂料涂装，选项C错误；厚型防火涂料涂层的厚度，80%及以上面积应符合有关耐火极限的设计要求，且最薄处厚度不应低于设计要求的85%，选项D错误。

10. 【答案】C

【解析】灌浆作业应采用压浆法从下口灌注，浆料从上口流出后应及时封堵，选项C错误。

11. 【答案】B

【解析】女儿墙泛水处的卷材附加层在平面和立面的宽度均不应小于250mm，选项B错误。

12. 【答案】B

【解析】吊杆距主龙骨端部和距墙的距离不应大于300mm，选项A错误。不上人的吊顶，吊杆可以采用ϕ6钢筋等吊杆；上人的吊顶，吊杆可以采用ϕ8钢筋等吊杆，选项C错误。主龙骨间距不应大于1200mm，当吊杆长度大于1.5m时，应设置反支撑，选项D错误。

13. 【答案】B

【解析】工期索赔成立原则：①非施工单位原因；②超过总时差。工期索赔是否成立要看是否超过总时差。该工作的时间延误未超过工作的总时差（延误2d，但是总时差为3d），不会影响工期，所以工期不予延长，选项A、C错误。因为图纸设计方案有误，是非施工方的原因，所以费用索赔成立，但工程量增加的费用应由施工单位向与之签合同的建设单位索赔，非设计单位，选项D错误。

14. 【答案】A

【解析】采用无节奏流水施工时，用“大差法”计算流水步距应为5d，则总工期 T_p＝(3＋2＋4＋3)＋5＝17（d）。

15. 【答案】B

【解析】结构施工自二层起，凡人员进出的通道口都应搭设符合规范要求的防护棚，高度超过24m的交叉作业，通道口应设双层防护棚进行防护。

16. 【答案】C

【解析】安拆费与场外运费属于施工机械使用费，选项C错误。

17. 【答案】B

【解析】不良行为记录信息的公布时间为行政处罚决定作出后7日内，公布期限一般为6个月至3年；良好行为记录信息公布期限一般为3年，法律、法规另有规定的从其规定。

18. 【答案】A

【解析】竣工图章的基本内容应包括：“竣工图”字样、施工单位、编制人、审核人、技术负责人、编制日期、监理单位、现场监理、总监理工程师。

19. 【答案】A

【解析】消防控制室等重要房间，其顶棚和墙面应采用A级装修材料，地面及其他装修应采用不低于 B_1 级的装修材料，选项A错误。

20. 【答案】B

【解析】大型：单项工程合同额不小于1000万元；中型：单项工程合同额100万～1000万元；小型：单项工程合同额小于100万元。选项A属于大型合同；选项B属于中型合同；选项C、D属于小型合同。

二、多项选择题

21. 【答案】BCE

【解析】钢化玻璃特性：机械强度高，抗冲击性能也很高，弹性好，热稳定性好，碎后不易伤人；可能发生自爆。

22. 【答案】ABC

【解析】建设工程施工合同管理的原则有：依法履约原则、诚实信用原则、全面履行原则、协调合作原则、维护权益原则、动态管理原则、合同归口管理原则、全过程合同风险管理原则、统一标准化原则。

23. 【答案】ABE

【解析】节约用地应符合下列规定：

(1) 施工总平面布置应紧凑，并尽量减少占地。

(2) 应在经批准的临时用地范围内组织施工。

(3) 应根据现场条件，合理设计场内交通道路。

(4) 施工现场临时道路布置应与原有及永久道路兼顾考虑，并应充分利用拟建道路为施工服务，选项C错误。

(5) 应采用预拌混凝土，选项D错误。

24. **【答案】** ACE

【解析】 一般临时设施区，每 $100m^2$ 配备2个10L的灭火器，选项A说法错误；高度超过24m的建筑工程，应安装临时消防竖管，管径不得小于75mm，选项C说法错误；仓库、油库、危化品库或堆料厂内，应配备足够组数、种类的灭火器，每组灭火器不应小于4个，每组灭火器之间的距离不应大于30m，选项E说法错误。

25. **【答案】** CDE

【解析】 安全管理检查评定保证项目应包括：安全生产责任制、施工组织设计及专项施工方案、安全技术交底、安全检查、安全教育、应急救援。

26. **【答案】** BCD

【解析】 建筑工程造价的特点：大额性；个别性和差异性；动态性；层次性。

27. **【答案】** ACDE

【解析】 施工现场质量管理检查记录主要内容有：现场质量管理制度；岗位责任制；主要专业工种操作上岗证书；分包方资质及对分包方的管理制度；施工图审查情况；地质勘察资料完整性；审批的施工组织设计及方案；采用的施工技术标准；工程过程质量检验制度；搅拌站选用及计量管理；现场材料、设备存放的管理等。

28. **【答案】** BE

【解析】 超过一定规模的危险性较大的分部分项工程：开挖深度超过5m（含5m）的基坑（槽）的土方开挖、支护、降水工程，选项A错误；搭设高度50m及以上落地式钢管脚手架工程，选项C错误；搭设跨度18m及以上的混凝土模板支撑工程，选项D错误。

29. **【答案】** ACD

【解析】 在正常使用条件下，房屋建筑工程的最低保修期限为：屋面防水工程、有防水要求的卫生间、房间和外墙面的防渗漏为5年，选项B错误；保温工程的最低保修期限为5年，选项E错误。

30. **【答案】** ABE

【解析】 幕墙工程检测项目包括：硅酮结构胶的相容性和剥离粘结性；幕墙后置埋件和槽式预埋件的现场拉拔力；幕墙的气密性、水密性、耐风压性能及层间变形性能。

三、实务操作和案例分析题

（一）

1. 应补充的内容：

(1) 资源配备情况，如：施工中需要的劳动力、施工机具和设备、材料、预制构件和加工品的供应能力及来源情况。

(2) 建设单位可能提供的条件和水电供应情况。

(3) 施工现场条件和勘察资料。

(4) 预算文件和国家及地方规范等资料。

2. 根据题干表1-1，按照累加数列错位相减取大差法，确定流水步距：

(1) 各施工过程流水节拍的累加数列：

施工过程A：12　24　43　56

施工过程B：18　38　56　78

施工过程C：25　50　70　92

施工过程D：12　25　40　54

(2) 错位相减，取最大值得流水步距：

$K_{A,B}$	12	24	43	56	
—)		18	38	56	78
	12	6	5	0	−78

所以：$K_{A,B}$=12（天）。

$K_{B,C}$	18	38	56	78	
—)		25	50	70	92
	18	13	6	8	−92

所以：$K_{B,C}$=18（天）。

$K_{C,D}$	25	50	70	92	
—)		12	25	40	54
	25	38	45	52	−54

所以：$K_{C,D}=52$（天）。

3. 总工期 $T=\sum K+T_N=12+18+52+12+13+15+14=136$（天），满足合同工期的要求。

4. (1) 索赔成立。

理由：不可抗力事件造成的工程清理、恢复费用，应由建设单位承担。

(2) 索赔不成立。

理由：不可抗力事件造成的施工单位自有的机械损坏由施工单位自己承担。

(3) 索赔不成立。

理由：不可抗力事件造成的人员伤亡由各单位自己承担。

(4) 索赔成立。

理由：不可抗力事件造成的工期延后可进行工期顺延。

(二)

1. (1) 错误之处一：采用一组缆风绳锚固。

正确做法：缆风绳应不少于两组。

(2) 错误之处二：仅在通道两侧设置了临边安全防护设施。

正确做法：在各楼层的通道口处应设置常闭型防护门。

(3) 错误之处三：地面进料口处仅设置安全防护门。

正确做法：地面进料口处应搭设防护棚。

2. 施工现场安全警示牌的设置应遵循“标准、安全、醒目、便利、协调、合理”的原则。

3. 错误之处：移动式操作平台，面积 $12m^2$，高 2.5m。

正确做法：移动式操作平台面积不宜大于 $10m^2$，高度不宜大于 5m。

4. (1) 不妥之处一：专项施工方案仅由分包单位技术负责人签字确认。

正确做法：专项施工方案还应经施工总承包单位技术负责人审核签字并加盖单位公章。

(2) 不妥之处二：分包单位将专项施工方案提交监理机构审批。

正确做法：专项施工方案应由施工总承包单位提交监理机构审查。

(三)

1. (1) 不妥之处一：在临市区主干道的南侧采用 1.6m 高的砖砌围墙作围挡。

正确做法：市区主要路段的围挡高度不得低于 2.5m。

(2) 不妥之处二：施工总承包单位决定直接利用原土便道作为施工现场主要道路。

正确做法：施工现场的主要道路必须进行硬化处理，土方应集中堆放。

(3) 不妥之处三：一间 $50m^2$ 的木工加工间配置了一支灭火器。

正确做法：临时木工间、油漆间、机具间等，每 $25m^2$ 应配置一个种类合适的灭火器，$50m^2$ 的木工加工间至少应配置两支灭火器。

2. 低架提升机在无设计要求时，可按素土夯实后，浇筑 300mm 厚 C20 混凝土条形基础。

3. a 为 75；b 为 100；c 为 100。

4. 模板及支架设计应包括的主要内容：模板及支架的选型及构造设计；模板及支架上的荷载及其效应计算；模板及支架的承载力、刚度验算；模板及支架的抗倾覆验算；绘制模板及支架施工图。

(四)

1. (1) 不正确。

(2) 理由：招标人和中标人应当自中标通知书发出之日起 30d 内，按照招标文件和中标人的投标文件订立书面合同。

2. (1) 开标会由该省建委主持，不妥。

理由：开标由招标人主持，由于省建委是建设主管部门，主持开标是不合法的。

(2) 投标截止日期为 2018 年 5 月 30 日，开标日期 2018 年 6 月 3 日，不妥。

理由：根据《招标投标法》规定，投标截止日期和开标日期应是同一时间。

3. (1) 事件一：可向甲方提出费用索赔和工期索赔。

理由：因为造成工作 A，B 延误是甲方原因造成的。可索赔 A，B 两项工作的窝工费及关键工作 A 的工期延误。工作 B 为非关键工作，工作 C 未受到影响，不予工期索赔。

(2) 事件二：不可以向甲方提出费用和工期索赔。

理由：因为工作 D 的工期延误及人工窝工费用是由于乙方原因造成的，属乙方责任。

(3) 事件三：可向甲方提出费用索赔。

理由：因为乙方费用的增加是由甲方设计变更造成的，但因为工作 E 是非关键工作，不可向甲方提出工期索赔。

(4) 事件四：可向甲方提出费用和工期索赔。

理由：因为乙方工作 F，H 费用的增加及关键工作 H 工期的延长都是甲方原因造成的。

4. 乙方可得到合理的费用索赔有事件一、事件三、事件四，依次为：

(1) 事件一：增加窝工费＝（6＋8）×18＝252（元）。

(2) 事件三：增加用工人工费＝14×30＝420（元），其他费用为 15000 元。

合计为 15420 元。

(3) 事件四：增加用工人工费＝6×30＝180（元），其他费用为 1000 元，窝工费＝24×18＝432（元）。

合计为 1612 元。

索赔费用合计为 252＋15420＋1612＝17284（元）。

《建筑工程管理与实务》全真模拟试卷（二）

一、单项选择题

1. 【答案】C

【解析】民用建筑按使用功能分为居住建筑和公共建筑两大类，选项A错误；27m的单层火车站为单层建筑，选项B错误；建筑高度大于24m且不大于100m的非单层公共建筑为高层民用建筑，选项C正确；建筑高度大于100m的民用建筑为超高层建筑，选项D错误。

2. 【答案】C

【解析】应急照明包括疏散照明、安全照明和备用照明，必须选用能瞬时启动的光源。

3. 【答案】C

【解析】装饰装修施工过程中常见的荷载变动主要有：在楼面上加铺任何材料属于对楼板增加了面荷载；在室内增加隔墙、封闭阳台属于增加了线荷载；在室内增加装饰性的柱子，特别是石柱，悬挂较大的吊灯，房间局部增加假山盆景，这些装修做法就是对结构增加了集中荷载。

4. 【答案】C

【解析】建筑钢材拉伸性能的指标包括屈服强度、抗拉强度和伸长率。抗拉强度与屈服强度之比（强屈比）是评价钢材使用可靠性的一个参数。强屈比愈大，钢材受力超过屈服点工作时的可靠性越大，安全性越高；但强屈比太大，钢材强度利用率偏低，浪费材料。

5. 【答案】B

【解析】混凝土中掺入减水剂，若减水的同时适当减少水泥用量，则可节约水泥，同时混凝土的耐久性也能得到显著改善，选项A正确。缓凝剂主要用于高温季节混凝土、大体积混凝土、泵送与滑模方法施工以及远距离运输的商品混凝土等，选项B错误。引气剂适用于抗冻、防渗、抗硫酸盐、泌水严重的混凝土等，选项C正确。早强剂可加速混凝土硬化和早期强度发展，缩短养护周期，加快施工进度，提高模板周转率，多用于冬期施工或紧急抢修工程，选项D正确。

6. 【答案】A

【解析】干缩会使木材翘曲、开裂，接榫松动，拼缝不严。湿胀可造成表面鼓凸，所以木材在加工或使用前应预先进行干燥，使其含水率达到或接近与环境湿度相适应的平衡含水率。

7. 【答案】D

【解析】DS05型和DS1型水准仪称为精密水准仪，用于国家一、二等水准测量和其他精密水准测量；DS3型水准仪称为普通水准仪，用于国家三、四等水准测量和一般工程水准测量。

8. 【答案】C

【解析】现场拌制的砂浆应随拌随用，拌制的砂浆应在3h内使用完毕；当施工期间最高气温超过30℃时，应在2h内使用完毕。

9. 【答案】C

【解析】安装环境气温不宜低于−10℃，选项A正确。高强螺栓不得兼做安装螺栓，选项B正确。高强度螺栓现场安装时应能自由穿入螺栓孔，不得强行穿入。若螺栓不能自由穿入时，可用铰刀或锉刀修整螺栓孔，不得采用气割扩孔，选项C错误，选项D正确。

10. 【答案】B

【解析】普通石膏条板隔墙及其他有防水要求的条板隔墙用于潮湿环境时，下端应做C20细石混凝土条形墙垫，墙垫高度不应小于100mm。

11. 【答案】B

【解析】玻璃幕墙密封胶的施工厚度应大于3.5mm，一般应控制在4.5mm以内。密封胶的施工宽度不宜小于厚度的2倍。

12. 【答案】B

【解析】招标分为公开招标和邀请招标，没有议标，故选项A错误；投标人少于三个的，招标人应当依法重新招标，故选项B正确；两个以上法人或者其他组织可以组成一个联合体，以一个投标人的身份共同投标，故选项C错误；投标人撤回已提交的投标文件，应当在投标截止时间前书面通知招标人。招标人已收取投标保证金的，应当自收到投标人书面撤回通知之日起5d内退还。投标截止后投标人撤销投标文件的，招标人可以不退还投标保证金，故选项D错误。

13. 【答案】D

【解析】本题考查的是施工现场动火等级的划分。凡属下列情况之一的动火，均为二级动火：①在具有一定危险因素的非禁火区域内进行临时焊、割等用火作业；②小型油箱等容器；③登高焊、割等用火作业。

14. 【答案】C

【解析】建设工程施工现场综合考评是指对工程建设参与各方（建设、监理、设计、施工、材料及设备供应单位等）在现场中主体行为责任履行情况的评价。

15. 【答案】D

【解析】同一生产厂家、同一品种、同一等级且连续进场的水泥袋装不超过200t为一检验批，散装不超过500t为一检验批。

16. 【答案】A

【解析】在已浇筑的混凝土强度未达到$1.2N/mm^2$以前，不得在其上踩踏、堆放荷载或安装模板及支架。

17. 【答案】A

【解析】脚手架必须设置纵、横向扫地杆，故选项A正确；纵向扫地杆应采用直角扣件固定在距底座上皮不大于200mm处的立杆上，横向扫地杆亦应采用直角扣件固定在紧靠纵向扫地杆下方的立杆上，故选项B、C、D错误。

18. 【答案】D

【解析】单位工程完工后，施工单位应组织有关人员进行自检；总监理工程师应组织各专业监理工程师对工程质量进行竣工预验收。

19. 【答案】C

【解析】当高层建筑的玻璃幕墙安装与主体结构施工交叉作业时，在主体结构的施工层下方应设置防护网；在距离地面约3m高度处，应设置挑出宽度不小于6m的水平防护网。

20. 【答案】A

【解析】民用建筑室内环境TVOC浓度检测采用自然通风的民用建筑工程，检测应在对外门窗关闭1h后进行。

二、多项选择题

21. 【答案】ABCD

【解析】钢筋混凝土结构具有如下优点：就地取材；耐久性好；整体性好；可模性好；耐火性好。

22. 【答案】CE

【解析】钎探是用锤将钢钎打入坑底以下的土层内一定深度，根据锤击次数和入土难易程度来判断土的软硬情况及有无古井、古墓、洞穴、地下掩埋物等。

23. 【答案】ABCD

【解析】施工时所用的小砌块的产品龄期不应小于28d。砌筑普通混凝土小型空心砌块砌体，遇天气干燥炎热，宜在砌筑前对其喷水湿润。承重墙体使用的小砌块应完整、无破损、无裂缝。小砌块应将生产时的底面朝上反砌于墙上。小砌块墙体应孔对孔、肋对肋错缝搭砌，选项E错误。

24. 【答案】BC

【解析】采用外防外贴法铺贴卷材防水层时，应符合下列规定：

(1) 先铺平面，后铺立面，交接处应交叉搭接。

(2) 临时性保护墙宜采用石灰砂浆砌筑，内表面宜做找平层。

(3) 从底面折向立面的卷材与永久性保护墙的接触部位，应采用空铺法施工；卷材与临时性保护墙或围护结构模板的接触部位，应将卷材临时贴附在该墙上或模板上，并应将顶端临时固定．当不设保护墙时，从底面折向立面的卷材接槎部位应采取可靠保护措施。

(4) 混凝土结构完成，铺贴立面卷材时，应先将接槎部位的各层卷材揭开，并将其表面清理干净，如卷材有损伤应及时修补。卷材接槎的搭接长度，高聚物改性沥青类卷材应为150mm，合成高分子类卷材应为100mm；当使用两层卷材时，卷材应错槎接缝，上层卷材应盖过下层卷材。

故选项A、D、E错误。

25. **【答案】** ABCD

【解析】 混凝土浇筑宜在早间或晚间进行，且宜连续浇筑。当水分蒸发速率大于1kg/ (m^2·h)时，应在施工作业面采取挡风、遮阳、喷雾等措施，选项E错误。

26. **【答案】** AE

【解析】 存在下列情形之一的，属于违法分包：

(1) 施工单位将工程分包给个人的。

(2) 施工单位将工程分包给不具备相应资质或安全生产许可的单位的。

(3) 施工合同中没有约定，又未经建设单位认可，施工单位将其承包的部分工程交由其他单位施工的。

(4) 施工总承包单位将房屋建筑工程的主体结构的施工分包给其他单位的，钢结构工程除外。

(5) 专业分包单位将其承包的专业工程中非劳务作业部分再分包的。

(6) 劳务分包单位将其承包的劳务再分包的。

(7) 劳务分包单位除计取劳务作业费用外，还计取主要建筑材料款、周转材料款和大中型施工机械设备费用的。

(8) 法律法规规定的其他违法分包行为。

27. **【答案】** ABCD

【解析】 质量验证包括材料品种、型号、规格、数量、外观检查和见证取样。

28. **【答案】** ABE

【解析】 建筑安装工程费按照工程造价形成由分部分项工程费、措施项目费、其他项目费、规费、税金组成。

29. **【答案】** ABC

【解析】 检验批可根据施工及质量控制和专业验收需要，按楼层、施工段、变形缝等进行划分。

30. **【答案】** ACDE

【解析】 项目管理机构应采取下列措施应对负面风险：风险规避；风险减轻；风险转移；风险自留。

三、实务操作和案例分析题

(一)

1. 事件一中，建筑物施工放样应具备下列资料：

(1) 总平面图。

(2) 建筑物设计说明。

(3) 建筑物轴线平面图。

(4) 建筑物基础平面图。

(5) 设备基础图。

(6) 土方开挖图。

(7) 建筑物结构图。

(8) 管网图。

(9) 场区控制点坐标、高程及点位分布图。

2. 本工程的双代号网络计划图见下图（单位：d）：

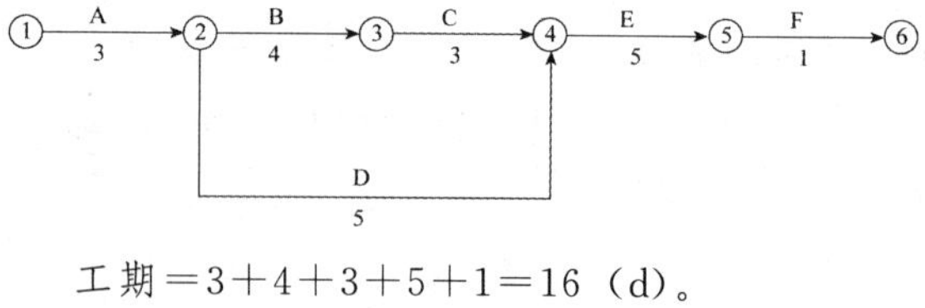

工期＝3＋4＋3＋5＋1＝16 (d)。

3. (1) 施工单位向监理单位提交工程竣工验收报告不妥。

(2) 正确做法：根据《建筑工程施工质量验收统一标准》(GB 50300—2013) 规定，单位工程完工后，施工单位自行组织有关人员进行检查评定，评定合格后可向建设单位提交工程竣工验收报告。

4. (1) 不妥之处一：工程交付使用7d后，建设单位委托有资质的检测单位进行室内环境污染检测。

正确做法：民用建筑工程及室内装修工程的室内环境质量验收，应在工程完工至少7d以后、工程交付使用前进行。

(2) 不妥之处二：在对室内环境的甲醛、苯、甲苯、二甲苯、氨、TVOC浓度进行检测时，检查人员将集中通风关闭后进行检测。

正确做法：民用建筑工程室内环境的甲醛、苯、甲苯、二甲苯、氨、TVOC浓度进行检测时，对采用集中通风的民用建筑工程，应在通风系统正常运行的条件下进行。

(3) 不妥之处三：对室内环境氡浓度进行检测时，检测人员将房间对外门窗关闭12h后进行检测。

正确做法：民用建筑工程室内环境中氡浓度检测时，对采用自然通风的民用建筑工程，应在房间的对外门窗关闭24h以后进行。

(二)

1. (1) 事件一中，施工单位项目经理组织基础工程验收不妥当。

理由：基础工程验收属分部工程验收，应由总监理工程师或建设单位项目负责人组织。

(2) 本工程地基基础分部工程验收还应包括如下人员：勘察单位项目负责人；设计单位项目负责人；施工单位技术、质量部门负责人。

2. (1) 不妥之处一：最顶部两水平拉杆中间加设了一道水平拉杆。

理由：当层高大于20m时，最顶两步距水平拉杆中间应分别增加一道水平拉杆。

不妥之处二：水平拉杆的端部与四周建筑物间隔100mm。

理由：水平拉杆的端部均应与四周建筑物顶紧顶牢。

(2) 水平拉杆无处可顶时的措施是：应于水平拉杆端部和中部沿竖向设置连续式剪刀撑。

3. (1) 场地四周设置1.5m高的现场围挡，不妥当。

正确做法：一般路段的围挡高度不得低于1.8m，市区主要路段的围挡高度不得低于2.5m。

(2) 安排部分工人住在在建工程地下室内，不妥当。

正确做法：现场的施工区域应与办公生活区划分清晰，并应采取相应的隔离防护措施，在建工程内严禁住人。

(3) 安装了一根管径50mm的消防竖管，兼做楼层施工供水，不妥当。

正确做法：高度超过24m的建筑工程，安装临时消防竖管，管径不小于75mm，严禁消防竖管作为施工用水管线。

4. (1) 不妥之处一：全部立杆进行搭接。

正确做法：除顶层顶步外，其余各层各步接头必须采用对接扣件连接。

不妥之处二：横向扫地杆采用对接扣件固定在紧靠纵向扫地杆上方的立杆上。

正确做法：横向扫地杆应采用直角扣件固定在紧靠纵向扫地杆下方的立杆上。

不妥之处三：脚手架立杆基础不在同一高度的地方，将高处的纵向扫地杆向低处延长一跨与立杆固定。

正确做法：脚手架立杆基础不在同一高度上时，必须将高处的纵向扫地杆向低处延长两跨与立杆固定，高低差不应大于1m。

不妥之处四：外侧立面两端设置一道剪刀撑，中间各道剪刀撑净距为15m。

正确做法：该建筑地上16层，高度大于24m，应在外侧全立面连续设置剪刀撑。

不妥之处五：剪刀撑斜杆与地面的倾角为30°。

正确做法：剪刀撑斜杆与地面的倾角应在45°～60°之间。

(2) 需对脚手架及其地基基础进行检查和验收的情况还有：①基础完工后，架体搭设前；②每搭设完6～8m高度后；③作业层上施加荷载前；④达到设计高度后；⑤遇有六级及以上大风或大雨后；⑥冻结地区解冻后；⑦停用超过一个月的，在重新投入使用之前。

(三)

1. (1) 不妥之处一：灌注时桩顶混凝土面超过

设计标高500mm。

正确做法：水下灌注时桩顶混凝土面标高至少要比设计标高超灌0.8～1.0m。

(2) 不妥之处二：对工程桩的桩身完整性按1%进行抽检。

正确做法：工程桩的桩身完整性的抽检数量不应少于总桩数的20%，且不应少于10根。

2. 基坑监测出现下列危险征兆时立即报警：

(1) 支护结构位移值突然明显增大或基坑出现流砂、管涌、隆起、陷落等。

(2) 基坑支护结构的支撑或锚杆体系出现过大变形、压屈、断裂、松弛或拔出迹象。

(3) 基坑周边建筑的结构部分出现危害结构的变形裂缝。

(4) 基坑周边地面出现较严重的突发裂缝或地下空洞、地面下陷。

(5) 基坑周边管线变形突然明显增长或出现裂缝、泄漏等。

(6) 冻土基坑经受冻融循环时，基坑周边土体温度显著上升，发生明显的冻融变形。

(7) 出现基坑工程设计方提出的其他危险报警情况，或根据当地工程经验判断，出现其他必须进行危险报警的情况。

3. (1) 不妥之处一：当基坑开挖到设计标高后，由施工单位和监理单位两家共同进行验槽的做法不妥。

理由：在基坑（槽）开挖至基底设计标高并清理好后，施工单位还必须会同勘察、设计单位和建设单位共同进行验槽，合格后方能进行基础工程施工。

(2) 不妥之处二：发现地基东南角有约350m² 软土区，监理工程师随即指令施工单位进行换填处理。

理由：当发现基坑基底有软土区后，施工单位不得擅自处理，应及时向监理单位和建设单位报告，由勘察设计单位组织进行地基补充勘探，在探明基底情况后，勘察设计单位进行处理方案设计，方案设计完成后须由建设单位、设计单位、监理单位和施工单位在设计变更单上会签。施工单位再依据设计变更进行基底处理。监理单位对处理过程进行监控，并验收。

4. (1) 作业时间段：晚22：00到次日6：00停止施工。

(2) 特殊情况应尽量采取降噪措施，公告附近居民，会同建设单位做好周围居民的工作，同时报工地所在地的环保部门办理夜间施工审批手续方可施工。

(四)

1. (1) A施工单位将其中两栋单体建筑的室内精装修和幕墙工程分包给具备相应资质的B施工单位合法。

理由：装修工程和幕墙工程不属于主体结构，可以分包。

(2) B施工单位将其承包范围内的幕墙工程分包给C施工单位不合法。

理由：分包工程不能再分包。

(3) B施工单位将油漆劳务作业分包给D劳务单位合法。

理由：分包工程允许劳务再分包。

2. (1) 不妥之处一：施工总承包单位将同一炉罐号的钢筋组批进行取样复试。

正确做法：按同一厂家生产的同一品种、同一类型、同一生产批次的进场材料组批进行取样复试。

(2) 不妥之处二：调直钢筋时，冷拉率控制为3%。

正确做法：HRB400、HRB500带肋钢筋的冷拉率不宜大于1%。

3. (1) 错误之处一：A施工单位认为B施工单位应直接向建设单位提出索赔不合理。

理由：B施工单位只与A施工单位有合同关系，与建设单位没有合同关系。

(2) 错误之处二：B施工单位直接向建设单位提出索赔不合理。

理由：B施工单位与建设单位之间没有合同关系。

(3) 错误之处三：建设单位认为油漆在进场时已由A施工单位进行了质量验证并办理接收手续，因油漆不合格而返工的损失由A施工单位承担，建设单位拒绝受理索赔不合理。

理由：A施工单位进行了验证不能免除建设单位购买材料的质量责任。业主采购的物资，项目的验证不能取代业主对其采购物资的质量责任。

4. 调值公式：$P=P_0$（$a_0+a_1A/A_0+a_2B/B_0+a_3C/C_0+a_4D/D_0$），

由题意，不调值部分比重 $a_0=1-$（$a_1+a_2+a_3+a_4$）$=1-$（0.15＋0.30＋0.12＋0.15＋0.08）＝0.2，

经调整后的实际结算价款＝14520×（0.2＋0.15×1.12/0.99＋0.30×1.16/1.01＋0.12×0.85/0.99＋0.15×0.80/0.96＋0.08×1.05/0.78）＝15245.62（万元）。

亲爱的读者：

如果您对本书有任何**感受、建议、纠错**，都可以告诉我们。我们会精益求精，为您提供更好的产品和服务。

祝您顺利通过考试！

扫码参与调查

环球网校建造师考试研究院

民用建筑的分类

- 使用分类★★★
  - 民用建筑
    - 居住建筑：住宅和宿舍
    - 公共建筑：图书馆、车站、办公楼、电影院、宾馆、医院等
  - 工业建筑
  - 农业建筑
    - 农业、牧业生产和加工的建筑
- 高度分类★★★
  - 单层或多层民用建筑
    - 建筑高度不大于27.0m的住宅建筑、建筑高度不大于24.0m的公共建筑及建筑高度大于24.0m的单层公共建筑
  - 高层民用建筑
    - 建筑高度大于27.0m的住宅建筑和建筑高度大于24.0m，且不大于100.0m的非单层公共建筑
  - 超高层建筑
    - 建筑高度大于100m的民用建筑

民用建筑的构造（1）

建筑高度控制区的建筑高度★★★

建筑高度应以绝对海拔高度控制建筑物室外地面至建筑物和构筑物的最高点的高度计算

非实行建筑高度控制区内建筑高度★★★

（1）平屋顶：应按建筑物主入口场地室外设计地面至建筑女儿墙顶点的高度计算，无女儿墙的建筑物应计算至其屋面檐口

（2）坡屋顶：应按建筑物室外地面至屋檐和屋脊的平均高度计算，同一座建筑物有多种屋面形式时，分别计算后取最大值

（3）下列突出物不计入建筑高度内：局部突出屋面的楼梯间、电梯机房、水箱间等辅助用房占屋顶平面面积不超过1/4者，突出屋面的通风道、烟囱、通信设施、装饰构件、花架、空调冷却塔等设施、设备

不允许突出道路和用地红线的建筑突出物★★

不允许突出道路和用地红线：地下设施：地下连续墙、支护桩、地下室底板及其基础、化粪池、各类水池等。地上设施：门廊、连廊、阳台、室外楼梯、凸窗、空调机位、雨篷、挑檐、装饰架构、固定遮阳板、台阶、坡道、花池、围墙、平台、散水明沟、地下室进排风口、地下室出入口、集水井、采光井、烟囱等

允许突出用地红线：在无人行道的道路路面上空，4m及以上允许突出空调机位、凸窗、窗扇、窗罩时，突出深度不应大于0.60m

民用建筑的构造（2）

- 地下室要求★★
  - 地下室不应布置居室
  - 当布置在半地下室时，必须对采光、通风、日照、防潮、防霉及安全防护等要求的措施
- 阳台、外廊、室内回廊、内天井、上人屋面及室外楼梯等临空处应设置防护栏杆★★
  - （1）临空高度在24m以下时，栏杆高度不应低于1.05m
  - （2）临空高度在24m及24m以上（包括中高层住宅）时，栏杆高度不应低于1.10m
  - （3）住宅、托儿所、幼儿园、中小学及少年儿童专用活动场所的栏杆必须采用防止攀登的构造，当采用垂直杆件做栏杆时，其杆件净距不应大于0.11m

建筑抗震构造要求（1）

结构抗震目标★★

- 小震不坏：低于本地区抗震设防烈度，主体结构不受损坏或不需要修理仍可继续使用
- 中震可修：相当于本地区抗震设防烈度，可能损坏但经一般性修理仍可继续使用
- 大震不倒：高于本地区抗震设防烈度，不致倒塌或发生危及生命的严重破坏

框架结构抗震★★★

- （1）框架结构震害的严重部位多发生在框架梁柱节点和填充墙处
- （2）柱的震害重于梁，柱顶的震害重于柱底，角柱的震害重于内柱，短柱的震害重于一般柱
- （3）抗震措施：把框架设计成延性框架，遵守强柱、强节点、强锚固，避免短柱、加强角柱，框架沿高度不宜突变，避免出现薄弱层，控制最小配筋率，限制配筋最小直径等原则
- 柱的抗震构造要求
  - 截面的宽度和高度，极限不宜小于300mm
  - 剪跨比宜大于2
  - 截面长边与短边的边长比不宜大于3
  - 柱的纵向钢筋宜对称配置

建筑抗震构造要求（2）

多层砌体结构抗震★★★

- （1）多层砌体结构特点：材料脆性大，抗拉、抗剪、抗弯能力低，抵抗地震的能力差
- （2）在强烈地震作用下，多层砌体房屋的破坏部位主要是墙身，楼盖本身的破坏较轻，因此，必须对墙身采取相应的抗震构造措施（构造柱）
- （3）构造柱上下端箍筋应适当加密；房屋四角的构造柱应适当加大截面及配筋
- （4）构造柱与墙连接处应砌成马牙槎
- （5）构造柱与圈梁连接处，构造柱的纵筋应在圈梁纵筋内侧穿过，保证构造柱纵筋上下贯通
- （6）构造柱可不单独设置基础，但应伸入室外地面下500mm，或与埋深小于500mm的基础圈梁相连
- （7）构造柱间距
  - 横墙内的构造柱间距不宜大于两倍层高；下部1/3楼层的构造柱间距适当减小
  - 当外纵墙开间大于3.9m时，应另设加强措施。内纵墙的构造柱间距不宜大于4.2m

建筑结构技术要求（1）

- 房屋结构的安全性、适用性、耐久性★★★
  - 安全性：在正常施工和正常使用的条件下，结构应能承受可能出现的各种荷载作用和变形而不发生破坏；在偶然事件发生后，结构仍能保持必要的整体稳定性。例如：厂房结构平时受自重、吊车、风和积雪等荷载作用时，均应坚固不坏，而在遇到强烈地震、爆炸等偶然事件时，容许有局部的损伤，但应保持结构的整体稳定而不发生倒塌
  - 适用性：在正常使用时，结构应具有良好的工作性能。例如：吊车梁变形过大会使吊车无法正常运行，水池出现裂缝便不能蓄水
  - 耐久性：在正常维护的条件下，结构应能在预计的使用年限内满足各项功能要求，也即应具有足够的耐久性。例如：因混凝土的老化、腐蚀或钢筋的锈蚀等而影响结构的使用寿命
- 钢筋混凝土梁板柱的特点及配筋要求★★★
  - 钢筋混凝土结构优缺点
    - 优点：就地取材、耐久性好、整体性好、可模性好、耐火性好
    - 缺点：自重大，抗裂性能差，现浇结构模板用量大、工期长
  - 钢筋混凝土梁的受力特点及配筋要求
    - 混凝土梁正截面破坏形式：与配筋率、混凝土强度等级、截面形式等有关，影响最大的是配筋率
    - 连续梁、板的受力特点
      - 跨中有正弯矩，支座有负弯矩
      - 跨中按最大正弯矩计算正筋，支座按最大负弯矩计算负筋

建筑结构技术要求（2）

- 钢结构分类与特点★★
  - 建筑型钢　热轧成型的角钢、槽钢、工字钢、H型钢和钢管等
  - 型钢结构建筑　由建筑型钢构件构成承重结构的建筑
  - 轻型钢结构建筑　由薄钢板冷轧成型的、卷边或不卷边的L形、U形、Z形和管形等薄壁型钢，以及其与小型钢材如角钢、钢筋等制成的构件所形成的承重结构建筑
  - 优点：（1）材料强度高，自重轻，塑性和韧性好，材质均匀；（2）便于工厂生产和机械化施工，便于拆卸，施工工期短；（3）具有优越的抗震性能；（4）无污染、可再生、节能、安全，符合建筑可持续发展的原则，可以说钢结构的发展是21世纪建筑文明的体现
  - 缺点：（1）易腐蚀，需经常油漆维护，故维护费用较高；（2）钢结构的耐火性差，当温度达到250℃时，钢结构的材质将会发生较大变化；当温度达到500℃时，结构会瞬间崩溃，完全丧失承载能力
- 钢结构的技术要求★★
  - 钢结构工程建设应遵循的原则：（1）满足适用、经济和耐久性要求；（2）提高工程建设质量和运营维护水平；（3）符合国家节能、环保、防灾减灾和应急管理等政策；（4）符合建筑技术的发展方向，鼓励新技术应用

建筑钢材的主要性能★★★

- 力学性能
  - 拉伸性能
    - （1）衡量指标：屈服强度、抗拉强度、伸长率
    - （2）屈服强度是结构设计中钢材强度的取值依据
    - （3）抗拉强度与屈服强度之比（强屈比）是评价钢材使用可靠性的参数，强屈比越大，可靠性越大，安全性越高；但强屈比太大则会浪费材料
    - （4）伸长率越大，钢材塑性越大
  - 冲击性能
    - 脆性临界温度的数值愈低，钢材的低温冲击性能愈好。所以在负温下使用的结构，应当选用脆性临界温度较低的钢材
  - 疲劳性能
    - 疲劳破坏是在低应力状态下突然发生的，所以危害极大。一般抗拉强度高，其疲劳极限也较高
- 工艺性能
  - 弯曲性能
  - 焊接性能

水泥的性能和应用（1）★★★

水泥分类与特性

分类	代号	强度等级	重要特性
硅酸盐水泥	P·I、P·II	42.5、42.5R、52.5、52.5R、62.5、62.5R	凝结硬化快，水化热大；抗冻性好；耐腐蚀性差
普通硅酸盐水泥	P·O	42.5、42.5R、52.5、52.5R	
矿渣硅酸盐水泥	P·S·A、P·S·B	32.5、32.5R、42.5、42.5R、52.5、52.5R	凝结硬化慢，水化热小；抗冻性差；耐腐蚀性好
火山灰硅酸盐水泥	P·P		
粉煤灰硅酸盐水泥	P·F		
复合硅酸盐水泥	P·C	32.5R、42.5、42.5R、52.5、52.5R	

水泥的性能和应用（2）★★★

常用水泥的技术性能

- 内容：凝结时间、安定性、强度、标准稠度用水量，细度、化学指标
- 凝结时间
  - 初凝时间：不得短于45min。初凝时间不符合要求的水泥为废品水泥；分层浇筑混凝土必须在前一层初凝前开始浇筑
  - 终凝时间：终凝时间不得长于10h（硅酸盐水泥6.5h）。结构混凝土终凝前开始养护；防水混凝土终凝后开始养护
- 采用胶砂法来测定水泥的3d和28d的抗压强度和抗折强度，并根据测定结果来确定该水泥的强度等级
- 水泥的细度和碱含量属于选择性指标。水泥中的碱含量高时，如果配制混凝土的骨料具有碱活性，可能产生碱骨料反应，导致混凝土因不均匀膨胀而破坏

混凝土的技术性能★★★

混凝土的和易性

（1）包括流动性、黏聚性和保水性三个方面的含义

（2）主要影响因素：单位体积用水量、砂率、组成材料的性质、时间和温度等

（3）单位体积用水量是影响混凝土和易性的最主要因素

（4）砂率是指混凝土中砂的质量占骨料（砂、石）总质量的百分率

混凝土强度

分类	要求
立方体抗压强度	①边长为 150mm 的立方体试件 ②在标准条件（温度 20±2℃，相对湿度 95%以上）下，养护到 28d 龄期 ③以 f_{cu} 表示，单位为 N/mm^2 或 MPa
立方体抗压标准强度	①边长为 150mm 的立方体试件，28d 龄期，具有不低于 95%保证率的抗压强度值，以 $f_{cu,k}$ 表示 ②C30 即表示混凝土立方体抗压强度标准值 $30MPa \le f_{cu,k} < 35MPa$
轴心抗压强度	采用 150mm×150mm×300mm 棱柱体作为标准试件

混凝土的耐久性

包括抗渗、抗冻、抗侵蚀、碳化、碱骨料反应及混凝土中的钢筋锈蚀等性能

混凝土外加剂、掺合料的种类与应用★★★

混凝土外加剂分类

- 减水剂、引气剂、泵送剂　改善混凝土拌合物流变性能
- 缓凝剂、早强剂、速凝剂　调节混凝土凝结时间、硬化性能
- 引气剂、防水剂、阻锈剂　改善混凝土耐久性
- 膨胀剂、防冻剂、着色剂、防水剂、泵送剂　改善混凝土其他性能

混凝土掺合料

- （1）用于混凝土中的掺合料可分为活性矿物掺合料和非活性矿物掺合料
- （2）非活性矿物掺合料一般不与水泥组分发生化学作用，如磨细石英砂、石灰石、硬矿渣等
- （3）通常使用的掺合料多为活性矿物掺合料，如粒化高炉矿渣、火山灰材料、粉煤灰、硅粉等

砂浆、砌块的技术性能和应用★★

- 流动性（稠度）
  - （1）砂浆的流动性用稠度表示。稠度是以砂浆稠度测定仪的圆锥体沉入砂浆内的深度（单位mm）表示
  - （2）圆锥沉入深度越大（稠度越大），砂浆的流动性越大
  - （3）影响砂浆稠度的因素：所用胶凝材料种类及数量；用水量；掺合料的种类与数量；砂的形状、粗细与级配；外加剂的种类与掺量；搅拌时间
- 保水性
  - 砂浆的保水性用分层度表示。砂浆的分层度不得大于30mm。
- 抗压强度与强度等级
  - （1）以边长为70.7mm的立方体试件，在标准养护条件下，用标准试验方法测得28d龄期的抗压强度值（单位为MPa）确定
  - （2）立方体试件以3个为一组进行评定
  - （3）砌筑砂浆的强度等级宜采用用M30、 M25、M20、M15、M10、M7.5、M5七个等级

建筑材料（1）

- **玻璃的特性和应用★★**
  - 净片玻璃
    - 原理：未经深加工的平板玻璃
    - 特点：“暖房效应”，夏季空调能耗加大；太阳光中紫外线的透过率较低
  - 安全玻璃
    - 钢化玻璃
      - 原理：内部受拉，表面受压
      - 特点：受急冷忽热作用时不易发生炸裂，碎后不易伤人，大面积玻璃幕墙容易自爆；不能切割
    - 夹层玻璃
      - 原理：两片或多片玻璃用PVB膜粘贴。
      - 特点：玻璃破碎不会散落伤人；不能切割，需要选用定型产品或按尺寸定制
  - 节能装饰型玻璃
    - 着色玻璃
      - 原理：显著地吸收阳光中的热射线
      - 特点：“冷室效应”
    - 阳光控制镀膜玻璃
      - 原理：控制太阳光中的热射线
      - 特点：避免暖房效应，单向透视性
    - 低辐射膜玻璃
      - 原理：透过可见光，阻挡热射线
      - 特点：节能效果明显；一般不单独使用，往往制成高性能的中空玻璃
    - 中空玻璃
      - 原理：两片或多片玻璃之间留置空气
      - 特点：保温隔热、隔声效果明显
- **木材的含水率与湿胀干缩变形★★**
  - 干缩：木材翘曲、开裂，接榫松动，拼缝不严
  - 湿涨：表面鼓凸
- **防水材料分类★★**
  - 刚性防水：防水混凝土、防水砂浆；水泥基渗透结晶型防水涂料
  - 柔性防水：防水卷材、建筑防水涂料、建筑密封材料

建筑材料（2）

保温材料技术要求★★

- 保温材料导热系数影响因素
  - （1）材料性质：导热系数以金属最大，非金属次之，液体较小，气体更小
  - （2）表现密度与孔隙特征：表观密度小的材料，导热系数小。孔隙率相同时，孔隙尺寸越大，导热系数越大
  - （3）湿度：材料吸湿受潮后导热系数就会增大
  - （4）温度：材料的导热系数随温度的升高而增大，只有对处于高温和负温下的材料，才要考虑温度的影响
  - （5）热流方向：当热流平行于纤维方向时，保温性能减弱；而热流垂直纤维方向时，保温材料的阻热性能发挥最好
- 常用保温材料
  - 聚氨酯泡沫塑料：保温性能好；防水性能优异；防火阻燃性能好；使用温度范围广；耐化学腐蚀性好；使用方便。广泛应用于屋面和墙体保温，可代替传统的防水层和保温层，具有一材多用的功效
  - 改性酚醛泡沫塑料：绝热性；耐化学溶剂腐蚀性；吸声性能；吸湿性;抗老化性;阻燃性；抗火焰穿透性。广泛应用于防火保温要求较高的工业建筑和民用建筑
  - 聚苯乙烯泡沫塑料：重量轻、隔热性能好、隔声性能优、耐低温性能强、有一定弹性、低吸水性、易加工。广泛应用于建筑外墙外保温和屋面的隔热保温
  - 岩棉、矿渣棉制品：优良的绝热性、使用温度高、防火不燃、较好的耐低温性、长期使用稳定性、吸声、隔声、对金属无腐蚀性等

防火涂料分类★★★

- 厚质型
  - 特性：非膨胀型。厚度：7～45mm
  - 原理：遇火时体积不变，形成釉状保护层隔绝氧气，从而避免、延缓或中止燃烧反应
- 薄型和超薄型
  - 特性：膨胀型。厚度：薄型为3～7mm；超薄型为≤3mm
  - 原理：遇火时涂层迅速膨胀发泡，形成泡沫层，吸热隔热

施工测量技术

常用测量仪器的性能与应用★★

（1）钢尺：测量距离（水平距离），是楼层测量放线最常用的测距方法

（2）水准仪：测量高差（垂直距离）。注意：不能直接测量待定点的高程，但可由控制点的已知高程来推算测点的高程。利用视距测量原理，它可以测量两点间的大致水平距离

（3）经纬仪：测量角度（水平角+垂直角）。注意：可以借助水准尺，利用视距测量原理，测出两点间的大致水平距离和高差，也可以进行点位的竖向传递测量

（4）激光铅直仪：点位的竖向传递，也可采用激光经纬仪来进行点位的竖向传递测量

（5）全站仪：角度测量和距离测量。注意：可在同一时间测得平距、高差、点的坐标和高程

水准测量原理★★★

原始计算公式：$a+H_a=b+H_b$

其中：a、b：两点水准尺读数

H_a、H_b：两点高程

土方工程施工技术

土方开挖★★★

- （1）开挖方法
  无支护土方工程：放坡挖土
  有支护土方工程：中心岛式（也称墩式）挖土、盆式挖土和逆作法挖土等方法
- （2）基坑边缘堆置土方和建筑材料，或沿挖方边缘移动运输工具和机械，一般应距基坑上部边缘不少于2m，堆置高度不应超过1.5m
- （3）基坑开挖完成后，应及时清底、验槽，减少暴露时间，防止暴晒和雨水浸刷破坏地基土的原状结构
- （4）开挖时应对平面控制桩、水准点、基坑平面位置、水平标高、边坡坡度等经常进行检查

土方回填要求★

- （1）不可回填土的类型：淤泥、淤泥质土、膨胀土、有机质大于5%的土、含水溶性硫酸盐大于5%的土、含水量不符合压实要求的黏性土
- （2）填方土应尽量采用同类土
- （3）填土应从场地最低处开始，由下而上整个宽度分层铺填
- （4）填方应在相对两侧或周围同时进行回填和夯实

人工降排地下水施工技术

集水明排★★

（1）在基坑的两侧或四周设置排水明沟，在基坑四角或每隔30m～50m设置集水井，用水泵将渗出的地下水排出基坑外

（2）排水明沟宜布置在拟建建筑基础边0.4m以外，沟边缘离开边坡坡脚应不小于0.5m

（3）排水明沟的底面应比挖土面低0.3m～0.4m，集水井底面应比沟底面低0.5m以上

（4）集水明排的作用：收集外排坑底、坑壁渗出的地下水；收集外排降雨形成的基坑内、外地表水；收集外排降水井抽出的地下水

井点降水★★

（1）降水施工完毕，根据结构施工情况和土方回填进度，陆续关闭和逐根拔出井点管。土中所留孔洞应立即用砂土填实

（2）如基坑坑底进行压密注浆加固时，要待注浆初凝后再进行降水施工

井点回灌★

回灌井点与降水井点的距离不宜小于6m

基坑验槽与局部不良地基处理方法

基坑验槽★★★

验槽程序

（1）施工单位确认自检合格后提出验收申请

（2）由总监理工程师或建设单位项目负责人组织建设、监理、勘察、设计及施工单位的项目负责人、技术质量负责人，共同按设计要求和有关规定进行

验槽的主要内容

（1）检查开挖平面位置、尺寸、槽底深度、开挖深度

（2）槽壁、槽底土质类型、均匀程度和有关异常土质是否存在，核对基坑土质及地下水情况

（3）旧建筑物基础、古井、古墓、洞穴、地下掩埋物及地下人防工程等

（4）基槽边坡外缘与附近建筑物的距离，基坑开挖对建筑物稳定是否有影响

（5）核实分析钎探资料，异常点位复合检查。桩基应检测桩的质量合格

轻型动力触探★★★

（1）持力层明显不均匀

（2）浅部有软弱下卧层

（3）有浅埋的坑穴、古墓、古井等，直接观察难以发现时

（4）勘察报告或设计文件规定应进行轻型动力触探时

混凝土基础与桩基施工技术

基础底板大体积混凝土工程★★

浇筑与振捣

（1）初凝以前对混凝土进行二次振捣

（2）在下层混凝土初凝前将上层混凝土浇筑完毕

（3）养护时间：大体积混凝土浇筑完毕后，应在12h内加以覆盖和浇水。采用普通硅酸盐水泥拌制的混凝土养护时间不得少于14d

大体积混凝土裂缝的控制

（1）优先选用低水化热的矿渣水泥拌制混凝土

（2）适当降低水灰比，减少水泥用量

（3）降低拌合水温度；骨料用水冲洗降温

（4）及时对混凝土覆盖保温、保湿材料

（5）在基础内预埋冷却水管，通入循环水

（6）掺入适量的微膨胀剂或膨胀水泥，使混凝土得到补偿收缩

（7）设置后浇缝

（8）采用二次抹面工艺，减少表面收缩裂缝

混凝土预制桩、灌注桩的技术★★★

钢筋混凝土预制桩

打（沉）桩施工方法：锤击沉桩法、静力压桩法及振动法等，以锤击沉桩法和静力压桩法应用最为普遍

钢筋混凝土灌注桩

按其成孔方法不同，可分为钻孔灌注桩、沉管灌注桩和人工挖孔灌注桩等几类

基坑监测技术★★★

应立即报警的危险征兆

（1）支护结构位移达到设计规定的位移限值

（2）支护结构位移速率增长且不收敛

（3）支护结构构件的内力超过其设计值

（4）基坑周边建（构）筑物、道路、地面的沉降达到设计规定的沉降、倾斜限值；基坑周边建（构）筑物道路、地面开裂

（5）支护结构构件出现影响整体结构安全的损坏

（6）基坑出现局部坍塌

（7）开挖面出现隆起现象

（8）基坑出现流土、管涌现象

基坑工程监测报警值应由监测项目的累计变化量和变化速率值共同控制。当监测数据达到监测报警值时,必须立即通报建设方及相关单位

基坑内采用深井降水时水位监测点宜布置在基坑中央和两相邻降水井的中间部位；采用轻型井点、喷射井点降水时,水位监测点宜布置在基坑中央和周边拐角处。监测点间距宜为20～50m

模板工程★★★

模板安装要求

（1）起拱
对象：梁、板≥4m
起拱高度：跨度的1/1000～3/1000
（2）木杆、钢管、门架等支架立柱不得混用
（3）模板的接缝不应漏浆
（4）模板与混凝土的接触面应清理干净并涂刷隔离剂，不得采用影响结构性能或妨碍装饰工程的隔离剂；脱模剂不得污染钢筋和混凝土接槎处
（5）模板安装应与钢筋安装配合进行，梁柱节点的模板宜在钢筋安装后安装
（6）浇筑混凝土前，模板内的杂物应清理干净
（7）后浇带的模板及支架应独立设置

模板拆除要求

（1）顺序：先支的后拆、后支的先拆，先拆非承重模板、后拆承重模板
（2）底模拆除要求（关键词：8m，75%）
（3）快拆支架体系的支架立杆间距不应大于2m。拆模时应保留立杆并顶托支承楼板，拆模时的混凝土强度可取构件跨度为2m按表规定确定

构件类型	构件跨度(m)	达到设计的混凝土立方体抗压强度标准值的百分率(%)
板	≤2	≥50
	>2，≤8	≥75
	>8	≥100
梁、拱、壳	≤8	≥75
	>8	≥100
悬臂结构		≥100

钢筋工程（1）

钢筋连接★★★

- 焊接
  - （1）电渣压力焊适合于竖向和斜向钢筋的连接，不适应于水平
  - （2）直接承受动力荷载的结构构件中，纵向钢筋不宜采用焊接接头
- 机械连接
  - （1）钢筋套筒挤压连接
  - （2）钢筋直螺纹套筒连接
- 绑扎连接
  - 当受拉钢筋直径大于25mm、受压钢筋直径大于28mm时，不宜采用绑扎搭接接头；轴心受拉及小偏心受拉杆件（如桁架和拱架的拉杆等）的纵向受力钢筋均不得采用绑扎搭接接头

钢筋加工★★★

- （1）钢筋加工包括调直、除锈、下料切断、接长、弯曲成型等
- （2）钢筋宜采用无延伸功能的机械设备进行调直，也可采用冷拉调直。当采用冷拉调直时，光圆钢筋的冷拉率不宜大于4%，带肋钢筋的冷拉率不宜大于1%
- （3）钢筋除锈：一是在钢筋冷拉或调直过程中除锈；二是可采用机械除锈机除锈、喷砂除锈、酸洗除锈和手工除锈等
- （4）钢筋下料切断可采用钢筋切断机或手动液压切断器进行。钢筋的切断口不得有马蹄形或起弯等现象
- （5）钢筋加工宜在常温下进行，加工过程不应加热钢筋。钢筋弯折应一次完成，不得反复弯折

钢筋工程（2）

钢筋安装★★★

- 柱钢筋要求
  - （1）墙、柱钢筋的绑扎应在墙、柱模板安装前进行
  - （2）墙钢筋的弯钩应朝向混凝土内
  - （3）纵向受力钢筋有接头时，设置在同一构件内的接头宜相互错开
  - （4）每层柱第一个钢筋接头位置距楼地面高度不宜小于500mm、柱高的1/6及柱截面长边（或直径）的较大值
  - （5）框架梁、牛腿及柱帽等钢筋，应放在柱子纵向钢筋的内侧
  - （6）如设计无特殊要求，当柱中纵向受力钢筋直径大于25mm时，应在搭接接头两个端面外100mm范围内各设置两个箍筋，其间距宜为50mm
- 梁钢筋要求
  - （1）连续梁、板的上部钢筋接头位置宜设置在跨中1/3跨度范围内，下部钢筋接头位置宜设置在梁端1/3跨度范围内
  - （2）梁纵向受力钢筋采取双层排列时，两排钢筋之间应垫以不小于25mm的短钢筋
  - （3）板、次梁与主梁交叉处，板的钢筋在上，次梁的钢筋居中，主梁的钢筋在下；当有圈梁或垫梁时，主梁的钢筋在上

混凝土工程★★★

（1）混凝土在初凝前运至现场并浇筑完毕
（2）混凝土自由倾落高度：
粗骨料粒径＞25mm时，≤3m
粗骨料粒径≤25mm时，≤6m
当不能满足时，应加设串筒、溜管、溜槽等装置
（3）梁和板宜同时浇筑混凝土，有主次梁的楼板宜顺着次梁方向浇筑，单向板宜沿着板的长边方向浇筑
（4）有主次梁的楼板垂直施工缝应留设在次梁跨度中间的1/3范围内
（5）终凝前对已浇筑完毕的混凝土开始进行自然养护
（6）填充后浇带，可采用微膨胀混凝土，强度等级比原结构强度提高一级，并保持至少14d的湿润养护

砌体结构工程施工技术★★

（1）现场拌制的砂浆应随拌随用，拌制的砂浆应在3h内使用完毕；当施工期间最高气温超过30℃时，应在2h内使用完毕

（2）“三一”砌筑法：一铲灰、一块砖、一揉压的砌筑方法

（3）砖墙上留置临时施工洞口，其侧边离交接处墙面不应小于500mm，洞口净宽不应超过1m

（4）正常施工条件下，砖砌体每日砌筑高度宜控制在1.5m或一步脚手架高度内

（5）填充墙砌体砌筑，应待承重主体结构检验批验收合格后进行。填充墙顶部与承重主体结构间的空隙部位，应在填充墙砌筑14d后进行砌筑

不得设置脚手眼的墙体或部位

不得在下列墙体或部位设置脚手眼：

（1）120mm厚墙、清水墙、料石墙、独立柱和附墙柱

（2）过梁上与过梁成60°角的三角形范围及过梁净跨度1/2的高度范围内

（3）宽度小于1m的窗间墙

（4）门窗洞口两侧石砌体300mm，其他砌体200mm范围内；转角处石砌体600mm，其他砌体450mm范围内

（5）梁或梁垫下及其左右500mm范围内

（6）设计不允许设置脚手眼的部位

（7）轻质墙体

（8）夹心复合墙外叶墙

钢结构工程施工技术

- 高强度螺栓★★★
  - 普通螺栓连接
    - 紧固次序：从中间开始，对称向两边
    - 直径在80mm以上的圆孔可采用气割制孔，严禁气割扩孔
  - 高强度螺栓连接
    - 紧固次序：从接头刚度较大的部位向约束较小的部位；从螺栓群中央向四周
    - 安装环境气温不宜低于-10℃。当摩擦面潮湿或暴露于雨雪中时，停止作业；高强度螺栓应自由穿入螺栓孔，不能穿过时，可用铰刀或锉刀修孔，不应气割扩孔
- 防火涂料★★★
  - CB类　超薄型，厚度≤3mm
  - B类　薄型，厚度3mm-7mm
  - H类　厚型，厚度7mm-45mm

装配式工程施工准备★★

（1）施工单位应在施工前根据工程特点和施工规定，进行施工措施复核及验算、编制装配式结构专项施工方案。专项施工方案宜包括工程概况、编制依据、进度计划、施工场地布置、预制构件运输与存放、安装与连接施工、成品保护、绿色施工、安全管理、质量管理、信息化管理、应急预案等内容

（2）现场运输道路和存放堆场应平整坚实，并有排水措施。运输车辆进入施工现场的道路，应满足预制构件的运输要求。卸放、吊装工作范围内不应有障碍物，并应有满足预制构件周转使用的场地

（3）装配式混凝土结构施工前，施工单位应按照装配式结构施工的特点和要求，对作业人员进行安全技术交底

（4）安装准备应符合下列要求：

①经验算后选择起重设备、吊具和吊索，在吊装前，应由专人检查核对确保型号、机具与方案一致

②安装施工前应按工序要求检查核对已施工完成结构部分的质量，测量放线后，标出安装定位标志，必要时应提前安装限位装置

③预制构件搁置的底面应清理干净

④吊装设备应满足吊装重量、构件尺寸及作业半径等施工要求，并调试合格

装配式工程构件进场要求★★

（1）预制构件进场前，混凝土强度应符合设计要求。当设计无具体要求时，混凝土同条件立方体抗压强度不应小于混凝土强度等级值的75%

（2）预制构件进场时，构件生产单位应提供相关质量证明文件。质量证明文件应包括以下内容：

①出厂合格证

②混凝土强度检验报告

③钢筋复验单

④钢筋套筒等其他构件钢筋连接类型的工艺检验报告

⑤合同要求的其他质量证明文件

（3）预制构件运送到施工现场后，应按规格、品种、使用部位、吊装顺序分类设置存放场地。存放场地宜设置在塔式起重机有效起重范围内，并设置通道

（4）预制墙板可采用插放或靠放的方式，堆放工具或支架应有足够的刚度，并支垫稳固。采用靠放方式时，预制外墙板宜对称靠放、饰面朝外，且与地面倾斜角度不宜小于80°

（5）预制水平类构件可采用叠放方式，层与层之间应垫平、垫实，各层支垫应上下对齐。垫木距板端部大于200mm，且间距不大于1600mm，最下面一层支垫应通长设置，堆放时间不宜超过两个月

（6）预制构件堆放时，预制构件与支架、预制构件与地面之间宜设置柔性衬垫保护

（7）预应力构件需按其受力方式进行存放，不得颠倒其堆放方向

防水混凝土 ★★★

施工要求

（1）防水混凝土其抗渗等级不得小于P6

（2）试配混凝土的抗渗等级应比设计要求提高0.2MPa

（3）用于防水混凝土的水泥品种宜采用硅酸盐水泥、普通硅酸盐水泥

（4）石子的最大粒径不宜大于40mm，砂宜选用中粗砂，不宜使用海砂

施工缝有关要求

（1）留置位置：①墙体水平施工缝不应留在剪力最大处或底板与侧墙的交接处，应留在高出底板表面不小于300mm的墙体上；②拱（板）墙结合的水平施工缝，宜留在拱（板）墙接缝线以下150～300mm处；③墙体有预留孔洞时，施工缝距孔洞边缘不应小于300mm；④垂直施工缝应避开地下水和裂隙水较多的地段，并宜与变形缝相结合

（2）水平施工缝浇筑混凝土前，应将其表面浮浆和杂物清除，然后铺设净浆或涂刷混凝土界面处理剂、水泥基渗透结晶型防水涂料等材料，再铺30～50mm厚的1:1水泥砂浆，并应及时浇筑混凝土

（3）垂直施工缝浇筑混凝土前，应将其表面清理干净，再涂刷混凝土界面处理剂或水泥基渗透结晶型防水涂料，并应及时浇筑混凝土

（4）遇水膨胀止水条（胶）应与接缝表面密贴；选用的遇水膨胀止水条（胶）应具有缓胀性能，7d的净膨胀率不宜大于最终膨胀率的60%，最终膨胀率宜大于220%

大体积防水混凝土温控指标

（1）炎热季节施工入模温度不应大于30℃

（2）混凝土内部预埋管道，宜进行水冷散热

（3）大体积防水混凝土应采取保温保湿养护，混凝土中心温度与表面温度的差值不应大于25℃，表面温度与大气温度的差值不应大于20℃，养护时间不得少于14d

屋面防水施工要求★★★

卷材防水层

（1）卷材防水层铺贴顺序和方向：①卷材防水层施工时，由屋面最低标高向上铺贴；②檐沟、天沟卷材施工时，宜顺檐沟、天沟方向铺贴，搭接缝应顺流水方向；③卷材宜平行屋脊铺贴，上下层卷材不得相互垂直铺贴

（2）立面或大坡面铺贴卷材时，应采用满粘法，并宜减少卷材短边搭接

（3）卷材搭接缝应符合下列规定：①平行屋脊的搭接缝应顺流水方向；②同一层相邻两幅卷材短边搭接缝错开不应小于500mm；③上下层卷材长边搭接缝应错开，且不应小于幅宽的1/3；④叠层铺贴的各层卷材，在天沟与屋面的交接处，应采用叉接法搭接，搭接缝应错开；搭接缝宜留在屋面与天沟侧面，不宜留在沟底

（4）厚度小于3mm的高聚物改性沥青防水卷材，严禁采用热熔法施工

（5）屋面坡度大于25%时，卷材应采取满粘和钉压固定措施

（6）水泥砂浆及细石混凝土保护层铺设前，应在防水层上做隔离层

细部施工

（1）卷材防水屋面檐口800mm范围内的卷材应满粘，卷材收头应采用金属压条钉压，并应用密封材料封严

（2）檐口下端应做鹰嘴和滴水槽

（3）檐沟和天沟的防水层下应增设附加层，附加层伸入屋面的宽度不应小于250mm；檐沟防水层和附加层应由沟底翻上至外侧顶部，卷材收头
应用金属压条钉压，并应用密封材料封严，涂膜收头应用防水涂料多遍涂刷

（4）女儿墙泛水处的防水层下应增设附加层，附加层在平面和立面的宽度均不应小于250mm

吊顶工程施工技术★★

（1）吊顶工程中的预埋件、钢筋吊杆和型钢吊杆应进行防锈处理

（2）吊杆距主龙骨端部和距墙的距离不应大于300mm

（3）主龙骨上吊杆之间的距离应小于1000mm；主龙骨间距不应大于1200mm，当吊杆长度大于1.5m时，应设置反支撑

（4）当石膏板吊顶面积大于100㎡时，纵横方向每15m距离处宜做伸缩缝处理

（5）吊顶灯具、风口及检修口等应设附加吊杆。重型灯具、电扇及其他重型设备严禁安装在吊顶工程的龙骨上，必须增设附加吊杆

（6）对大面积的吊顶，在主龙骨上每隔12m加一道横卧主龙骨，并垂直主龙骨连接牢固

（7）次龙骨应紧贴主龙骨安装。固定板材的次龙骨间距不得大于600mm，潮湿地区和场所，间距宜为300～400mm；用沉头自攻钉安装饰面板时，接缝处次龙骨宽度不得小于40mm。

（8）安装双层石膏板时，面层板与基层板的接缝应错开，并不得在同一根龙骨上接缝

（9）吊顶工程应对下列隐蔽工程项目进行验收：

①吊顶内管道、设备的安装及水管试压，风管的严密性检验

②木龙骨防火、防腐处理

③预埋件或拉结筋

④吊杆安装

⑤龙骨安装

⑥填充材料的设置

建筑幕墙工程施工技术

建筑幕墙预埋件要求★★

（1）锚板宜采用Q235、Q345级钢，锚筋应采用HPB300、HRB335或HRB400级热轧钢筋，严禁使用冷加工钢筋

（2）直锚筋与锚板应采用T形焊

（3）幕墙与主体结构连接的各种预埋件，其数量、规格、位置和防腐处理必须符合设计要求

建筑幕墙防火构造要求★★★

（1）幕墙与各层楼板、隔墙外沿间的缝隙，应采用不燃材料或难燃材料封堵，填充材料可采用岩棉或矿棉，其厚度不应小于100mm

（2）防火层应采用厚度不小于1.5mm的镀锌钢板承托

（3）承托板与主体结构、幕墙结构及承托板之间的缝隙应采用防火密封胶密封

建筑幕墙的防雷构造要求★★★

（1）幕墙的金属框架应与主体结构的防雷体系可靠连接，连接部位清除非导电保护层

（2）幕墙的铝合金立柱，在不大于10m范围内宜有一根立柱采用柔性导线，把每个上柱与下柱的连接处连通

（3）兼有防雷功能的幕墙压顶板宜采用厚度不小于3mm的铝合金板制造，与主体结构屋顶的防雷系统应有效连通

（4）在有镀膜层的构件上进行防雷连接，应除去其镀膜层

（5）使用不同材料的防雷连接应避免产生双金属腐蚀

（6）防雷连接的钢构件在完成后都应进行防锈油漆处理

建筑工程施工招标投标管理

可以不进行招标的情况★

（1）需要采用不可替代的专利或者专有技术
（2）采购人依法能够自行建设、生产或者提供
（3）已通过招标方式选定的特许经营项目投资人依法能够自行建设、生产或者提供
（4）需要向原中标人采购工程、货物或者服务，否则将影响施工或者功能配套要求
（5）国家规定的其他特殊情形

招投标要求★★

（1）任何单位和个人不得以任何方式为招标人指定招标代理机构
（2）任何单位和个人不得强制其委托招标代理机构办理招标事宜
（3）招标人具有编制招标文件和组织评标能力的，可以自行办理招标事宜
（4）招标代理机构不得在所代理的招标项目中投标或者代理投标，也不得为所代理的招标项目的投标人提供咨询
（5）不得排斥潜在投标人
（6）招标人不得组织单个或者部分潜在投标人踏勘项目现场
（7）时间规定（5、15、20、30）

联合体投标要求★

（1）国家有关规定或者招标文件对投标人资格条件有规定的，联合体各方均应当具备规定的相应资格条件
（2）由同一专业的单位组成的联合体，按照资质等级较低的单位确定资质等级
（3）联合体各方应当签订共同投标协议，明确约定各方拟承担的工作和责任，并将共同投标协议连同投标文件一并提交招标人
（4）联合体中标的，联合体各方应当共同与招标人签订合同，就中标项目向招标人承担连带责任

建设工程施工合同管理（1）

合同的履行★

- **合同变更管理程序**：提出合同变更申请；报项目经理审查、批准。必要时，经企业合同管理部门负责人签认，重大的合同变更须报企业负责人签认；经业主签认，形成书面文件；组织实施
- **合同争议处理程序**：（1）准备并提供合同争议事件的证据和详细报告；（2）通过“和解”或“调解”达成协议，解决争端；（3）当“和解”或“调解”无效时，报请企业负责人同意后，按合同约定提交仲裁或诉讼处理；（4）当事人应接受并执行最终裁定或判决的结果
- **违约责任的处理**：（1）当事人应承担合同约定的责任和义务，并对合同执行效果承担应负的责任；（2）当发包人或第三方违约并造成当事人损失时，合同管理人员应按规定追究违约方的责任，并获得损失的补偿；（3）项目部应加强对连带责任引起的风险预测和控制

承包人的工作★

（1）向分包人提供根据总包合同由发包人办理的与分包工程相关的各种证件、批件、各种相关资料，向分包人提供具备施工条件的施工场地

（2）按本合同专用条款约定的时间，组织分包人参加发包人组织的图纸会审，向分包人进行设计图纸交底

（3）提供本合同专用条款中约定的设备和设施，并承担因此发生的费用

（4）随时为分包人提供确保分包工程的施工所要求的施工场地和通道等，满足施工运输的需要，保证施工期间的畅通

（5）负责整个施工场地的管理工作，协调分包人与同一施工场地的其他分包人之间的交叉配合，确保分包人按照经批准的施工组织设计进行施工

（6）承包人应做的其他工作，双方在本合同专用条款内约定

建设工程施工合同管理（2）

工期规定★

（1）分包人应当按照本合同协议书约定的开工日期开工

（2）分包人不能按时开工，应当不迟于本合同协议书约定的开工日期前5d，以书面形式向承包人提出延期开工的理由

（3）承包人应当在接到延期开工申请后的48h内以书面形式答复分包人。承包人在接到延期开工申请后48h内不答复，视为同意分包人要求，工期相应顺延。承包人不同意延期要求或分包人未在规定时间内提出延期开工要求，工期不予顺延

（4）因承包人原因不能按照本合同协议书约定的开工日期开工，项目经理应以书面形式通知分包人，推迟开工日期。承包人赔偿分包人因延期开工造成的损失，并相应顺延工期

（5）因特殊原因造成分包工程工期延误，经总包项目经理确认，工期相应顺延

（6）分包人应在上述约定情况发生后14d内，就延误的工期以书面形式向承包人提出报告。承包人在收到报告后14d内予以确认，逾期不予确认也不提出修改意见，视为同意顺延工期

（7）总包单位与分包单位应在分包合同中明确安全防护、文明施工费用由总包单位统一管理。安全防护、文明施工措施由分包单位实施的，由分包单位提出专项安全防护措施及施工方案，经总包单位批准后及时支付所需费用

施工合同变更与索赔★★★

工期索赔	非施工方原因、超过总时差（同时满足）
成本索赔	非施工方原因、非不可抗力（同时满足）
索赔对象	按合同关系索赔

单位工程施工组织设计编制依据与基本内容★★

编制依据

（1）与工程建设有关的法律、法规和文件
（2）国家现行有关标准和技术经济指标
（3）工程所在地区行政主管部门的批准文件，建设单位对施工的要求
（4）工程施工合同或招标投标文件
（5）工程设计文件
（6）工程施工范围内的现场条件，工程地质及水文地质、气象等自然条件
（7）与工程有关的资源供应情况
（8）施工企业的生产能力、机具设备状况、技术水平等

基本内容

（1）编制依据
（2）工程概况
（3）施工部署
（4）施工进度计划
（5）施工准备与资源配置计划
（6）主要施工方法
（7）施工现场平面布置
（8）主要施工管理计划

施工组织设计编制与补充★★★

- **编制、审批和交底**：（1）单位工程施工组织设计由项目负责人主持编制，项目经理部全体管理人员参加，施工单位主管部门审核，施工单位技术负责人或其授权的技术人员审批；（2）单位工程施工组织设计经施工单位技术负责人或其授权人审批后，应在工程开工前由施工单位项目负责人组织，对项目部全体管理人员及主要分包单位逐级进行交底并做好交底记录
- **过程检查与验收**：（1）单位工程的施工组织设计在实施过程中应进行检查。过程检查可按照工程施工阶段进行。通常划分为地基基础、主体结构、装饰装修三个阶段；（2）过程检查由企业技术负责人或主管部门负责人主持，企业相关部门、项目经理部相关部门参加，检查施工部署、施工方法等的落实和执行情况，如对工期、质量、效益有较大影响的应及时调整，并提出修改意见
- **发放与归档**：单位工程施工组织设计审批后加盖受控章，由项目资料员报送及发放并登记，报送监理单位及建设单位，发放企业主管部门、项目相关部门、主要分包单位
- **修改或补充的情况**：工程设计有重大修改；有关法律、法规、规范和标准实施、修订和废止；主要施工方法有重大调整；主要施工资源配置有重大调整；施工环境有重大改变
- **其他方案管理**：（1）重点、难点分部（分项）工程和专项工程施工方案应由施工单位技术部门组织相关专家评审，施工单位技术负责人批准；（2）由专业承包单位施工的分部（分项）工程或专项工程的施工方案，应由专业承包单位技术负责人或其授权的技术人员审批；有总承包单位时，应由总承包单位项目技术负责人核准备案；（3）危险性较大的专项施工方案，施工单位应按规定组织专家论证，并按论证意见修改后完善报批手续

建筑工程施工现场管理

现场消防管理★★

下列建筑应设置环形临时消防车道，设置环形临时消防车道确有困难时，除设置回车场外，还应设置临时消防救援场地：

（1）建筑高度大于24m的在建工程

（2）建筑工程单体占地面积大于3000 ㎡的在建工程

（3）超过10栋，且为成组布置的临时用房

现场文明施工管理★★

五牌一图：工程概况牌、管理人员名单及监督电话牌、消防保卫牌、安全生产牌、文明施工和环境保护牌、施工现场总平面图

文明施工要求：

（1）现场必须实施封闭管理

（2）在建工程内、伙房、库房不得兼做宿舍

（3）宿舍床铺不得超过2层，通道宽度不得小于0.9m。宿舍室内净高不得小于2.5m，住宿人员人均面积不得小于2.5㎡，且每间宿舍居住人员不得超过16人

（4）高层建筑要设置专用的消防水源和消防立管，每层留设消防水源接口

临时用电、用水管理★★

临时用水

（1）现场临时用水包括生产用水、机械用水、生活用水和消防用水

（2）消防用水一般利用城市或建设单位的永久消防设施。如自行设计，消防干管直径应不小于100mm，消火栓处昼夜要有明显标志，配备足够的水龙带，周围3m内不准存放物品

（3）高度超过24m的建筑工程，应安装临时消防竖管，管径不得小于75mm，严禁消防竖管作为施工用水管线

建筑工程施工进度管理

施工横道图★★★

基本概念

（1）流水节拍（t）：一个作业队（或一个施工过程）在一个施工段上所需要的工作时间

（2）流水步距（K）：两个相邻的作业队（或施工过程）相继投入工作的最小时间间隔（核心参数）

（3）施工段（m）：施工对象在空间上划分的若干个区段

（4）施工过程数（n）：也称工序，如模板工程、钢筋工程、混凝土工程

等节奏流水

（1）流水节拍为常数

（2）施工队数=施工过程数

（3）流水步距相等且等于流水节拍

（4）施工队连续施工

无节奏性流水

（1）流水节拍没有规律

（2）组织的原则是使施工队连续施工（工作面可能有空闲）

（3）流水步距的确定方法：累加数列，错位相减，取大差

（4）施工队数=施工过程数

双代号网络计划★★★

在双代号网络图中引入时间坐标，即可得到双代号时标网络图

（1）时标网络图：给出自由时差、最早开始时间、最早完成时间三个参数的双代号网络图，具有横坐标，是网络计划与横道图的结合

（2）特点：波形线长度代表自由时差

（3）计算原理：总时差等于自由时差的累积

（4）前锋线：实际进度连线

地基与基础工程施工质量管理（1）

地基工程★★

灰土地基

（1）土料应过筛，最大粒径不应大于15mm

（2）石灰使用前1～2d消解并过筛，粒径不得大于5mm，且不能夹有未熟化的生石灰块粒和其他杂质

（3）铺设灰土前，必须进行验槽合格，基槽（坑）内不得有积水

（4）灰土应分层夯实，每层虚铺厚度：人力或轻型夯机夯实时控制在200～250mm，双轮压路机夯实时控制在200～300mm

（5）分段施工时，不得在墙角、柱墩及承重窗间墙下接缝。上下两层的搭接长度不得小于50cm

砂和砂石地基

（1）砂宜选用颗粒级配良好、质地坚硬的中砂或粗砂，当选用细砂或粉砂时应掺加粒径25～35mm的碎石，分布要均匀

（2）人工制作的砂石地基应拌合均匀，分段施工时，接头处应做成斜坡，每层错开0.5～1m。在铺筑时，如地基底面深度不同，应预先挖成阶梯形式或斜坡形式，以先深后浅的顺序进行施工

地基与基础工程施工质量管理（2）

桩基础★★★

分类		控制标准
摩擦型桩	钻孔桩	设计桩长
	锤击沉管法	高程为主，贯入度为辅
端承型桩	钻孔桩	进入持力层的设计深度
	锤击沉管法	贯入度为主，高程为辅

（1）钢筋笼宜分段制作，分段长度视成笼的整体刚度、材料长度、起重设备的有效高度三因素综合考虑

（2）加劲箍宜设在主筋外侧，主筋一般不设弯钩

（3）钢筋笼的内径应比导管接头处外径大100mm以上

（4）钢筋笼上应设有保护层垫块，设置数量每节钢筋笼不应小于2组，长度大于12m的中间加设1组，每组块数不得小于3块

（5）严禁使用快硬水泥浇筑水下混凝土

（6）用泥浆循环清孔时，清孔后的泥浆相对密度控制在1.15～1.25。第一次清孔在提钻前，第二次清孔在沉放钢筋笼、下导管后

（7）第一次浇筑混凝土必须保证底端能埋入混凝土中0.8～1.3m，以后的浇筑中导管埋深宜为2～6m

（8）灌注桩桩顶标高至少要比设计标高高出0.8～1.0m

（9）每浇筑50立方米混凝土至少留置1组试件；当混凝土浇筑量不足50立方米时，每连续浇筑12h必须至少留置1组试件。对于单柱单桩，每根桩应至少留置1组试件

模板工程施工质量控制★★★

支架

（1）立柱接长严禁搭接，必须采用对接扣件连接，相邻两立柱的对接接头不得在同步内，且对接接头沿竖向错开的距离不宜小于500mm

（2）立杆底部宜设置垫板，在立杆底部的水平方向上应按纵下横上的次序设置扫地杆

（3）满堂支撑架的可调底座、可调托撑螺杆伸出长度不宜超过300mm，插入立杆内的长度不得小于150mm

（4）立杆的纵、横向间距应满足设计要求，立杆的步距不应大于1.8m；顶层立杆步距应适当减小，且不应大于1.5m

模板

（1）底模及其支架拆除时，同条件养护试块的抗压强度应符合设计要求；设计无要求时，应符合规范要求

（2）模板及其支架的拆除时间和顺序必须按施工技术方案确定的顺序进行，一般是后支的先拆，先支的后拆；先拆非承重部分，后拆承重部分

（3）对于后张预应力混凝土结构构件，侧模宜在预应力张拉前拆除；底模支架不应在结构构件建立预应力前拆除

防水工程质量控制★★

屋面防水

（1）防水基层表面应清洁，干燥程度应根据所选防水卷材的特性确定。阴阳角处应做成圆弧形；（2）基层阴阳角圆弧处、穿墙管、预埋件、变形缝、施工缝、后浇带等部位，应用密封材料及胎体增强材料进行密封和加强，然后再大面积施工

室内防水

（1）穿楼板管道应设置止水套管或其他止水措施，套管直径应比管道大1～2级标准；套管高度应高出装饰地面20～50mm。套管与管道间用阻燃密封材料填实，上口应留10～20mm凹槽嵌入高分子弹性密封材料

（2）二次埋置的套管，其周围混凝土抗渗等级应比原混凝土提高一级（0.2MPa），并应掺膨胀剂。二次浇筑的混凝土结合面应清理干净后进行界面处理，混凝土应浇捣密实。加强防水层应覆盖施工缝，并超出边缘不小于150mm

（3）地漏与地面混凝土间应留置凹槽，用合成高分子密封胶进行密封防水处理。地漏四周应设置加强防水层，加强层宽度不应小于150mm。防水层在地漏收头处，应用合成高分子密封胶进行密封防水处理

（4）防水层施工完后，应进行蓄水、淋水试验，观察无渗漏现象后交于下道工序。设备与饰面层施工完毕后还应进行第二次蓄水试验，达到最终无渗漏和排水畅通为合格，方可进行正式验收

（5）楼地面防水层蓄水高度不应小于20mm，独立水容器应满池蓄水，地面和水池的蓄水试验时间均不应小于24h；墙雨间歇淋水试验应达到30min以上进行检验不渗漏

地下防水

（1）防水混凝土水泥品种宜采用硅酸盐水泥、普通硅酸盐水泥，采用其他品种水泥时应经试验确定；（2）防水混凝土在终凝后应立即进行养护，养护时间不得少于14d；（3）防水混凝土冬期施工时，混凝土入模温度不应低于5℃；（4）防水砂浆宜采用多层抹压法施工;（5）水泥砂浆防水层终凝后，应及时进行养护，养护温度不宜低于5℃，并应保持砂浆表面湿润，养护时间不得少于14d；（6）卷材防水层基面阴相角处应做成圆弧或45°坡角

建筑工程施工安全管理（1）

脚手架工程安全管理★★★

杆件要求

（1）扫地杆要求：

①脚手架必须设置纵、横向扫地杆；②纵向扫地杆应采用直角扣件固定在距底座上皮不大于200mm处的立杆上；③横向扫地杆宜采用直角扣件固定在紧靠纵向扫地杆下方的立杆上；④当立杆的基础不在同一高度上时，必须将高处的纵向扫地杆向低处延长两跨与立杆固定，高低差不应大于1m。靠边坡上方的立杆轴线到边坡的距离不应小于500mm

（2）立杆要求：

单、双排脚手架与满堂脚手架立杆接长，除顶层顶步外，其余各层各步接头必须采用对接扣件连接

检查与验收阶段

（1）基础完工后，架体搭设前

（2）每搭设完6～8m高度后

（3）作业层上施加荷载前

（4）达到设计高度后

（5）遇有六级及以上大风或大雨后

（6）冻结地区解冻后

（7）停用超过一个月的，在重新投入使用之前

建筑工程施工安全管理（2）

洞口、临边防护管理★★★

（1）楼梯口、楼梯边应设置防护栏杆，或者用正式工程的楼梯扶手代替临时防护栏杆

（2）电梯井口除设置固定的栅门外，还应在电梯井内每隔两层（不大于10m）设一道安全平网进行防护

（3）在建工程的地面入口处和施工现场人员流动密集的通道上方，应设置防护棚

（4）洞口防护措施：

①尺寸为2.5～25cm，以及25～50cm时，应有固定措施的盖板；

②尺寸为50～150cm时，应设置一层以扣件扣接钢管而成的网格栅，并在其上满铺竹笆或脚手板，也可采用贯穿于混凝土板内的钢筋构成防护网栅，钢筋网格间距不得大于20cm。

③尺寸＞150cm时，四周设防护栏杆，张设安全平网

（5）墙面等处的竖向洞口，凡落地的洞口应加装开关式、固定式或工具式防护门，门栅网格的间距不应大于15cm，也可采用防护栏杆，下设挡脚板

（6）下边沿至楼板或底面低于80cm的窗台等竖向洞口，如侧边落差大于2m时,应加设1.2m高的临时护栏

（7）防护栏杆应由上、下两道横杆及栏杆柱组成，上杆离地高度为1.0～1.2m，下杆离地高度为0.5～0.6m

建筑工程施工安全管理（3）

施工用电安全管理★★

施工用电基本要求

- 用电组织设计
  - 施工现场临时用电设备在5台及以上或设备总容量在50kW及以上的，应编制用电组织设计
- 保护器设置
  - （1）施工用电回路和设备必须加装两级漏电保护器，总配电箱（配电柜）中应加装总漏电保护器，作为初级漏电保护，末级漏电保护器必须装配在开关箱内
  - （2）施工用电配电系统各配电箱、开关箱中应装配隔离开关、熔断器或断路器
- 灯具高度
  - （1）室外220V灯具距地面不得低于3m，室内220V灯具距地面不得低于2.5m
  - （2）碘钨灯安装高度宜在3m以上

电源电压要求

- 220V：用于一般场所
- ≤36V：隧道、人防工程、高温、有导电灰尘、比较潮湿或灯具离地面高度低于2.5m的场所
- ≤24V：潮湿和易触及带电体场所
- ≤12V：特别潮湿场所、导电良好的地面、锅炉或金属容器内

建筑工程施工安全管理（4）

垂直运输机械安全管理★★

物料提升机

（1）低架提升机在无设计要求时，可按素土夯实后，浇筑300mm（C20混凝土）厚条形基础

（2）为保证物料提升机整体稳定采用缆风绳时，高度在20m以下可设1组（不少于4根），高度在30m以下不少于2组，超过30m时不应采用缆风绳锚固方法，应采用连墙杆等刚性措施

（3）物料提升机架体外侧应沿全高用立网进行防护。在建工程各层与提升机连接处应搭设卸料通道，通道两侧应按临边防护规定设置防护栏杆及挡脚板，并用立网封闭

（4）各层通道口处都应设置常闭型的防护门

外用电梯

（1）外用电梯的安装和拆卸作业必须由取得相应资质的专业队伍进行，安装完毕经验收合格，取得政府相关主管部门核发的《准用证》后方可投入使用

（2）外用电梯底笼周围2.5m范围内必须设置牢固的防护栏杆，进出口处的上部应根据电梯高度搭设足够尺寸和强度的防护棚

（3）外用电梯与各层站过桥和运输通道，除应在两侧设置安全防护栏杆、挡脚板并用安全立网封闭外，进出口处尚应设置常闭型的防护门

（4）外用电梯在大雨、大雾和六级及六级以上大风天气时，应停止使用

施工安全检查与评定★★

（1）优良：分项检查评分表无零分，汇总表得分值80分及以上

（2）合格：分项检查评分表无零分，汇总表得分值70分～80分

（3）不合格：①当汇总表得分值不足70分时；②当有一分项检查评分表得零分时

建筑安装费用项目的构成★★★

按费用构成要素划分

（1）人工费：计时工资或计件工资、奖金、津贴补贴、加班加点工资、特殊情况下支付的工资。（2）材料费：材料原价、运杂费、运输损耗费、采购及保管费。（3）施工机具使用费：折旧费、大修理费、经常修理费、安拆费及场外运费、人工费、燃料动力费、税费、仪器仪表使用费。（4）企业管理费：管理人员工资、办公费、差旅交通费、固定资产使用费、工具用具使用费、劳动保险和职工福利费、劳动保护费、检验试验费、工会经费、职工教育经费、财产保险费、财务费、税金、其他。（5）规费：社会保险费、住房公积金、工程排污费。（6）利润：所承包工程获得的盈利。（7）税金：应计入建筑安装工程造价内的增值税

按造价形成划分

- 分部分项工程费：专业工程、分部分项工程
  分部分项工程费=Σ（分部分项工程量×综合单价）【注】综合单价包括人工费、材料费、施工机具使用费、企业管理费和利润及一定范围的风险费用
- 措施项目费：安全文明施工费、夜间施工增加费、二次搬运费、冬，雨季施工增加费、已完工程及设备保护费、工程定位复测费、特殊地区施工增加费、大型机械设备进出场及安拆费、脚手架工程费等国家计量规范规定应予计量的措施项目
  对国家计量规范规定应予计量的措施项目，措施项目费=Σ（措施项目工程量×综合单价）
  对国家计量规范规定不宜计量的措施项目，XXX费=计算基数×相应的费率（%）
- 其他项目费：暂列金额、计日工、总承包服务费、暂估价（包括材料暂估单价、工程设备暂估单价、专业工程暂估单价）
- 规费、税金

预付款、进度款与竣工结算

预付款与进度款的计算★★

①预付款额度

$$\text{工程备料款数额}=\frac{\text{年度工作量（或合同造价）}\times\text{材料比重（\%）}}{\text{年度施工天数}}\times\text{材料储备天数}$$

②预付款起扣点

$$\text{起扣点}=\text{年度工作量（或合同造价）}-\frac{\text{预付款}}{\text{主要材料比重}}$$

③工程预付款的比例不宜高于合同价款（不含其他项目费）的 30%

④发包人在付款期满后的 7d 内仍未支付的，承包人可在付款期满后的第 8 天起暂停施工。发包人应承担由此增加的费用和延误的工期，并向承包人支付合理的利润

工程竣工结算★★

竣工调值公式

$$P=P_0(a_0+a_1\frac{A}{A_0}+a_2\frac{B}{B_0}+a_3\frac{C}{C_0}+\ldots)$$

建筑工程质量验收程序和组织★★★

项目类型		组织者	参加者
检验批		专业监理工程师	①专业质量检查员 ②专业工长
分项工程		专业监理工程师	①专业技术负责人
分部工程	一般	总监理工程师（建设单位项目负责人）	①施工单位项目负责人 ②施工单位项目技术负责人
分部工程	地基与基础	总监理工程师（建设单位项目负责人）	①勘察单位项目负责人 ②设计单位项目负责人 ③施工单位技术部门负责人 ④施工单位质量部门负责人
分部工程	主体结构、节能	总监理工程师（建设单位项目负责人）	①设计单位项目负责人 ②施工单位技术部门负责人 ③施工单位质量部门负责人 ④主要设备、材料供应商及分包单位负责人、节能设计人员
单位工程自检		施工单位组织	
单位工程预验收		总监理工程师	①各专业监理工程师 ②施工单位项目负责人 ③项目技术负责人
单位工程竣工验收		建设单位项目负责人	①监理单位项目负责人 ②施工单位项目负责人 ③设计单位项目负责人 ④勘察单位项目负责人

室内环境质量验收★★

民用建筑工程分类

Ⅰ类民用建筑工程	住宅、居住功能公寓、老年人照料房屋设施、幼儿园、学校教室、学生宿舍等
Ⅱ类民用建筑工程	办公楼、商店、旅馆、文化娱乐场所、书店、图书馆、展览馆、体育馆、公共交通等候室、餐厅等

民用建筑工程室内环境污染物浓度检测

污染物	Ⅰ类民用建筑工程	Ⅱ类民用建筑工程
氡（Bq/m^3）	≤150	≤150
甲醛（mg/m^3）	≤0.07	≤0.08
氨（mg/m^3）	≤0.15	≤0.20
苯（mg/m^3）	≤0.06	≤0.09
甲苯（mg/m^3）	≤0.15	≤0.20
二甲苯（mg/m^3）	≤0.20	≤0.20
TVOC（mg/m^3）	≤0.45	≤0.50

工程竣工资料的编制

工程资料分类★

文件类型	分类
工程资料（5类）	工程准备阶段文件、监理资料、施工资料、竣工图和工程竣工文件
工程准备阶段文件（6类）	决策立项文件、建设用地文件、勘察设计文件、招投标及合同文件、开工文件、商务文件
施工资料（8类）	施工管理资料、施工技术资料、施工进度及造价资料、施工物资资料、施工记录、施工试验记录及检测报告、施工质量验收记录、竣工验收资料
工程竣工文件（4类）	竣工验收文件、竣工决算文件、竣工交档文件、竣工总结文件

工程资料移交与归档★★★

工程资料移交

（1）施工单位应向建设单位移交施工资料

（2）实行施工总承包的，各专业承包单位应向施工总承包单位移交施工资料

（3）监理单位应向建设单位移交监理资料

（4）建设单位应按国家有关法规和标准规定向城建档案管理部门移交工程档案，并办理相关手续

（5）工程资料移交时应及时办理相关移交手续，填写工程资料移交书、移交目录

工程资料归档

（1）工程资料归档保存期限应符合国家现行有关标准的规定

（2）当无规定时，不宜少于5年

建筑工程相关法规（1）

建筑工程管理相关法规★★

保温工程保修期

①在正常使用条件下，保温工程的最低保修期限为5年

②保温工程的保修期，自竣工验收合格之日起计算

诚信行为信息管理★★

不良行为记录	①不良行为记录信息的公布时间为行政处罚决定做出后 7 日内，公布期限一般为 6 个月至 3 年 ②不良行为记录，除在当地公布外，还将由建设部统一在全国公布，期限与地方相同。各省、自治区、直辖市建设行政主管部门将不良行为记录在当地发布之日起 7d 内报住建部
良好行为记录	良好行为记录信息公布期限一般为 3 年，法律、法规另有规定的从其规定

建筑工程相关法规★★★（2）

工程类别	专项施工方案	专家论证
基坑支护、降水工程	开挖深度超过 3m（含 3m）或虽未超过 3m 但地质条件、周围环境和地下管线复杂，或影响毗邻建、构筑物安全	①开挖深度超过 5m（含 5m）
模板工程及支撑体系	①各类工具式模板工程：包括滑模、爬模、飞模、隧道模等工程。 ②混凝土模板支撑工程：搭设高度 5m 及以上；搭设跨度 10m 及以上；施工总荷载（设计值）10kN/m2 及以上；集中线荷载（设计值）15kN/m 及以上；高度大于支撑水平投影宽度且相对独立无联系构件的混凝土模板支撑工程。 ③承重支撑体系：用于钢结构安装等满堂支撑体系。	①工具式模板工程：包括滑模、爬模、飞模、隧道模等工程。 ②混凝土模板支撑工程：搭设高度 8m 及以上；搭设跨度 18m 及以上，施工总荷载（设计值）15kN/m2 及以上；集中线荷载（设计值）20kN/m 及以上。 ③承重支撑体系：用于钢结构安装等满堂支撑体系，承受单点集中荷载 7kN 以上。
起重吊装及安装拆卸工程	—	—
脚手架工程	①搭设高度 24m 及以上的落地式钢管脚手架工程（包括采光井、电梯井脚手架）。 ②附着式升降脚手架工程。 ③悬挑式脚手架工程。 ④高处作业吊篮。 ⑤卸料平台、操作平台工程。 ⑥异型脚手架工程。	①搭设高度 50m 及以上落地式钢管脚手架工程。 ②提升高度 150m 及以上附着式升降脚手架工程或附着式升降操作平台。 ③架体高度 20m 及以上悬挑式脚手架工程。
拆除、爆破工程	—	—
暗挖工程	—	—
其他	①建筑幕墙安装工程。 ②钢结构、网架和索膜结构安装工程。 ③人工挖扩孔桩工程。 ④水下作业工程。 ⑤装配式建筑混凝土预制构件安装工程。 ⑥采用新技术、新工艺、新材料、新设备及尚无相关技术标准的危险性较大的分部分项工程。	①施工高度 50m 及以上的建筑幕墙安装工程。 ②跨度 36m 及以上的钢结构安装工程；跨度 60m 及以上的网架和索膜结构安装工程。 ③开挖深度超过 16m 的人工挖孔桩工程。 ④水下作业工程。 ⑤重量 1000kN 及以上的大型结构整体顶升、平移、转体等施工工艺。 ⑥采用新技术、新工艺、新材料、新设备及尚无相关技术标准的危险性较大的分部分项工程。

建筑工程相关法规（3）

专项施工方案编制与审批★★

专项方案编制单位

（1）施工单位应当在危大工程施工前组织工程技术人员编制专项施工方案，实行施工总承包的，专项施工方案应当由施工总承包单位组织编制

（2）危大工程实行分包的，专项施工方案可以由相关专业分包单位组织编制

审批流程

（1）专项施工方案应当由施工单位技术负责人审核签字、加盖单位公章，并由总监理工程师审查签字、加盖执业印章后方可实施

（2）危大工程实行分包并由分包单位编制专项施工方案的，专项施工方案应当由总承包单位技术负责人及分包单位技术负责人共同审核签字并加盖单位公章

专家论证会★★★

（1）超过一定规模的危险性较大的分部分项工程专项方案应当由施工单位组织召开专家论证会。实行施工总承包的，由施工总承包单位组织召开专家论证会

（2）专家论证会参加人员：①专家组成员；②建设单位项目负责人；③有关勘察、设计单位项目技术负责人及相关人员；④总承包单位和分包单位技术负责人或授权委派的专业技术人员、项目负责人、项目技术负责人、专项施工方案编制人员、项目专职安全生产管理人员及相关人员；⑤监理单位项目总监理工程师及专业监理工程师

（3）专家组成员：①诚实守信、作风正派、学术严谨；②从事专业工作15年以上或具有丰富的专业经验；③具有高级专业技术职称

（4）专家应当从地方人民政府住房城乡建设主管部门建立的专家库中选取，符合专业要求且人数不得少于5名。与本工程有利害关系的人员不得以专家身份参加专家论证会

（5）①专项施工方案内容是否完整、可行；②专项施工方案计算书和验算依据、施工图是否符合有关标准规范；③专项施工方案是否满足现场实际情况，并能够确保施工安全

建筑工程相关法规（4）

安全事故报告的期限★★

（1）事故发生后，事故现场有关人员应当立即向施工单位负责人报告；施工单位负责人接到报告后，应当于1h内向事故发生地县级以上人民政府建设主管部门和有关部门报告

（2）情况紧急时，事故现场有关人员可以直接向事故发生地县级以上人民政府建设主管部门和有关部门报告

（3）实行施工总承包的建设工程，由总承包单位负责上报事故

（4）事故报告后出现新情况，以及事故发生之日起30d内伤亡人数发生变化的，应当及时补报

安全事故报告的内容★★

（1）事故发生的时间、地点和工程项目、有关单位名称

（2）事故的简要经过

（3）事故已经造成或者可能造成的伤亡人数（包括下落不明的人数）和初步估计的直接经济损失

（4）事故的初步原因

（5）事故发生后采取的措施及事故控制情况

（6）事故报告单位或报告人员

（7）其他应当报告的情况

建筑工程相关法规（5）

违法分包★★★

（1）施工单位将工程分包给个人的；（2）施工单位将工程分包给不具备相应资质或安全生产许可的单位的；（3）施工合同中没有约定，又未经建设单位认可，施工单位将其承包的部分工程交由其他单位施工的；（4）施工总承包单位将房屋建筑工程的主体结构的施工分包给其他单位的，钢结构工程除外；（5）专业分包单位将其承包的专业工程中非劳务作业部分再分包的；（6）劳务分包单位将其承包的劳务再分包的；（7）劳务分包单位除计取劳务作业费用外，还计取主要建筑材料款、周转材料款和大中型施工机械设备费用的；（8）法律法规规定的其他违法分包行为

工程保修有关规定★★★

保修期限和保修范围

（1）地基基础工程和主体结构工程，为设计文件规定的该工程合理使用年限；（2）屋面防水工程、有防水要求的卫生间、房间和外墙面的防渗漏为5年；（3）供热与供冷系统，为2个采暖期、供冷期；（4）电气管线、给排水管道、设备安装为2年；（5）装修工程为2年

保修期内施工单位的责任

（1）发生涉及结构安全的质量缺陷，建设单位或者房屋建筑所有人应当立即向当地建设行政主管部门报告，采取安全防范措施；（2）由原设计单位或者具有相应资质等级的设计单位提出保修方案，施工单位实施保修，原工程质量监督机构负责监督；（3）保修费用由质量缺陷的责任方承担；（4）在保修期限内，因房屋建筑工程质量缺陷造成房屋所有人、使用人或者第三方人身、财产损害的，房屋所有人、使用人或者第三方可以向建设单位提出赔偿要求。建设单位向造成房屋建筑工程质量缺陷的责任方追偿；（5）因保修不及时造成新的人身、财产损害，由造成拖延的责任方承担赔偿责任

建设工程项目管理的有关要求★★

项目管理策划

（1）项目管理策划应由项目管理规划策划和项目管理配套策划组成

（2）项目管理规划应包括项目管理规划大纲和项目管理实施规划，项目管理配套策划应包括项目管理规划策划以外的所有项目管理策划内容

（3）项目管理策划程序：识别项目管理范围；进行项目工作分解；确定项目的实施方法；规定项目需要的各种资源；测算项目成本；对各个项目管理过程进行策划

成本管理要点

（1）项目成本管理应遵循下列程序：掌握生产要素的价格信息；确定项目合同价；编制成本计划，确定成本实施目标；进行成本控制；进行项目过程成本分析；进行项目过程成本考核；编制项目成本报告；项目成本管理资料归档

（2）项目管理机构应按规定的会计周期进行项目成本核算。项目成本核算应坚持形象进度、产值统计、成本归集同步的原则，项目管理机构应编制项目成本报告

（3）成本分析宜包括下列内容：时间节点成本分析；工作任务分解单元成本分析；组织单元成本分析；单项指标成本分析；综合项目成本分析

（4）组织应以项目成本降低额、项目成本降低率作为对项目管理机构成本考核主要指标

合同管理要点

（1）项目合同管理程序：合同评审；合同订立；合同实施计划；合同实施控制；合同管理总结

（2）合同评审内容：合法性、合规性评审；合理性、可行性评审；合同严密性、完整性评审；与产品或过程有关要求的评审；合同风险评估

建筑工程标准

建筑地基基础及主体结构工程相关技术标准★★

内容	要求
承载力检验	（1）采用静载荷试验的方法进行检验 （2）设计等级为甲级或地质条件复杂时应采用静载试验的方法对桩基承载力进行检验，检验数不应少于总桩数的 1%，且不应少于 3 根，当总桩数少于 50 根时，不应少于 2 根 （3）在有经验和对比资料的地区，设计等级为乙级、丙级的桩基可采用高应变法对桩基进行竖向抗压承载力检测，检测数量不应少于总桩数的 5%，且不应少于 10 根
桩身质量检验	抽检数量不应少于总数的 20%，且不应少于 10 根

建筑装饰装修工程质量验收的有关要求★★

项次	子分部工程	检测项目
1	门窗工程	建筑外窗的气密性能、水密性能和抗风压性能
2	饰面板工程	饰面板后置埋件的现场拉拔力
3	饰面砖工程	外墙饰面砖样板及工程的饰面砖粘结强度
4	幕墙工程	（1）硅酮结构胶的相容性和剥离粘结性 （2）幕墙后置埋件和槽式预埋件的现场拉拔力 （3）幕墙的气密性、水密性、耐风压性能及层间变形性能

建设工程项目管理的有关要求★★

安全生产管理要点

（1）组织应建立安全生产管理制度，坚持以人为本、预防为主，确保项目处于本质安全状态

（2）组织应按规定提供安全生产资源和安全文明施工费用，定期对安全生产状况进行评价，确定并实施项目安全生产管理计划，落实整改措施

（3）项目安全生产管理计划应满足事故预防的管理要求，并应符合下列规定：

①针对项目危险源和不利环境因素进行辨识与评估的结果，确定对策和控制方案

②对危险性较大的分部分项工程编制专项施工方案

③对分包人的项目安全生产管理、教育和培训提出要求

④对项目安全生产交底、有关分包人制定的项目安全生产方案进行控制的措施

⑤应急准备与救援预案

（4）项目安全生产管理计划应按规定审核、批准后实施。项目管理机构应根据项目安全生产管理计划和专项施工方案要求，分级进行安全技术交底。对项目安全生产管理计划进行补充、调整时，仍应按原审批程序执行

资源管理要点

（1）项目管理机构应编制人力资源需求计划、人力资源配置计划和人力资源培训计划。项目管理人员应在意识、培训、经验、能力方面满足规定要求

（2）施工现场应实行劳务实名制管理，建立劳务突发事件应急管理预案。组织宜为从事危险作业的劳务人员购买意外伤害保险

（3）项目管理机构应制定材料管理制度，规定材料的使用、限额领料，监督使用、回收过程，并应建立材料使用台账。项目管理机构应编制工程材料与设备的需求计划和使用计划